语言服务研究

[第四卷 第一辑]

主编：司显柱 陈义华

执行主编：徐珺

中国英汉语比较研究会
语言服务研究专业委员会
海南师范大学国际语言服务学院

LANGUAGE SERVICE RESEARCH
(VOLUME 4, SERIES 1)

中国出版集团
中译出版社

图书在版编目（CIP）数据

语言服务研究. 第四卷. 第一辑 / 司显柱，陈义华主编；徐珺执行主编. -- 北京：中译出版社，2024.2
ISBN 978-7-5001-7710-4

Ⅰ.①语… Ⅱ.①司… ②陈… ③徐… Ⅲ.①翻译事业-服务业-研究-中国 Ⅳ.①H059

中国国家版本馆 CIP 数据核字（2024）第 033197 号

语言服务研究. 第四卷. 第一辑
YUYAN FUWU YANJIU. DI SI JUAN. DI YI JI

出版发行／中译出版社
地　　址／北京市西城区新街口外大街28号普天德胜大厦主楼4层
电　　话／(010) 68359827, 68359303（发行部）；68359725（编辑部）
邮　　编／100088
传　　真／(010) 68357870
电子邮箱／book@ctph.com.cn
网　　址／http://www.ctph.com.cn

出 版 人／乔卫兵
总 策 划／刘永淳
出版统筹／杨光捷
策划编辑／范祥镇　钱屹芝
责任编辑／钱屹芝
营销编辑／董思嫄　吴雪峰

排　　版／冯兴
封面设计／王晓武
印　　刷／唐山玺诚印务有限公司
经　　销／新华书店

规　　格／710毫米×1000毫米　1/16
印　　张／16.5
字　　数／254千字
版　　次／2024年2月第1版
印　　次／2024年2月第1次

ISBN 978-7-5001-7710-4　　定价：55.00元

版权所有　侵权必究
中 译 出 版 社

编 委 会

主　任：司显柱

编委会委员（按姓氏拼音排列）

曹　进（西北师范大学）	陈义华（海南师范大学）
韩子满（上海外国语大学）	胡安江（四川外国语大学）
李春姬（大连外国语大学）	李　晶（天津外国语大学）
李满亮（内蒙古大学）	李瑞林（广东外语外贸大学）
李佐文（北京外国语大学）	任东升（中国海洋大学）
任　文（北京外国语大学）	司显柱（北京第二外国语学院/闽江学院）
王立非（北京语言大学）	文　军（北京航空航天大学）
吴耀武（西安外国语大学）	肖　琼（高等教育出版社）
谢旭升（新疆大学/吉林外国语大学）	徐　珺（中国政法大学）
许明武（华中科技大学）	曾剑平（江西财经大学）
张志强（河南师范大学）	周　震（宁夏大学）

目　录

语言服务学科论坛

人工智能语言服务视域下中国语言景观翻译编辑模式新论
....王俊超 3
语言服务高端人才需求视域下的 DTI 设置构想
....李　雯　李孟端 23
《语言援助计划》的应急语言服务实践及对我国的启示
....刘永厚　张心怡 37
语言服务视角下海南省高校翻译人才培养路径探究
....游　艳　陈学韬 53
大型体育赛事语言服务志愿者团队有效性研究
　　——以 2022 北京冬奥会为例
....赵田园　邢书绮 65
语言服务视域下的中华武术文化外译
....焦　丹　郭秋彤 85

翻译与跨文化传播

中国生态哲学观视域下中医外译话语体系建构探索
....徐　珺　张晓恬 102

翻译是符号转换的艺术
.... 谢旭升 126

人类命运共同体视域下燕赵非遗口述史译介研究
.... 崔　丽　申丹妮 136

跨文化语符翻译视角下的闽茶文化对外传播
.... 檀东榕 147

王阳明福建诗歌英译与研究
.... 吴文南 166

多元系统论视域下的中国典籍英译研究
.... 杨晓茹 185

《小谢尔顿》字幕翻译中译者身份：草根性与社群性
——以第五季为例
.... 李稳敏　王雪纯 198

众包翻译：概念辨析与特征分析
.... 张　洁　石雨曼 217

学术动态与学界之声

ChatGPT 支持下的国际中文教育口译教学实践与启示
.... 李晓东　辛衍君 234

新时代语言服务新征程，国际化语言服务新发展
——语言服务研究专业委员会第四届全国学术研讨会暨语言服务研究国际学术论坛综述
.... 李稳敏　孟家未 247

语言服务学科论坛

人工智能语言服务视域下中国语言景观翻译编辑模式新论

王俊超

(广东外语外贸大学,广州 510420)

【摘 要】21世纪以来,中国日益走向世界舞台的中心,中外交流日益频繁,语言服务行业也越来越繁荣。尽管近二十年来业界和学界一直致力于公共领域译写规范化,产生了各省市地方标准,再到国家标准以及一些数据库平台,但现实中语言景观的外译问题层出不穷,且需要新的解决办法。本研究将多模态语言景观置于AI时代和当下语言服务实践的真实情景下,基于ChatGPT驱动的翻译过程,提出新一代人工智能下翻译编辑PAIP模式,并以语言景观的英译为例,进行全过程阐释性例证说明。实例分析研究也发现了语言景观的一些外译方法,如AI直译、译后编辑、创译等。此外,文章还将AI背景下的翻译学和编辑(学)相融合,提出"译编""译前编辑"等概念,在原有的"机器翻译"(MT)和"译后编辑"(PE)基础上,对AI时代翻译过程进行拓展性建模。翻译编辑PAIP模式还有待于运用于其他语言服务文类实践及实证检验。

【关键词】ChatGPT;语言服务;多模态语言景观;译前编辑;译后编辑;翻译编辑PAIP模式

1 引言

进入 21 世纪后，中国日益走向世界舞台的中心，中外交流日益频繁，语言服务行业也越来越繁荣。随着中国于 2001 年加入世界贸易组织、2008 年举办北京奥运会、2010 年举办广州亚运会与上海世博会、2022 年举办冬奥会与 2023 年举办杭州亚运会，国家与城市形象建设成为中国加入国际组织与举办国际赛事的重要组成部分，各大城市和旅游景点加大公示用语建设，语言景观外宣成为构建城市、国家国际形象的重要途径。针对现实中语言景观外译的种种问题，国家、各省、自治区、直辖市和科研机构纷纷制定了一系列语言服务行业标准及条例，如《汉语拼音正词法基本规则》（1996）、《北京市地方标准 公共场所双语标识英文译法通则》（2006）、《中华人民共和国国家标准——地名标志》（2008）、《上海公共场所英文译写规范》（2009）、《公共服务领域英文译写规范》（2013）等；学界团体和个人也出版了《汉英公示语词典》（2004/2015）、《汉英深圳公示语辞典》《北京市国际交往语言环境建设条例》（2022）；创建了一些在线公示语双语翻译库，如"全国公示语翻译语料库""公示语网""公示语研究在线""公示语译研群""公示语中英译写查询系统（深圳）"等，初步形成了"组建专家团队、动态督查纠错、编制译写指南、语言建设条例"的公示语译写路径。这也标志着语言景观译写和传播研究不断地深入化、规范化及法制化。但语言景观外宣研究及实践成绩与问题并存：过度依赖机译而忽略了译后编辑、过于强调规范性而忽略了多样性、偏重于语言单一模态而轻视多模态译写、单向关注国内公示语的译写标准而未延展至目标受众的接受心理等。故公示语外译研究将是一个长期且亟需新视角的课题。本文从新一代人工智能驱动语言服务视域出发，重点讨论机器直接翻译而未进行译后编辑的公示语问题，并针对语言服务中这类现实问题提出译后编辑原则方法论，以期为"国际语言服务"学科建设和语言服务实践提供新思路（崔启亮，张小奇，2023）。

2 语言景观外译源流

2.1 中外学界研究简评

不同于其他类型的应用翻译，语言景观翻译从一开始就是以"问题"或"不规范"而成为中国业界和学界研究的焦点。"语言景观"英文表述较早见于"Linguistic landscape and ethnolinguistic vitality: An empirical study"（Landry & Bourhis, 1997）一文，2006 年 Backhaus 出版了以之为题的第一本专著 *Linguistic Landscape*。而国内多使用"公示语"这一概念。我们分别以"公示语"和"语言景观"为篇名检索词在中国知网检索，可录得相关学术论文分别为 3205 篇和 798 篇（2008—2023，见图 1 所示）[①]。从现有文献看，关于公示语翻译研究的学术论文层出不穷，研究视角多是语言学及其二级学科理论概念，包括功能对等理论、目的论视角、功能翻译理论、交际翻译、关联理论、跨文化视角、生态翻译学等。从研究领域所占比例可知，开发性业务研究占 71.7%，应用研究占 23.58%，学科教育教学仅占 0.94%，可见应用和业务研究占绝大多数，

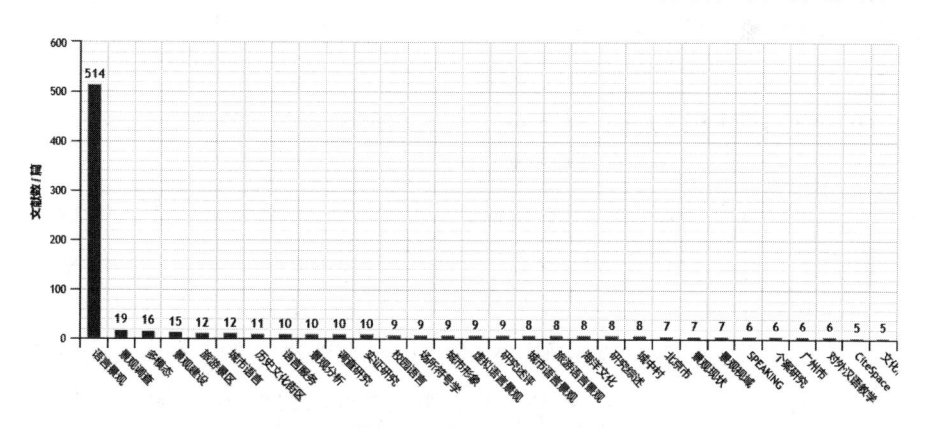

图 1 中国语言景观研究高频关键词（2008—2023）

[①] 检索截止日期为 2023 年 8 月 31 日。

公示语外译属于应用研究。相较而言，语言景观亦属于应用研究（98.75%），但研究视域更为宽广，涉及场所符号学、语言政策、公共空间、语言服务、地理符号学、城市形象、社会权势等更为宏观的维度。

王晓军和朱豫（2022）基于 Web of Science 核心数据库对国际语言景观研究进行可视化分析时，发现 1997 年至 2009 年间国际上以英文发表的语言景观文献共计 359 篇，年发文量呈逐步增长态势，研究热点话题有多语现象、语言政策、英语、空间、身份、双语现象等，且"其跨学科特征逐渐增强，研究的范围逐渐扩大"。国内关于语言景观的研究具有相似的特征，但仅有 1.38% 的文章（11 篇/798 篇）以语言服务为主题，其他多是对城市、景点、社区、商城、道路、牌匾等公共空间语言进行个案或调研分析。此外，以公示语英译为主题的研究，多关注现实中公示语的翻译问题，尤其是旅游景区公示语，故引发了学界众多关于公示语的翻译策略、错误分析、问题与对策、翻译问题和失误分析的讨论。然而，这些研究对公示语英译的探讨仅限于词汇、语法表层结构的实例分析和纠偏，而未作深层分析，也极少从理论和实践相结合的层面进行深入探讨；有些文章虽然提出了外译原则，但缺乏理据性或者可操作性细则，如李雪雁（2009）对外语类刊物中关于公示语英译的这些论文进行随机抽样，发现绝大多数研究并无理论依据，也未提出外译实践可操作性原则或策略。

2.2 国内业界努力简述

语言景观外译问题源源不断地涌现，学界和业界针对语言景观翻译不规范的问题，一直在寻求步入法律规章上规范化的道路。法律规章上的规范化是指语言、文字、符号、术语、简称、语体、体例等要规范统一，符合相关的国家标准或国际标准。黄友义曾建议在《中华人民共和国国家通用语言文字法》第十三条中加上"规范的外文"，即公共服务需要的招牌、告示、标志牌等需要使用中外双语文字的，不仅要求汉字使用规范，而且外文或翻译文字也应当使用规范。随着这一呼声，公示语翻译规范从地方标准到国家标准逐步进入实质性研制阶段，《公共服务领域英文译写规范》（Guidelines for the Use of English in Public Service Areas）国家标准应运而生。从 2011 年 5 月启动至 2015 年 4 月 15 日《公共服务领域英文译写规范（第 2—10 部分）》"报批稿"的形成，公示语国家标准的制定、修订与报批历经了四年之久，形成了《第 1 部分：通则》《第 2 部分：交通》《第 3 部分：旅游》《第 4 部分：文化娱乐》《第 5 部分：体育》《第 6 部分：教育》《第 7 部分：医疗卫生》《第 8 部分：邮政电信》《第 9 部分：餐饮住宿》《第 10 部分：商业金融》等 13 个公共服务领域的国家标准。然而，"国标虽然是一个标准，但其所提供的译文大多也不是唯一的、标准化的（译法），而只是建议性的（译文）"（王银泉，张日培，2016：66）。显然，语言景观译写和外宣实践中的问题不可能轻而易举地解决，必须从当前语言服务实践的现实出发，针对外译全过程中的难点和重点提出语言景观外宣翻译与对外传播策略和方法。

3 语言服务视域下语言景观外译

3.1 新一代人工智能驱动下语言服务

作为新兴领域，语言服务业横跨第一、二、三产业并形成环环相扣的网状链条，纵跨翻译学、信息技术学、语料库语言学、大数据科学、人工智能、服务管理学等众多交叉学科，在中国对外传播和国际话语权建设中发挥着重要作用。从广义上而言，语言服务业是"所有以语言作为工具或项目内容而开展的服务"（屈哨兵，2012：46），涵盖"教育强国""制造强国""贸易强国""航天强国""网络强国""文化强国"等国家战略和民生领域（屈哨兵，2020：11-20），辐射语言产业、语言行业、语言事业三大业态（国家语言文字工作委员会，2020；王立非，崔启亮，蒙永业，2016；贺宏志，2012：47），囊括语言知识服务、语言技术服务、语言工具服务、语言使用服务、语言康复服务和语言教育服务六种类型（司显柱，徐珺，2021）。由此可见，语言服务无处不在，关涉国家、企业、事业、行业的方方面面。作为语言服务业的核心内容，语言翻译产业伴随着中国翻译史上第四次高潮而呈现出井喷式增长。截至2021年年底，中国语言翻译服务企业高达40多万家，语言服务全年总产值达554.48亿元，中国翻译及语言服务产业"规模不断扩大，AI技术应用更为广泛，翻译教育发展迅猛，行业标准化稳步推进"（中国翻译协会，2022）。

进入21世纪以来，中国的语言翻译实践呈现出新特征，即实现了以对外传播中国文化为归旨的"中译外"转向（黄友义，2017：5）。这场正在进行的外向型翻译实践无论在信息数量、题材种类、科学技术、从业人员还是经济效益上，都是史无前例的，使得中国的翻译从"入超"转为"出超"。其中，科学技术是语言翻译服务发展的引擎，它的飞速发展不仅将人类带入"大数据和人工智能时代"（李翔，2021），而且不断地颠覆着语言翻译服务的工具和模式：从最初基于规则的机辅翻译到基于统计的机器翻译，再到神经网络机器翻译（NMT）和最新的生成式人工智能翻译（GAIMT）和译后编辑，科学技术已广泛应用于语言服务行业。新时代中国语言服务研究需要新方法，同时新时代语言服务出现的新问题亦需要放在新的时代背景和具体的语言服务实践中考查。

3.2 语言景观外译"高级"错误或"神翻译"

作为语言服务产业的内容之一，语言景观是指用于公共空间的"路牌、广告牌、街名、地名、商铺招牌以及政府楼宇的公共标牌之上的语言共同构成某个属地、地区或城市群的语言景观"（Landry & Bourhis，1997：25）。Backhaus（2007：ix）在《语言景观》一书开篇中指出，"语言景观"一词使用得有些不恰当，因为学界研究的是"都市公示语"（urban public signs）。除此之外，我们认为语言景观中的"语言"使用得也不恰当，因为在现实（都市）公共空间里，尤其是在当今融媒体时代里，"语言景观"不仅有语言单一模态和多模态之分，而且有静态信息和动态信息之别。这也是"语言景观"在国际学界一直遭受诟病的根因。2010年Jaworski和Thurlow合编出版了一本以"符号景观"为主标题的书,即《符号学景观:语言、意象、空间》(*Semiotic Landscapes: Language, Image, Space*)。为了顺承国内外学术史概念的使用,本文亦使用的是"语言景观"而非"符号景观"或"多模态公示语"。就符号功能而言,语言景观具有强制性功能、指示性功能、限制性功能、提示性功能,其译写和对外传播具有不同的突显功能,对内而言其社会功用在于提供信息、引起兴趣、服务社会、营造环境等;而其对外社会功能主要在于促进理解、建设形象等。需要指出的是,语言景观外译实践中有不少案例属于排版打印、粘贴牌制造或安装过程中的错误(如图 2 所示),这类语言景观翻译问题我们将其称为"非翻译性语言景观问题",包括图 2 中男女卫生间的英文错置、英文漏掉字母、"Wrong Direction"方向倒置等。这类错误不属于翻译学讨论的范畴。下面我们对日常所收集的翻译类错误语言景观翻译进行定性概括与分析。

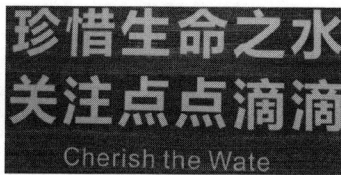

图 2 非翻译性语言景观问题

从图 3 可知,语言景观英译不仅漏洞百出,而且是"高级"或雷人错误。之所以说是"高级"错误或所谓的"神翻译",是因为语言景观外译是机器的直译。相较于人的直译,机译会含有毫无关系的高级词汇,且一般会导致译文无法理解。可将这些案例归纳并概括为以下几类:

(1)提取概念误译

"未开口的花甲请勿食" → 花甲 → The Opening of 60 Do Not Eat;

"请勿高空抛物" → 高空 / 抛物 → Do Not *High-altitude Parabolic*;

"德国咸猪手" → 咸猪手 → Germany *sexual harassment*;

"看好儿童" → 看好 → *Optimistic about* children;

"丁丁炒面" → 丁丁 → Fried noodles with *penis*;

（2）字对句误译

"会长室" → 会 / 长 / 室 → *It will grow* room;

"中药房" → 中 / 药房 → *Be hit by* drugstore;

（3）字对字误译

"桥下休闲广场" → 桥下 / 休闲 / 广场 → Bridge under / the leisure / square;

"文明养狗" → 文明 / 养 / 狗 → Civilization / Raises / The Dog;

"防止跌倒" → 防止 / 跌倒 → Prevent / Falls;

"弹性窗口" → 弹性 / 窗口 → Elastic / Window;

（4）字对意直译

"无障碍厕所" → 残疾人设备 → Handicapped toilet;

"感应出水" → 感应水龙头 → Automatic sensor faucet;

"文明如厕" → 如厕注意文明 → Pay attention to sanitation;

"非旅游区 请勿入内" → Please do not enter the non-tourist area;

"细微之处见公德 举手之间显文明" → Virtues appear during your behaviours! Cleaness between your hands!

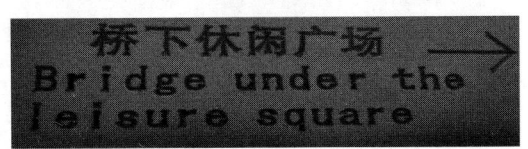

图 3 语言景观英文"高级"错误①

---

① 部分图片来自"公示语译研群"。

图3 语言景观英文"高级"错误（续）

提取概念误译、字对句误译、字对字误译和字对意直译在误译严重程度上依次递减；其中，前三类是直接机译的结果，最后一类是人译（+机译）的产物。这类直译看似没有问题，其实其翻译忽视了受众的认知能力、接受心理以及语言景观的情景语境。这四类语言景观的翻译性问题说明机辅翻译已被广泛地应用到语言服务外译领域，但是语言（翻译）服务实践若是从机器辅助人工翻译直接跨入AI翻译，而不是经过人工辅助人工智能翻译，是非常冒险的做法。以上案例就说明了这点。尽管生成式人工智能翻译比神经网络机器翻译具有"了解语境""遵守规则""理解示例""准确回应"等强大的学习和生成功能，语言翻译服务行业依旧离不开人的思维、创意、经验和专业知识，更离不开人工审校人员或译后编辑。

4 语言景观译后编辑原则方法论

4.1 ChatGPT 驱动译学新进展

新一代人工智能聊天机器人 ChatGPT，已然成为语言服务业最为热门的新风口。ChatGPT 是由美国人工智能实验室 OpenAI 研发的一款智能聊天机器人程序（AI Chatbot），于 2022 年 11 月上线。该人工智能程序是基于 GPT-3.5 架构的大型语言模型（Large Language Model, LLM），通过不断地监督学习和增强学习训练而成。ChatGPT 具备强大的语言生成能力、上下文学习能力和世界知识能力，因而成为语言服务业界的新宠。相对而言，翻译学界对 ChatGPT 的研究较为滞后，国内仅有几篇相关研究（Wang，2023；郑永和 等，2023；耿芳，胡健，2023；叶子南，2023；王子云，毛矗，2023；杨锋昌，2023），聚焦于基于 ChatGPT 的翻译实例分析。Wang（2023）通过对比评估广交会文本的译者翻译和 AI 翻译，针对 ChatGPT 翻译提出三点改进建议：一是译前编辑（pre-editing），即针对篇幅较短的原文，在人工智能翻译之前对其中的中式表达——名词罗列、单字表意不清、流水句及重复表达进行处理；二是译后编辑（post-editing），尤其是篇幅较长的文本，无法一一译前处理，反而译后编辑更能提高质量和效率，可针对 AI 译文中的主要问题进行编辑校对；三是集中提升文化负载词的翻译，重在对中国文化元素和思想的对外传播效度。叶子南（2023）以谷歌翻译、必应、百度等机译了《纽约时报》上的一篇专栏文章，提出了"硬文本"和"软文本"这对概念，两类文本的区别性特征标准在于词义边缘清晰度、词语语境空间、文本个性、译者介入度、句法逻辑性以及本土文化度等。这些使用的翻译文本为商务类（语言服务）、专栏散文类、陶瓷类文本和法律文本，尚未见 ChatGPT 用于语言景观的机器翻译、译后编辑、译文质量评估、译员反思或数据平台建设的研究。

4.2　新一代人工智能下翻译编辑 PAIP 模式的提出

据霍姆斯的译学构架图（Holmes, 1972/1988），翻译过程研究是纯理论翻译学的重要组成部分，也是中外学界久久讨论的话题。传统翻译语言学派（Nida, 1982）将翻译过程分为分析（analysis）、转换（transfer）、重构（restructuring）三个阶段；阐释学派（如 Steiner，1975/1998）将翻译过程分为信赖（trust）、入侵（aggression）、吸收（incorporation）和补偿（restitution）四个步骤，或极简化为更常见的理解（comprehension）和表达（production）两段论；认知翻译学将其划分为理解、表达、修订三个关联阶段（王俊超，曾利沙，2015），等等。随着翻译技术和机器翻译的不断发展，改变了学界和业界对翻译过程的看法，突出诸如译前准备、译中检索、译后编辑等翻译技术的使用环节。例如翻译项目实践中常常将整个翻译过程分为三步走：第一步是译前准备，即文本数字转化、平行文本语料库、术语库准别、翻译方案的制定等工作；第二步是翻译过程，涉及语言转换、翻译问题、解决问题等；第三步是译后校对，即由专门的翻译校对人员进行译文校对与润色等。再如认知翻译学者 Lauffer（2002）认为，翻译过程由理解推理（understanding and reasoning）、检索（searching）和修订（revising）三个阶段组成。在 AI 盛行的时代，语言服务业界出现了机器翻译译后编辑（machine translation post-editing，MTPE）这一模式，即翻译全程包括译前准备、机器翻译、译后编辑三个环节。本文在前期 AI 翻译研究的基础上，提出新一代人工智能时代里的翻译编辑 PAIP 模式：译前编辑（pre-editing）、人工智能翻译（AI translation）、人工提示 AI（man-prompt AI）、译后编辑（post-editing）四个子过程。

（1）译前编辑阶段：译前编辑和译后编辑可称为人工智能翻译的"PE"双胞胎。译前编辑旨在提高机译或 AI 翻译的质量，侧重于在翻译之前对源文本进行整理、编辑、加工，尤其是源文本较短、可操作性强的硬文本（叶子南，2023；Wang，2023）；具体步骤包括文本内和文本外的操作：前者包括同义词替换、代词替换、调整语序、拆分长句、增删句子成分、消除歧义等（王睿希 等，2022）；后者借助术语库、语料库等大数据技术将源文本中的专业术语、用典、专名、诗词等进行目标语替换。

（2）AI 翻译阶段：将源文本直接复制到 ChatGPT 中进行 AI 翻译，再将 AI 译文复制到 Word 文本中；此外，ChatGPT 有强大的绘图功能，可对 AI 机器人进行图片描述，生成图片。

（3）人工提示 AI：在 ChatGPT 中输入人工提示语或基于人工提示 AI 生成的提示语，可针对性地改变译文。作为 ChatGPT 的基本功，提示语（ChatGPT prompts, 简称 Cp）是指输入一个短语、问题或一段话，作为生成模型输入的起点，其功能是"让 ChatGPT 进入某种对话模式"（徐宿，2023）。在语言服务实践中，若委托方为目标文本有特殊的期待或要求，人工提示 AI 也可以放在 AI 翻译之前 / 中进行。

（4）译后编辑阶段：同译前编辑，译后编辑是在提高机器翻译质量时，侧重提高 AI 翻译后目的语文本的准确性和译文质量。关于译后编辑和译文质量的关系有个概念，即译编率（Translation Edit Rate, or TER）。该概念由 Snover 等人于 2006 年提出，用于计量机器翻译后词汇和语法编辑的次数。机译或 AI 译文所需译后编辑次数越多，译文质量就越低；反之，译文质量则越高（乔博文，李军辉，2020）。此外，除了语符编辑校对外，译后编辑还包括译者基于自身翻译经验和专业知识之上的润色与提升性定稿。

4.3 PAIP 模式下语言景观的 AI 翻译举隅

虽然 ChatGPT 译文不像现实语言景观外译有那么严重的错误（见图 2 和表 1 所示中的 AI 翻译），但 AI 机器人的翻译仍旧是直译且有误译。根据上文中提出的翻译编辑 PAIP 模式，我们逐步阐释说明 PAIP 模式下语言景观 AI 翻译的全过程（见表 1 所示）。

表 1　PAIP 模式下语言景观的 AI 翻译全过程

PAIP 模式					
语言景观	AI 翻译	译前编辑	人工提示 AI	基于提示的 AI 翻译	译后编辑
人机对话/提示语	Please translate in English.	文类/语用	人工提示语	请将该语言景观	语言景观英文用法或创意
未开口的花甲请勿食	Please do not eat unopened shellfish.	提醒类公示语	用构式 Mind	Mind: Don't consume unopened mantis shrimp.	Kind reminder When I OPENNED, you can open yours.
请勿高空抛物	Please do not throw objects from a height.	禁止类公示语	[法规]禁止，用 Forbidden	Throwing objects from heights is forbidden.	DANGER: Throwing objects from heights is prohibited.
德国咸猪手	German salty pig's hand	猪手[方言]，言内翻译为猪蹄	[美食]德国咸猪蹄	German Salted Pork Knuckles	Salted-flavor Pork Knuckles
看好儿童	Watch out for children.	无主句：请[？]看好儿童	请大人看好儿童	Please adults keep an eye on children.	Children must be accompanied.
会长室	President's office	[保险学会]	学会会长室	President's Office	/(TER=0)
中药房	Traditional Chinese medicine pharmacy	TCM[术语]	TCM 药房与西药房	TCM and Western Medicine Pharmacy	/(TER=0)

15

续表

| \multicolumn{7}{c|}{PAIP 模式} |
语言景观	AI 翻译	译前编辑	人工提示 AI	基于提示的 AI 翻译	译后编辑
桥下休闲广场	Under-bridge leisure plaza	功能设施类	休闲广场（在桥下）	Leisure Plaza (Under the Bridge)	/(TER=0)
弹性窗口	Flexible window	功能设施类	银行对某些客户开通的特殊时段的服务，故 VIP	Elastic Service Time Window at the Bank	VIP SERVICE
无障碍厕所	Accessible restroom	功能设施类	用 accessible	Accessible restroom	/ (TER=0)
文明养狗	Civilized dog ownership	提醒类公示语	据图片，遛狗须系狗绳	Dogs must be leashed when walking.	Thank you for walking your dog ON LEASH
防止跌倒	Prevent falling	警示警告类	用 Caution:……	Caution: Prevent Falls	Caution: Slippery
感应出水	Sensor-activated water outlet	功能设施类	感应性水龙头	Automatic Faucet: Water Sensing	不译或 automatic
文明如厕	Civilized restroom usage	提醒类公示语	用 Thank you	Please Pay Attention to Restroom Hygiene.	Thank you for keeping it clean.
非旅游区请勿入内	Non-tourist area, please do not enter	禁止类公示语	用 No Entry	Non-Tourist Area: No Entry	No Entry

续表

PAIP 模式					
语言景观	AI 翻译	译前编辑	人工提示 AI	基于提示的 AI 翻译	译后编辑
细微之处见公德 举手之间显文明	Civility is reflected in the smallest details.	提醒类公示语	公共场合注意举止言谈文明	Public Places: Mind Your Behavior, Speech, and Civility	The public sees the quiet, polite, and sweet sides of you.

在译前处理阶段，我们需要根据公共服务信息译写国家标准，它将公共服务信息（文本）可划分为功能设施信息、指示指令信息、说明提示信息、限令禁止信息、警示警告信息等类型，即不同类型的语言景观有着不同的国标。如警示警告信息用于提醒公众对潜在危险的注意，起到警示性或警告性作用，具有一般警示、重要警示、严重警告等程度区别；这类语言景观在英语世界里有一定的约定俗成性，即一定的措辞和句法构式，按照程度依次表达为"Mind""Watch""Beware of""Caution""Warning""Danger"等。再如限令禁止信息用于劝阻或禁止某些行为，起到限制或禁止的功用；同理，对应的英文表达构式是"Thank you for not doing""Keep ...""Do not do ...""... Not Allowed""No doing""... Forbidden/Prohibited"等。

在人工提示 AI 翻译阶段，我们可以将对原语言景观的文本、语义和语用的理解加入翻译指令中，也可将译文术语、固定表达和句法构式等加入提示语中，生成基于人工理解的人工智能译文。这个层面需要译者具有双语能力、翻译技术和工具能力、语篇 - 认知能力、跨文化心理能力以及创造性思维力等。

最后，在译后编辑阶段，译编率的大小取决于译者的类型。在语言翻译实践中，有两类译者：任务导向型和目标导向型。任务导向型译者仅以完成翻译任务为目标，而目标导向型译者具有更为宏大的聚焦和更为宽广的视野，在翻译过程中不断地创新、不断地发现问题并解决问题，其目的是实现（翻译）沟通的效果（Ferguson, 2022; Wang, 2023：11）。

作为目标导向兼研究者型译者，我们充分发挥译者的主观能动性（及各项翻译能力），对需要译后编辑的 AI 译文进行润色、改译甚至是创译。以"未开口的花甲请勿食"为例。这是餐馆或酒店对花甲食用的温馨提示。据生活经验可知，做好的花甲若没有开口，多是在未烹饪前就死掉的花甲或是满满的淤泥；若顾客不小心吃了，会引起恶心不适或不满等情绪。但若直接采用 AI 翻译"Please do not eat unopened shellfish"或"Mind: Don't consume unopened mantis shrimp（注：这里误译为螳螂虾）"，则会产生预设义，即本店的花甲不新鲜！故我们将译为一句较为幽默的提示性图文景观，如图 4 所示。

> Kind Reminder
> When I OPENNED, you can open yours.

图 4　ChatGPT 生成图片"开口花甲"

语言景观多语种资源库建设不仅需要大量的多语数据的标准划一和规范化，更需要对丰富的语言景观进行多元外译，包括人机翻译基础上的创译和借用国外相应表达的仿译。正如刘丽芬和焦敏（2023）所提倡的，"让城市符号景观充溢生命气息"。

5　结语

新时代，伴随着中国国际赛事的承办和国家形象的建构，语言景观或公共领域多模态公示语成为语言翻译服务实践的重要部分。尽管近二十年来业界和学界一直致力于公共领域译写规范化，产生了各省、自治区、直辖市地方标准再到国家标准以及一些数据库平台，但现实中语言景观的外译问题层出不穷，且不是"规划化"策略能一刀切解决的。本研究将多模态语言景观置于 AI 时代和当下语言服务实践的真实情景下，基于 ChatGPT 驱动的翻译过程提出新一代人工智能下翻译编辑 PAIP 模式，并以语言景观的英译为例，进行全过程阐释性例证说明。在实例分析中，研究也发现了语言景观的一些翻译方法，如 AI 翻译、套译、创译等。此外，全文还将 AI 背景下的翻译学和编辑（学）相融通，提出"译编""译前编辑"等概念，在原有的"机器翻译译后编辑（MTPE）"和"译后编辑"基础上，对 AI 时代翻译过程进行拓展性概括。翻译编辑 PAIP 模式也有待于运用到其他语言服务文类实践及实证检验。

【参考文献】

崔启亮，张小奇，2023．国际语言服务学科的理论基础研究［M］//司显柱，徐珺．语言服务研究．北京：中译出版社：21-33．

耿芳，胡健，2023．人工智能辅助译后编辑新方向——基于 ChatGPT 的翻译实例研究［J］．中国外语，20（3）：41-47．

国家语言文字工作委员会，2020．中国语言生活状况报告 2018［C］．北京：商务印书馆．

国家质检总局和国家标准委．公共服务领域英文译写规范：第一部分通则［S］.GB/T30240.1—2013．

贺宏志，2012．语言产业导论［M］．北京：首都师范大学出版社．

黄友义，2017．翻译硕士专业学位教育：划时代的改革，前程似锦的未来［J］．中国翻译（3）：5-6．

李翔，2021．基于产教融合的地方应用型大学"翻译+信息技术"语言服务人才培养研究［J］．校园英语（32）：23-24．

李雪雁，2009．国内公示语英译研究综述［J］．吉林广播电视大学学报（1）：105-108．

刘丽芬，焦敏．让城市符号景观充溢生命气息［N］．中国社会科学报，2023-01-03．

乔博文，李军辉，2020．融合语义角色的神经机器翻译［J］．计算机科学，47（2）：163-168．

屈哨兵，2012．语言服务的概念系统［J］．语言文字应用（1）：44-50．

屈哨兵，2020．《中国语言服务发展报告（2020）》的原则和目标［C］//

广州大学粤港澳大湾区语言服务与文化传承研究中心．语言生活皮书（2020），10-17.

司显柱，徐珺，2021．前言：守正创新，砥砺前行［M］//司显柱，徐珺．语言服务研究．北京：中译出版社．

王俊超，曾利沙，2015．西方翻译过程研究五十年述评——一项基于核心文献的多维剖析［J］．广东外语外贸大学学报（6），69-74.

王立非，崔启亮，蒙永业，2016．中国企业"走出去"语言服务蓝皮书（2016）［C］．北京：对外经济贸易大学出版社．

王睿希，李嘉鋆，赵琳娜，等．译前编辑——是"鸡肋"还是"福报"？［EB/OL］．2022-11-30［2023-09-10］．https://zhuanlan.zhihu.com/p/588151956.

王晓军，朱豫，2021．旅游景区的语言景观与语言服务研究——以天津五大道景区为例［J］．语言服务研究（1）：127-206.

王银泉，张日培，2016．从地方标准到国家标准：公示语翻译研究的新里程［J］．中国翻译，37（3）：64-70.

王子云，毛鹭．ChatGPT 译文质量的评估与提升——以陶瓷类文本汉英翻译为例［J］．山东陶瓷，2023（4）：20-27.

徐宿．ChatGPT 的基本功：13 种 Prompt 用法［OL］．（2023-03-02）［2023-09-11］．https://sspai.com/post/78593.

杨锋昌，2023．ChatGPT 对译员的思考与启示——以越南语法律翻译为例［J］．中国科技翻译（3）：27-30+4.

叶子南，2023．在 ChatGPT 时代，人译独领风骚［J］．中国翻译（3）：173-178.

郑永和，丁雨楠，郑一，等，2023．ChatGPT 类人工智能催生的多领域变革与挑战（笔谈）［J］．天津师范大学学报（社会科学版）（3）：49-63.

中国翻译协会，2022．2022 中国翻译及语言服务行业发展报告［R］．北京：中国翻译协会．

Backhaus, P. 1971. *Linguistic Landscape: A Comparative Study of Urban Multilingualism in Tokyo* [M]. Clevedon: Multilingual Matters.

Ferguson, D. I see the reason why China's system is confident [EB/OL]. 2022-09-27. http://china.qianlong.com/2022/0927/7662684.shtml.

Holmes, J. S. 1988. The name and nature of translation studies [C] // *Translated! Papers on Literary Translation and Translation Studies*. Amsterdam: Rodopi :66-80.

Jaworski, A., & Thurlow, C. 2010. *Semiotic Landscapes: Language, Image, Space* [M]. London and New York: Continuum International Publishing Group.

Landry, R., & Bourhis, R. Y. 1997. Linguistic landscape and ethnolinguistic vitality: An empirical study [J]. *Journal of Language and Social Psychology*, 25.

Lauffer, S. 2002. The translation process: An analysis of observational methodology. *Cadernos de Tradução*, 2(10):59-74.

Nida, E. A. 1982. *Translating Meaning*. San Dimas: English Language Institute.

Snover R. M., Dorr B., Schwartz R., Micciulla L. 2006. A study of translation edit rate with targeted human annotation [C]. // *Proceedings of the 7th Conference of the Association for Machine Translation in the Americas*. Cambridge: 223-231.

Steiner, G. 1998. *After Babel: Aspects of Language and Translation* [M]. Shanghai: Foreign Language Education Press.

Wang, J. 2023. A ChatGPT-driven study of translating and post-editing Chinese enterprise publicity materials [J]. *Modern Languages, Literatures, and Linguistics*, 2:1-17.

Proposing a PAIP Model for Transediting Chinese Language Landscape from the Perspective of AI Language Services

Wang Junchao

(Guangdong University of Foreign Studies, Guangzhou 510420)

Abstract: Since the 21st century, China has increasingly become a central player on the world stage, leading to more frequent exchanges between Chinese and foreign languages and a flourishing language services industry. Despite efforts by industry and academia to standardize translation and writing in the public spaces over the past two decades, various challenges in translating Chinese language landscape persist, necessitating new solutions. This study situates the multimodal language landscape within the context of the AI era and language service practices. By utilizing the ChatGPT-driven translation process, we propose a PAIP Model for transediting Chinese language landscapes. The analysis also identifies several translation methods for language landscapes, such as literal translation, post-editing, and creative translation. Furthermore, this article integrates translation studies and editing theory in the context, introducing concepts such as "transediting" and "pre-translation editing" to expand upon the existing "machine translation" (MT) and "post-editing" (PE) frameworks, thus providing a more comprehensive modeling of the translation process in the new era. The application and empirical validation of the new transediting mode in other language service genres remain to be explored.

Key Words: ChatGPT, Language Services, Multimodal Language Landscapes, Pre-translation Editing, Post-editing, Transediting Mode (PAIP)

作者简介：王俊超，外国文学文化研究院广东外语外贸大学学报副编审，国际商务英语学院硕士生导师、高级翻译学院MTI导师，研究方向：应用翻译学和出版编译。

基金项目：教育部人文社会科学研究规划基金青年项目"基于国际涉华企业报道大数据的中国企业形象他塑与重构研究"阶段性研究成果。

语言服务高端人才需求视域下的DTI设置构想

李雯 李孟端

(海南师范大学，海口 571158)

【摘 要】随着语言服务业的快速发展，对包括口笔译领军人才、语言服务管理人才、翻译技术研发人才、语言服务行业研究人才和翻译专业师资在内的五类高端人才的需求不断扩大。五类人才均以翻译为基础，为翻译服务。本文针对这五类高端人才的需求，并结合国外专业博士的优秀实践，对翻译专业博士DTI的培养目标、入学选拔、学习年限、导师配置、培养模式、学位论文和质量监管等方面提出建议。

【关键词】语言服务；高端人才；翻译博士专业学位DTI

1 引言

翻译硕士专业学位（MTI）自2007年设置以来，培养单位和培养人数持续增长。尽管MTI定位于培养高层次、应用型、专业性的口笔译人才，但现有翻译专业人才培养不能完全满足翻译行业乃至整个语言服务业对高端翻译人才的需求（穆雷 等，2013）。黄友义（2018）在总结翻译事业服务改革开放四十周年的成就时，提到目前面临的第一个挑战就是人才，特别是高层次专业翻译人才的极度缺乏。语言服务业的快速发展，对专家级语言服务人才已经出现了极大的供需不平衡。2022年，国务院学位委员会、教育部印发《研究生教育学科专业目录（2022年）》，国家进一步开放专业博士设置的范围，翻译博士专业学位（DTI）正是乘国家全面发展专业博士学位教育的东风而成功设置（穆雷，刘馨媛，2022）。由此，如何设置翻译博士专业学位来满足社会发展需求已被正式提上议程。

2 语言服务业五类高端人才的需求

在我国经济由高速增长转向高质量发展的新时代，"中国制造"转向"中国创造"的步伐不断加快。随着"一带一路"建设的推进，中国企业"走出去"以及中国优秀文化和先进发展理念等"软力量"的"走出去"也步入一个新的发展阶段。新时代赋予语言服务事业更多的使命，带来了全新的机遇，对高层次专业精英人才的需求也不断扩大。总体而言，语言服务业对高端人才的需求主要分为五类：口笔译领军人才、语言服务管理人才、翻译技术研发人才、语言服务行业研究人才和翻译专业师资。DTI人才应获取"五能"（能做、能管、能研、能教、能询）中一种以上的能力（王铭玉，2021）。这五类人才均以翻译为基础，为翻译服务，他们或需要丰富的翻译经验和娴熟的翻译能力，或需要熟悉翻译流程和翻译管理，或需要针对翻译行业所需研发相关的技术，或者可以胜任专业翻译教学。对比翻译硕士专业学位的培养目标和课程设置，反观三次MTI评估的结果可以发现，现有MTI教学难以实现对以上五类高端人才的培养。

（一）口笔译领军人才。语言服务需求近年来从以外译中为主逐步转变为以中译外为主，而且翻译语种不断增多，翻译质量要求不断提升。根据中国翻译协会的统计，2011年中译外占据整个翻译市场工作量的54%，第一次超过了外译中的比重，使中国翻译市场从输入型为主转变为以输出型为主（黄友义，2018）。在对外输出的进程中，有三类翻译需求的规模和影响较大。一是中央文献和时政类信息，如党的十九大报告、国家领导人著作等；二是中国优秀文化典籍以及现当代文学作品；三是中国企业在参与国际化竞争中旺盛的翻译需求，如华为公司产品多语言本地化翻译需求日均约 400 万字，重要外事活动和发布会笔译需求日均 30 万字外加 120 小时口译，年翻译量 10 亿字以上。无论是讲好中国故事和传播新时代思想，还是助力中国企业国际化行稳致远，都需要大量高端口笔译领军人才。

例如，在时政文献类翻译等著作的外译和每年的两会口笔译实践中，除了对基础翻译团队成员的翻译能力和翻译经验要求很高之外，还需要政治学、经济学、传播学等领域相关的专家，以及母语为译入语的语言专家一起，反复多次讨论修改，尤其是对不断产生的时政类新术语译文的敲定。

而对于企业的口笔译领军人才，以华为公司对高级别译员的能力描述为例：

表 1　华为高级别翻译人员任职资格要求

专业知识	对 ICT 业务领域、公司战略、管理理念、行业趋势有深刻理解
专业技能	具备较强的跨文化交际能力，双语达到/接近母语水平，翻译/编辑技能娴熟，主力支持公司级大型项目的成功交付，个人交付质量持平/超越领域同行精品水平，获得同行的广泛认可
专业回馈	知识传递：主导部门内部公司战略、行业趋势、管理理念的解读。 能力建设：识别团队能力短板，主导提升活动；持续优化培养方法论，提升公司翻译在行业中的实力，达到领先。 辅导他人：主导部门能力梯队建设；培育外部高端资源。 行业活动：引入翻译最佳实践，为团队发展提出方向性建议，并主导最佳实践落地

（笔者根据华为翻译中心任职资格标准整理）

华为公司对高级别译员的能力描述多维立体地展现了跨国运营企业对高级别翻译人才的具体能力要求，包括专业知识、专业技能和符合企业文化价值观导向的职业技能。从专业技能方面来看，不仅要求翻译人员有娴熟的双语能力，还需要具备较强的跨文化交际能力和翻译/编辑能力。跨文化交际能力和翻译/编辑能力不仅是单纯从书本可以获得的静态知识，更多的是需要高级别翻译人员深入一线了解海外用户的需求和反馈，熟悉译入语国家的用户阅读和文档使用习惯，掌握同行业的最佳实践、先进的写作方法论、用户体验设计以及同行业产品资料分析。

王巍巍、穆雷（2018）将翻译人才定义为"掌握翻译专业知识，具备翻译专业技能，具有国际化视野和跨文化沟通能力等翻译专业素养，能够从事语言服务行业相关工作的人"。具体而言，口笔译领军人才或能够针对我国传统文化、当前政治术语，社会经济文化以及专业翻译中疑难问题的解决发挥一锤定音的作用，或个人翻译交付质量持平/超越领域同行精品水平，推动企业快速优质化发展。由此可见，翻译是一门"技艺性"、"专业性"和"跨学科性"较强的学科，这也意味着高层次人才的成才周期较长。然而，两到三年的MTI教育除去投入公共课程学习和学位论文写作的时间，实践的时长远达不到成为翻译"工匠"的要求。因此，我们需要建设符合人才成才规律、适应学科发展特点及满足社会各层次需求的学科设置，需要完整的递进式教育体系来激发学科的活力。

（二）语言服务管理人才。随着语言服务业的迅猛发展，为了满足指数级增长的语言服务需求，我国语言服务企业也如雨后春笋般大量涌现。根据截至2019年6月底国家工商总局的统计数据，中国营业范围含有语言服务的在营企业369935家，比2018年6月底增加了近5万家；2018年底，语言服务为主营业务的在营企业9734家，比2018年6月底增加了82家。语言服务总产值为372.2亿元，单企业平均营业收入为382.3万元，分别比2017年增加了12.9亿元、10万元。语言服务企业的蓬勃兴起需要大量语言服务管理人才，如企业级管理者和项目级管理者。企业级管理者需要掌握现代企业管理理论和决策方法，了解并预测国内外语言服务行业的发展动向，具备对前沿的语言服务业态、不同文化的客户要求、最新的翻译技术发展等敏锐的洞察力，以及领导企业参与国内外竞争的能力和知识。项目级管理者能够主导或主力参与大中型口笔译项目，通过有效的项目管理保证成功交付，能够准确把握客户或用户的需求并根据需求进行项目策划，建立以预防为主的质量管理制度，能够熟悉前端产品的开发模式并构建适配的翻译流程（如敏捷翻译流程），通过有效沟通和建立流程约定及时解决跨项目组的问题，主动管理和引导需求，有效地管理利益干系人。

然而，语言服务管理人才的培养是现有翻译教育体系中的空缺，现有语言服务管理者大多依靠自身在行业多年的摸爬滚打，可谓自学成才。若一个行业的人才培养完全依赖于个人经验，没有可以复制的体系化的培养模式，行业就难有可持续性、稳定的人才培养途径，成才的偶然性也就难以转化为必然性，这必将影响语言服务行业的稳步发展。DTI的设置可以将语言服务管理人才作为其中一个培养分支，从一定程度上填补这个空缺。

（三）翻译技术研发人才。信息化的高速发展推动了翻译技术的日新月异，尤其是基于神经网络的机器翻译在人工智能的助力下有了大幅度的提升。在机器翻译产品的开发方面，以英语或西方拉丁语系为源语言翻译到其他语言的服务处于领先地位，而在中国，更大的需求是以中文为源语言翻译到其他语言，机器翻译技术还有较大差距（中国翻译协会，2016）。除了机器翻译技术，能够满足翻译人员和项目经理多样化需求和场景、为企业节约成本、缩短服务链长度的技术和平台都有待突破。

目前，翻译技术的研发出现了两个断层。其一，国内科研机构或高校在自然语言处理技术方面的研究未能有效转化为企业和社会所用的应用，研发与应用出现了断层；其二，从事自然语言处理技术或翻译软件/平台开发方面的研发人员缺乏语言服务行业的实践经验，对语言服务行业实际复杂的应用场景和翻译利益相关人的诉求把握不够，导致计算机和翻译两个学科出现了断层。换言之，翻译技术研发人才必须深入了解口笔译实践中的经验和问题，同时具有技术研发能力。DTI可以为有语言服务从业经验又对翻译技术有浓厚兴趣和研发潜质的人才提供继续深造的机会，切实从自身经验反思，开发或设计语言服务行业所需的软硬件设施，弥合研究与行业需求之间的差距，促进知识创新及技术成果的转化。

（四）语言服务行业研究人才。语言服务行业作为一个新兴行业，缺乏成熟的法律法规，缺乏国家层面发展规划的顶层设计，缺乏明确行业归属的相关政策，导致语言服务市场管理混乱，从业人员良莠不齐，翻译价格恶性竞争，翻译质量难以保证等问题的发生。从宏观层面来讲，语言服务行业的标准化建设、行业类别和行政归属的明确、翻译立法、语言服务体系以及相关的语言服务行业的仲裁制度的丰富和完善、语言服务产能的提升、语言服务商业模式的变革、运营模式的创新等一系列战略性问题都亟待解决；从微观层面来讲，语言服务企业和人才的评定标准、语言服务质量评价体系、客户教育、语言服务前端的质量推动等实践性问题都有待科学论证。

同样，行业研究人才需要从语言服务行业自身从业经验出发，洞察国际行业和协会优秀实践，加强与国际行业和协会的合作，建立相应机制。目前，国家翻译相关规范的起草主要依赖于实践经验丰富的企业人员，如果能在经验的基础上通过严谨的研究方法加以验证，规范将更具合理性和科学性。DTI 的设置可以为行业研究人员开辟一条分支，行业研究方法与实践结合，互相借力，为语言服务行业的健康发展出谋划策。

（五）翻译专业师资。截至 2022 年底，全国高校 MTI 授权点达到 313 个，授权高校数 316 所。面对开设翻译专业院校数量的快速增长，翻译专业师资的缺乏已成为影响翻译教育质量的一大重要因素。根据中国翻译协会 2016 年的问卷调查，翻译专业师资有许多是从外语专业转型而来，至少有 1/4 以上的教师缺少一线语言服务工作经验，从事过语言服务类工作的也多集中于笔译和口译，本地化、技术写作、项目管理、术语管理等其他语言服务经验较少，现有的师资队伍尚不足以支撑完整的翻译教育需求。

高校对师资学历有严格要求，在语言服务行业积累了丰富实践经验的行业专家往往因为没有博士学位无法进入高校任教，现有的 MTI 和翻译与口译学士学位（BTI）的师资都是学术型博士硕士往往又缺乏实践经验，从而陷入用人两难。部分有行业经验又有意愿进高校的应聘者只能选择攻读学术型博士，却没有能够发挥个人优势的深造渠道。DTI 的设置正好能打破长久以来僵化的机制，吸引有行业经验的人继续深造从而服务高校教育，也可以激发没有博士学位的翻译专业师资回炉深造，倒逼翻译专业师资走出校门深入一线积累实践经验，为 MTI 和 BTI 教育的发展提供坚实的后盾，同时也能促进政产学研的落地，推动翻译学科的发展。

目前语言服务行业对这五类高端人才的需求，如果完全是靠从业者在社会的相关行业中摸爬滚打、自我培养而成，语言服务业的发展失去了可靠的人才依托，也就不可能实现真正意义上的高速发展，更谈不上中国文化走出去等一系列远大目标的实现了（柴明颎，2014）。如果将高层次人才培养的重心放在企业，也将消耗企业巨大的人力、物力的投入，并弱化高校培育人才的职能。因此，有必要设置 DTI 来培养人才，满足社会对这五类高端人才的需求。

3 关于 DTI 设置的构想

国内外其他专业博士学位的设置可资借鉴。随着全球对高层次实践型人才的需求不断扩大，专业博士学位教育在全球范围内迅速扩张。据英国研究生教育委员会（UK Council for Graduate Education，UKCGE）每五年一次的专业学位授予情况统计，截至 2015 年，90% 的英国大学已开设了专业博士项目并且数量已增长到 320 个（姚林，王建梁，2018）。美国国家教育统计中心在 2000 年修订了学科专业目录（Classification of Instructional Programs，CIP），把美国的高等教育学位划分为学术型、应用型与专业型（包括原先的第一职业学位 FPD）、其他博士学位类型三类。美国专业博士学位涵盖教育学、医疗卫生与临床科学、工商管理学、艺术学、外国语言文学、法学与法律职业、神学、工学和交叉学科等 9 个学科群，共 18 个专业领域，近 50 年来授予专业学位的博士数量始终高于学术博士（吴敏，姚云，2018；张炜，2018）。在澳大利亚、加拿大、日本、新加坡、韩国等国家，专业博士学位也方兴未艾（王世岳，沈文钦，2018）。我国自 1997 年在临床医学领域首次设置专业型博士以来，截至 2019 年，已开设教育、兽医、临床医学、口腔医学、中医学和工程博士六种类型，累计授予专业博士学位 4.8 万人（王坦，2021）。国内外专业博士学位教育已积累了较为成功的经验，可在教育理念、培养模式、课程设置和培养手段等各个方面，为我们提供可资借鉴的教育经验。

（一）培养目标：通过对英美两国教育学、医学等专业博士培养目标的文献梳理，提取了具有代表性的能力培养目标，如表2所示：

表2　英美专业博士对比

英国专业博士	美国专业博士
①解决实践问题的能力 ②在专业情境中的规划和研究能力 ③为企业提供创新型解决方案的能力 ④批判性思维能力 ⑤与重要雇主建立伙伴关系 ⑥领导能力 ⑦沟通能力 ⑧团队合作能力 ⑨反思能力	①解决现实问题的能力 ②综合研究能力 ③将研究成果转化和运用到实践中所需要的批判能力 ④对研究成果是否推广应用的判断能力 ⑤领导能力 ⑥分解和整合新知识的能力 ⑦合作和统筹能力 ⑧反思能力

从表2中可以发现英美两国有共性的能力目标，如：解决实践问题的能力、批判性思维能力、研究能力、领导能力、自我反思能力等。结合语言服务行业对五种高端人才的需求，不妨将DTI的培养目标表述为：培养具有娴熟的双语能力、跨文化交际能力和专业领域知识的口笔译领军人才；能够主导大中型项目、掌握先进企业管理和决策方法、准确把握国内外客户需求、创造性解决复杂实践问题的语言服务管理人才；能够设计或开发满足语言服务利益相关人多样化需求的软硬件设施的翻译技术研发人才；能够对语言服务行业提出科学的决策性对策和标准规范的行业研究人才；能够促进校企深入合作、激发学术创新的高校翻译专业教育带头人和翻译硕士专业学位骨干教师。

（二）入学选拔。国外专业博士的入学考核方式严宽相济，大多重视学科背景与实践经验。如英国爱丁堡大学规定该校工程博士申请者至少是在工程学科或相关学科中获得过英国二等荣誉学位[①]中较高级的学

[①] 英国学位分类体系中，根据学生评价权重得分的不同授予不同等级的学位。从高到低分别是：一等荣誉学位、二等上荣誉学位、二等下荣誉学位、三等荣誉学位、普通学位。一般来说，获得二等上荣誉学位是英国研究生入学的最低要求。

士学位，或取得国际同等学力；如果申请者在相关学科方面获得过英国一等荣誉学位或国际同等学力，被录取的概率更大；鼓励其他学科知识背景的学生提交入学申请，注重申请者的实际经验（宋雪梅，耿有权，2018）。同样，英国美术专业博士的申请者也需要持有一等荣誉学位，最少也需要二等以上荣誉学位，还需要提供专业水平和持续专业实践的证明（戴文莲，王宁逸，2017）。美国理疗专业博士申请者在入学时必须具有 100 小时及以上的理疗实践经验（赵世奎，郝彤亮，2014）。美国宾夕法尼亚大学 2001 年创办的高等教育管理博士项目，主要招收有多年工作经验的大学高级管理人员，被录取者基本都是各知名高校的副校长。澳大利亚教育博士的招生对象为担任管理职务或有志于教育管理事业的专业教育工作者（王正青，鲍娟，2016）。国内专业博士的培养也有类似的要求，如教育博士与工程博士要求有五年以上的相关工作经验，临床医学博士和兽医博士需要有三年以上的从业经历。

DTI 的入学考察也可以参照国外的做法，采取以专家组面试为主，结合对考生以往实践成果和经历评价，全面考核考生的批判性思维、创新意识和综合能力。鼓励非外语专业（如计算机、网络、软件、人工智能、电子机械、自动化、管理、法律等专业）的硕士学位获得者报考，报考者可以根据从业经验和个人兴趣任选一个培养方向。报考者需有三年甚至五年以上行业相关的专职工作经验，并提供近三年或五年工作或成果证明（如翻译资格证书考试一级口译 / 笔译或同声传译证书或相应级别的相关国际认证、语言服务行业研究论著 / 产品 / 专利证书、客户服务的合同或证明、教学或科研成果等），择优录取。

（三）学习年限。国外的专业博士为学生提供了灵活的学习年限，通常全日制攻读 3~4 年，业余时间攻读为 4~6 年，但实际上大部分业余攻读的博士生按期毕业率较低，大部分需要 6~7 年（姚林，王建梁，2018）。DTI 可以实行弹性的学期制，允许全脱产和半脱产的考生报考，基础学制四年，最多不超过七年。学习时间灵活，但严格以结果为导向。

（四）导师配置。国际国内专业博士的导师多为导师组，包括校内知名学者专家、行业指导学生实践的专家、雇主等。由于翻译具有学科交叉性的特点，DTI 也需配备导师组，包括具备翻译学术型博导资质的教授、跨学科方向的有博导资质的教授（如计算机、管理学等学科），能够指导实践的行业专家等共同组成导师团队。明确导师团队的负责人和各导师的具体职责，对博士生培养的全过程负责。导师团队结合学生的学缘结构、实践经历进行个性化培养，组织制订博士生个人培养计划、监督培养计划实施进展、跟踪学习效果。加强导师团队的职能，强化过程管理。导师团队确保定期开展工作会议，研究并明确下一步指导计划。

（五）培养模式。英国专业博士培养模式通常包括两个阶段：课程学习和研究工作。课程学习的内容包括理论、研究方法、评估、小组合作学习；研究工作包括独立研究、学位论文和考试。在课程设置方面，以教育博士为例，英国教育博士强调以专业实践为中心，交叉整合学术知识、技能知识、跨学科知识和批判性知识方面的课程。美国受实用哲学的影响，注重专业知识及实物教学，按照专业要求和学生兴趣设置核心课程，以拓展模块课程为主题，结合案例分析和在场学习；澳大利亚教育博士课程也体现了鲜明的"混合课程模型"特征（王正青，鲍娟，2016；魏玉梅，2016）。

国际国内专业博士的教学方式也积累了不少有参考价值的优秀实践。譬如，（1）工场式案例学习：实地观摩学习再回所在工作单位去尝试解决实际问题；把实践领域的真实案例纳入主修课程中，使课程的讲授基于实践领域的真实案例。（2）项目导向型教学方式：投入实际的项目，针对问题进行讨论分析、提供方案、提交研究成果。（3）群组学习方式（cohort）：创造一个高效、富有内聚性的学习共同体。（4）"尖峰体验"：学生在第二学年开始在导师指导下选择符合自身兴趣与职业目标的实习单位，第三年就要进行为期一年的"尖峰体验"，以提高学生的领导技能、培养学生高度责任感、践行合作组织的使命以及提升项目战略价值（魏玉梅，2016）。

国际国内专业博士的优秀实践可以取其精华、拿来所用。DTI 第一年或者第一学期可以设置为以课程学习为主，采用群组学习方式及探究式教学方式，如专题研讨、实地观摩、现场研究、案例分析及社会调查等，促进学生之间的经验共享交流和合作反思。课程体系要求体现系统性、实践性和前沿性。对课程的考核注重创新能力，从多角度考察学生基础知识掌握的深度和广度。第二年或第二学期开始在实习单位开展实践和研究活动，为期至少两年，让学生有充分的时间了解语言服务行业，寻找存在的问题，有针对性地研究解决问题。

DTI 教育有效开展的一个重要因素是建设联合培养的实践基地。联合培养单位包括外文局、中央编译局、各省市外事部门，以及相关企事业单位等。高校与联合培养单位的合作需有明确的职责与义务。学生在实践期间，需参与真实的语言服务项目，培养创新实践能力和职业能力。为了严格落实实践要求，联合培养单位应主动把学生纳入人力资源管理范畴，合理利用资源优势，主动为学生提供实践机会和学位论文课题研究项目。

（六）学位论文。美国一些专业博士学位的毕业考核没有博士学位论文的必须要求，如哈佛大学教育领导博士项目取消了毕业论文，第三年要求学生在合作组织接受严格的挂职锻炼。取而代之的是"档案袋（portfolio）"毕业考核模式，"档案袋"包括已经发表的研究成果、论文、毕业设计、实践活动、研究项目一系列能证明能力水平的成果都给予认可（李云鹏，2018）。美术专业博士把能够证明其高水平专业实践、研究和创作的原创作品展览展示作为毕业成果。

我国 DTI 的毕业论文要求不一定与翻译学博士相同，定在 10 万字左右，形式可以多样化。论文选题可以来自重大项目或有应用价值的项目、企业或行业面临的难题、翻译技术的创新、语言服务企业发展的革新等。论文形式可以是专题案例分析、决策咨询报告、翻译技术产品研发设计或报告、语言服务相关问题研究等。论文要求针对行业实践和应用中出现的问题进行调查研究，提出可行性强的、科学的解决方案或决策咨询，能够推动翻译教育改革、语言服务业发展和翻译技术进步。

（七）质量监管。培养质量直接受市场和社会的评价，所以在博士生培养过程中加强质量监控，对学生的入学招生、课程学习、实践、中期考核、毕业论文等环节进行全面考核，在考核的各环节均实行学生自评、高校考核、社会评价等多维度评价，确保培养质量符合国家社会经济发展的要求。

4 结语

设置 DTI 并不否认 MTI 设置的初衷，而是更加明确两者培养的目标和对象。翻译专业博士培养需要以服务社会与经济发展、培养高层次应用型卓越人才为目标导向，弘扬"工匠"精神，对接语言服务的人才发展需求，促进翻译专业学位培养模式的改革与创新，强化"政产学研"的协同融合递进式育人模式，实现"从实践经验出发—高校学习—行业见习—解决实际问题—助力高校人才培养"的良性循环培养模式，推动翻译专业教育在新时代健康蓬勃发展。

【参考文献】

柴明颎, 2014. 翻译博士专业学位（DTI）教育需要什么样的师资 [J]. 东方翻译（6）：4-6.

戴文莲, 王宁逸, 2017. 国外美术领域专业博士学位设置研究——以英国东伦敦大学为例 [J]. 艺术教育（Z8）：150-151.

黄友义, 2018. 服务改革开放40年，翻译实践与翻译教育迎来转型发展的新时代 [J]. 中国翻译（3）：5-8.

李云鹏, 2018. 百年来美国博士教育的转型发展及其启示 [J]. 高等工程教育研究（4）：132-136.

罗英姿, 李雪辉, 2018. 专业学位博士研究生培养的路径依赖及其优化 [J]. 学位与研究生教育（5）：55.

穆雷, 王巍巍, 2018. 翻译专业人才抽样调查报告——兼论翻译人才发展现状与对策 [A] // 外语教育现状与规划 [C]. 北京：外语教学与研究出版社：58-71.

穆雷, 仲伟合, 王巍巍, 2013. 从职业化角度看专业翻译人才培养机制的完善 [J]. 中国外语（1）：89-95.

穆雷，刘馨媛，2022．从知识生产模式转型看翻译博士专业学位［J］．当代外语研究（6）：22-29+161．

宋雪梅，耿有权，2018．爱丁堡大学工程博士培养经验与启示——以"传感器和成像系统"专业为例［J］．教育文化论坛（4）：104-107．

王铭玉，李晶，2021．关于DTI的思考［J］．天津外国语大学学报，28（5）：1-8+158．

王世岳，沈文钦，2018．教育政策的跨国学习：以专业博士学位为例［J］．复旦教育论坛（4）：94-100．

王坦，2021．专业型博士"热"背后的"冷"思考［J］．研究生教育研究（1）：55-62．

王正青，鲍娟，2016．国外高校实践创新型教育博士培养经验与借鉴［J］．教师教育学报（4）：90-94．

魏玉梅，2016．美国教育领域专业博士学位制度设计及其启示——以哈佛大学"教育领导博士"专业学位项目为例［J］．研究生教育研究（2）：85-90．

吴敏，姚云，2018．美国专业博士学位的学科与规模特点研究［J］．学位与研究生教育（8）：73-77．

姚林，王建梁，2018．三重视角下的英国专业博士学位教育发展研究［J］．清华大学教育研究（4）：81-86．

中国翻译研究院，中国翻译协会，2016．2016中国语言服务行业发展报告［R］．

中国翻译研究院，中国翻译协会，2019．2019中国语言服务行业发展报告［R］．

赵世奎，郝彤亮，2014．美国第三代专业博士学位的形成与发展：以理疗、护理专业博士为例［J］．北京大学教育评论（4）：34-47．

张炜，2018．中美博士研究生教育发展趋势比较分析［J］．国家教育行政学院学报（5）：9-17．

UK Council for Post Graduate Education (UKCGE), 2002. Report on professional doctorates (Dudley, UKCGE).

On the Setting of the Doctor of Translation and Interpreting Program from the Requirements on Language Service Professionals

Li Wen   Li Mengduan

(Hainan Normal University, Haikou 571158)

Abstract: The remarkable development of the language service sector imposes higher requirements for five categories of language service professionals, that is, leading translators and interpreters, language service managers, translation technology developers, industry researchers, and MTI teachers. Based on the good practice of professional doctorate education in foreign countries, this paper analyzes the specific requirements on these language service professionals, and puts forward suggestions on how to set the DTI program from the aspects such as objective, enrollment, period, curriculum, faculties, and quality control.

Key Words: Language Service; Professionals; DTI

作者简介：李雯，海南师范大学外国语学院讲师，研究方向：翻译教育、语言服务。李孟端，海南师范大学外国语学院副教授，研究方向：跨文化传播、外语教育。

基金项目：该文为国家语委重大科研项目"海南自由贸易港语言服务研究"（ZDA145-5）的阶段性成果以及2021年海南省自然科学基金项目"自贸港背景下商务英语专业管理优化研究"（721RC550）的阶段性研究成果。

《语言援助计划》的应急语言服务实践及对我国的启示

刘永厚　张心怡

（北京师范大学，北京 100875）

【摘　要】应急语言服务关注突发公共事件下的语言受限群体，提供语言服务、冲破语言障碍，从而实现救援目的，是灾害管理的重要组成部分。作为灾害多发的移民国家，美国较早认识到了应急语言服务的重要性，成立联邦应急管理局并制定《语言援助计划》。本文以《语言援助计划》为研究对象，分析其发展历史和规划特点，并提出对增强我国应急语言服务能力的四点启示。

【关键词】应急语言服务；《语言援助计划》；应急语言服务规划；国家语言能力

我国幅员辽阔，自古以来民族众多、方言各异；同时，随着对外开放的深入和"走出去"战略的推行，我国与世界的交往日益密切，越来越多的外国人来华学习生活，进一步复杂了我国语言使用情况。而语言无疑是人类的交际工具和信息载体。因此，当突发公共事件发生时，语言能力有限者较难接收信息，往往会成为受害人群中的弱势群体。如何在这种紧急情况下冲破语言障碍、有效传递信息，从而减少人员伤亡、稳定社会秩序，这些已成为不可忽视的话题。应急语言服务应运而生。

应急语言服务指的是在自然灾害、危机冲突等紧急情境下，为语言特需人群提供语言援助，消除隔阂，增进交流，化解危机的工作。应急语言服务具有跨学科、跨行业的特点，涉及语言、翻译、心理咨询、危机应对、舆情管控、公共关系以及跨文化交流等诸多领域，需要多个部门协调配合，统一行动（滕延江，2020）。2003年"非典"以来，我国先后举办了北京奥运会、上海世博会、广州亚运会等大型国际活动，经历了"5·12"汶川地震、"4·14"玉树地震等重大自然灾害，应急语言服务意识逐渐增强，并在2020年新冠肺炎疫情暴发后引起学界的广泛关注和国家的空前重视。

1 我国的应急语言服务研究

应急语言服务的学术成果在后疫情时代如雨后春笋般涌现。一类研究将应急语言服务置于国家治理体系中，为构建国家应急管理体系、推动国家治理现代化提供宏观性建议，如王辉（2020a）在国家治理理论的视野中，强调应急语言能力建设需纳入国家应急管理体系和应急能力现代化建设中，提倡增强国家应急语言能力储备，推动语言信息化发展，发挥社会在应急语言服务中的协同作用；沈骑、康明浩（2020）在全球公共卫生治理与语言规划理论的基础上，确定了语言治理的治理行为体、治理内容与治理过程三个维度，初步构建出重大突发公共卫生事件的语言治理能力规划框架，以期提升国家语言治理能力；滕延江（2020）倡导从机制体制规划、语种（方言）规划、人才规划、技术规划、行业规划以及公众（社区）教育规划六个方面全面提升国家应急语言服务能力。另一类研究则更加具体、更具应用性，聚焦应急语言服务中的某一方面，探索提高应急语言服务的质量，如饶高琦（2020）关注语言服务中的语料库技术、音频/文本检索技术、机器翻译和机器辅助翻译技术、文本分析与计算技术等，建议有关科研和规划部门提高技术储备和数据资源建设的意识，研究语言技术应急服务预案；刘浪飞（2022）关注人才在应急语言服务中发挥的作用，明确高校作为培养主体、建议部分院校试点开设语言服务专业、丰富课程资源、加强国际交流、培养复合型人才；吴琴（2022）分析了高校翻译教学的现状，并依此提出建议，各高校应对本地应急语言服务行业及社会需求进行评估，重构教学目标；拓展教学内容进行拓展，强调发展语言能力与非语言能力并重；充分落实课内语言、课内非语言和课外教学实践，助力高质量应急语言翻译人才梯队建设。

由于我国当前的应急语言服务建设还处于起步阶段，借鉴他国已有经验有其必要性。其中日本因其地震等自然灾害频发、应急语言实践经验丰富，最受学者关注。陈林俊（2020）基于语言服务分析框架并结合灾害社会学理论考察了日本灾害应急语言服务的主体、路径选择及内容体系；姚艳玲（2021）专注于日本"平易日语"的发展过程、编制原则及语言特征，并以此为基础为我国"简明汉语"的编制提出建议；包联群（2020）在阐述日本应急语言服务相关法规、制度及运行机制的基础上，详细介绍了"3·11"东日本大震灾应急多语言服务具体措施，分析其经验、不足以及此后日本应急语言服务的完善与提升，提出对中国构筑应急多语言服务体系的启示。

美国的应急语言政策也值得借鉴。美国自然灾害和事故灾难等突发性公共事件多发，且作为一个移民国家，美国境内的居民使用着350种以上的语言，其中超过6000万美国居民的家庭用语是英语之外的其他语言（AAAS，2017）。因此美国也较早关注到了灾情或紧急事件下的英语受限群体，展开应急语言服务建设。滕延江（2018）以美国的国家语言服务团和紧急医疗语言服务项目为例，探讨美国紧急语言服务体系建设的动机、运作模式及存在的问题与挑战。王非凡（2020）以《针对有限英语能力社区应急准备、响应与恢复阶段的策略及手段》（Tips and Tools for Reaching Limited English Proficient Communities in Emergency Preparedness, Response, and Recovery）这一文件为考察对象，以"应急语言服务需求"和"应急语言服务供给"为线索分析美国针对有限英语能力社区应急语言服务规划的整体思路，并提炼出其"服务下沉"的关键特点，为中国应急语言服务能力建设提供一些参考；李宝贵、史官圣（2020）则厘清了美国联邦应急管理局提供的突发公共事件应急语言服务与美国国家语言服务团、美国急救中心紧急医疗救助语言服务项目在服务对象和服务范围等方面的不同，并从法律制度、响应机制、人才队伍、服务手段四个维度分析前者的特点，并提出对增强我国突发事件应急语言服务能力的四点启示。但总体而言以美国为对象的研究数量依然鲜少，尤其对联邦应急管理局出台的专项应急语言法《语言援助计划》的深入分析不足。因此，本文以《语言援助计划》为研究对象，分析其发展历史和规划特点，以期为我国的应急语言服务建设提供启示。

2 美国《语言援助计划》的历史和特点

美国是应急管理体制建立较早的国家。美国联邦应急管理局（以下简称 FEMA）成立于 1979 年，于 2003 年并入国土安全部，是联邦层面应急管理的综合协调机构，负责领导联邦政府各部门共同应对超出各州应对能力的重大自然灾害和火灾爆炸事件，实现保护各种设施、减少人员伤亡和财产损失的目标。美国的应急管理遵循属地管理原则，地方政府仅在其无法应对灾害时才向州或联邦政府提出援助请求。联邦政府在整个应急响应过程中会按照标准化的运行程序完成人员调度、物资调拨、信息发布、术语代码使用和文件记录等任务。

FEMA 的语言援助服务最早可追溯到 2000 年 8 月时任美国总统为英语能力受限者（limited English proficient，简称 LEP）签署的 13166 号行政令，管理局于 2016 年制定了《语言援助计划》（Language Access Plan），旨在为所有人提供有效的语言沟通援助（FEMA，2016）。《语言援助计划》于 2020 年更新，强调管理局须与州政府、当地政府、部落以及地区应急管理人员四方合作，为所有受紧急事件或灾害影响的人提供灾前、灾中和灾后的语言沟通援助，使英语能力受限的人群在灾难中不受语言能力影响。经过多年的发展，《语言援助计划》具有如下特点：

2.1 明确的法律保障

　　FEMA 的应急语言援助服务的执行以法律为依托。联邦紧急事务管理局指令 112-11 联邦紧急事务管理局第六章民权计划（FEMA Directive 112-11 FEMA Title VI Civil Rights Program）明确了该机构的语言援助职责，当灾害发生时，FEMA 会明确告知英语能力受限人群，他们有权利免费接受口译服务。此外，《语言援助计划》梳理了各下属主体机构及其之间的协作服务模式。权利平等办公室（Office of Equal Rights）是该法案的主要执行和监督机构，具有直接管辖权。公众对语言援助服务可以以电话、邮件、信件等形式向权利平等办公室进行信息咨询或投诉建议；外部事务办公室（Office of External Affairs）由权利平等办公室的代表组成，面向公众，以不同语言向媒体机构提供关于备灾和灾害救助的信息，协助制订和实施应急服务计划，并为管理局的行动提供建议；响应恢复办公室（Office of Response and Recovery）负责雇佣事件现场双语工作人员、灾难恢复中心和救助登记的翻译服务等突发事件现场的应急语言救助；美国消防学院（United States Fire Academy）和国家洪水保险计划办公室（National Flood Insurance Program）分别提供还有英语、西班牙语的消防安全和洪水灾害的材料。

2.2 程序化的应急语言服务机制

　　FEMA 已经建立了一套确认英语能力受限人群及提供语言援助的规范程序，李宝贵、史官圣（2020）将其总结为以"语言评估—应急响应—灾后评价"为核心的三级应急语言响应机制。

　　1. 语言评估。管理局通过与州政府和当地政府合作，基于灾害中最常见的英语能力受限人群，将 20 种语言列为灾害中优先应急援助语言，含西班牙语、阿拉伯语、柬埔寨语、中文、海地-克里奥尔语、法语、印度语、意大利语、日语、韩语、老挝语、俄语、塔加洛语（菲律宾语的一种方言)、乌尔都语、越南语、希腊语、波兰语、泰语、葡萄牙语和美国手语。一旦某地区被认定有灾情发生,第一步就是评估受害地区的人口组成,综合来自美国人口调查局、非政府组织、社区以及志愿者组织等不同渠道的信息,初步评估语言需求,确认主要援助语种,继而多语种书面发布紧急灾情信息、各种联系方式和翻译灾害相关材料。管理局服务支持中心要记录和保留所有灾害中不同语种语言热线拨打人数的历史数据,为语言需求评估提供准确信息。

2. 应急响应。FEMA及时向公众、社区机构、多语言媒体提供语情,确保不同背景的群众及时收到关键性的、无障碍的、简明的公众信息,包括灾情援助信息。灾情期间,FEMA的工作人员会在接待室、入口等地方张贴多语种通知,告知申请人他们能申请的语言服务,书面翻译、口语翻译和手语翻译等,并通过信件向申请者邮寄防灾手册以及日常向公众提供的其他防灾材料。所有的灾情网站会以多语种的形式将可提供翻译援助的译员人名及联系方式发布。援助人员需随身携带"I SPEAK"语言救助卡识别语言受限群体的使用语言,之后根据援助手册上的电话号码拨打语言援助热线,在热线另一端译员的帮助下完成他们与英语能力受限幸存者的沟通。

3. 灾后评价。FEMA对语言援助效果有相对成熟的评估工具和机制。民权顾问要定期就公民权利保障事宜向管理局作书面汇报和口头反馈,帮助管理局提高灾害期间的语言援助服务质量。语言服务专家在灾情稳定期、灾中反应期、灾后重建期向州、当地、部落以及地区四级政府机关提供语情评估报告。FEMA通过灾后报告、员工内部掌握的历史数据、社区问卷来评估语言援助服务的效果。报告要在灾情结束时完成,既要总结经验,也要指出不足。

2.3 比较专业的应急语言服务人才

1. 提供应急语言援助服务的人才充足。在灾害现场的民权顾问为语言援助提供技术支持。FEMA聘请语言服务领域的专家,与驻地民权顾问共同评估语言需求。此外，外部事务专家、灾难救助人员等也各司其职。

2. FEMA 对应急语言援助译员的资质、语言技能、相关领域的语言能力、翻译经验和伦理道德等方面有明确的规定和评估流程。如果应急管理局的工作人员参与口笔译的话，他们必须具备相关资质和专业能力，并且满足伦理道德标准。

3. 语言援助服务承包商的口笔译语言服务的效果通过英语能力受限的社区和利益相关方评估，如果未达到联邦应急管理局制定的标准，承包商将被要求采取修正行为。

2.4 高科技的应急语言服务产品

语言援助有新科技技术和产品作保障，充分借助通信、网络、宣传手段的发展提高援助效率。

1. FEMA 的外联部在持续开发不同语种的网页，上面专门发布灾害相关信息、链接、小应用程序及各种公众服务通知；管理局下属的各个办公室大部分也开通网站，供公众自由下载材料。

2. FEMA 个人援助部宣称能够提供 81 种语言的电话援助服务。译员可通过赴救灾现场或者电话、视频远程形式完成语言援助。

3. FEMA 员工有内部数据库，包含每次灾情的传单、新闻发布会、防灾指南，以便之后重复使用。

4. 为了帮助听觉残障人士，FEMA 专门制作手语视频、口述英语音频等；为了帮助认读障碍群体，外联部加强了图片标识的使用。这些图片重点针对高风险人群宣传用火安全、911 火警、急救知识、道路安全、逃生计划和游泳安全，图片在全国范围内文化水平低的人群中测试，并在讲中文、印度语和西班牙的三大主要移民群体中测试。

美国《语言援助计划》也有很多问题。例如，网站材料依然以英语、西班牙语为主；正持续开发的多语种网站还不够完善，经常出现无法访问的情况。

3 我国应急语言服务现状

3.1 灾害应急服务的主体

一方面，2018年3月，根据第十三届全国人民代表大会第一次会议，批准设立中华人民共和国应急管理部，作为国务院组成部门。我国的突发灾害防治也是地方政府负责制。《中华人民共和国突发事件应对法》规定，县级人民政府对本行政区域内突发事件的应对工作负责，突发事件发生地县级人民政府不能消除或者不能有效控制突发事件引起的严重社会危害，应当及时向上级人民政府报告。上级人民政府应当及时采取措施，统一领导应急处置工作。

3.2 应急语言服务的政策与规划

在各种突发性公共事件中，我国已逐渐积累了宝贵的应急语言实践经验，应急语言服务逐渐被纳入中国语言政策和规划的顶层设计中。2017年出台的《国家语言文字事业"十三五"发展规划》也强调，需"建立应急和特定领域专业语言人才的招募储备机制，为大型国际活动和灾害救援等提供语言服务，提升语言应急和援助服务能力"。国家语委颁布的《国家中长期语言文字事业改革和发展规划纲要（2012—2020年）》明确指出要"建立国家语言应急服务和援助机制""推动社会建立应急和特定领域专业语言人才的招募储备机制""提供突发条件下的语言应急服务"。

2020年新冠疫情暴发后，国家进一步完善应急管理体系，再次强调了语言服务在其中的必要性。《国务院办公厅关于全面加强新时代语言文字工作的意见》（国办发〔2020〕30号）明确了"加强国家应急语言服务"和"建立语言服务机制，建设国家语言志愿服务队伍"。《国务院关于印发"十四五"国家应急体系规划的通知》（国发〔2021〕36号）指出，"建立突发事件预警信息发布标准体系，优化发布方式，拓展发布渠道和发布语种，提升发布覆盖率、精准度和时效性，强化针对特定区域、特定人群、特定时间的精准发布能力""加大应急管理标准外文版供给""提升应急救援人员的多言多语能力，依托高校、科研院所、医疗机构、志愿服务组织等力量建设专业化应急语言服务队伍"。国务院印发的教育"十四五"规划明确提出"成立国家应急语言服务团，加强应急语言服务能力建设"。《国家突发公共事件总体应急预案》，也强调信息公布的"及时、准确、客观、全面"。2022年4月，在教育部和国家语委支持下，国家应急语言服务团成立。由此可见，应急语言服务已进入国家语言政策和规划层面。

3.3 应急语言服务的实践

新冠疫情期间，为帮助解决外地援助医疗队面临的医患沟通方言障碍问题，来自高校、科研单位、科大讯飞公司等企业的50余位人士共同组成了"战疫语言服务团"，研发了《抗击疫情湖北方言通》，并以微信版、网络版、迷你视频版、融媒体口袋书、即时翻译软件、全天候在线方言服务系统、抖音版等载体形式，为抗疫一线的医护人员及相关群体提供多维度的语言服务，说明我国已开始科技手段与应急语言服务相结合的探索；后来当疫情蔓延至全球，北京语言大学语言资源高精尖中心又开发出了涵盖41个语种的《疫情防控外语通》，在服务来华在华留学生和外籍人士的同时也为国际社会的疫情防控提供了帮助；天津外国语大学成立了"一基地三库"，即应急外语服务人才库、应急外语服务人才培养基地、应急外语服务研究院、应急外语服务多语种语料库实验室（张馨元，李霞，2021）；2022年4月28日，国家应急语言服务团在京成立；5月12日，江苏首支应急语言服务团在南京特殊教育师范学院成立（李润文，2022）。在众多抗疫应急语言服务实践中，政府、高校、学术团体、企业及志愿者个人等多方力量通力合作，应急语言服务产品在政策推广、学术奠基、科技支撑、个人努力的加持下惠及全国人民。

3.4 我国应急语言服务的不足

虽然近年来我国应急语言服务发展势头强劲，但不可否认，相较而言，我国这个领域起步晚，且在2020年新冠肺炎疫情暴发后才有井喷式增长。应急语言服务体系呈现基础弱、发展不均衡的特点，还不够系统化、科学化、常态化、专业化，存在以下几点不足：

3.4.1 应急语言服务政策法规不完善

首先，我国应急语言服务尚未被纳入应急管理规划。我国在应急语言服务领域目前有政策，但无具体法规。《国家通用语言文字法》《中华人民共和国突发事件应对法》《突发事件应急预案管理办法》和《国家突发事件应急体系建设"十三五"规划》均没有提及突发事件过程中的应急语言服务，甚至中共中央党校联合社会科学文献出版社创研并发布的首册《应急管理蓝皮书：中国应急管理发展报告（2021）》也未提及应急语言服务。目前只有语言文字领域的一些政策性文件提及应急语言服务，如《国家中长期语言文字事业改革和发展规划纲要（2012—2020年）》《国家语言文字事业"十三五"发展规划》，而突发事件和灾害中的语言服务在国外大多属于应急管理和灾害管理的一部分。而且，现有政策中涉及应急语言服务的内容多以宏观规划为主，缺乏具体说明，如怎样建立应急语言服务的援助机制、应急和专业人才的储备机制、多语言人才库的实现途径。

其次，我国目前关于人民群众在突发事件中获得语言服务权利的机制保障需加强。语言文字领域的《中华人民共和国国家通用语言文字法》，突发事件领域的《中华人民共和国突发事件应对法》《国家突发公共事件总体应急预案》和《突发公共卫生事件应急条例》以及公共卫生领域的《中华人民共和国传染病防治法》《中华人民共和国国境卫生检疫法》均缺乏语言应急服务内容，而法律的缺位会导致应急语言服务的内容和质量缺乏监督，人民群众获得语言服务权利难以得到规范化的保障。应急语言服务作为特殊领域的语言服务，也需要相关法律法规制定准入与评估机制，并对产品质量进行规范和监督。

3.4.2 应急语言服务人力资源不足

首先，应急语言服务人才资源整合未成体系。我国刚刚着手成立的专门应对突发事件的应急语言服务团队具有公益属性，其服务提供者包括高校师生、企业员工和社会人士，他们的专业或工作领域大多不是应急语言服务，也不受国家应急管理部门的统一领导。由于缺乏专门组织和统一的行动方案，服务提供者很多时候各自为战、自发行动，使得灾情中语言人才调用不系统，无法精准高质量满足事件中的语言需求。

其次，应急语言服务专业人才培养缺位。其一，我国目前尚未有应急语言服务专业，而应急管理专业开设历史短、院校较少。2020 年 2 月 21 日，《教育部关于公布 2019 年度普通高等学校本科专业备案和审批结果的通知》（教高函〔2020〕2 号）公布"2019 年度普通高等学校本科专业备案和审批结果"，在"新增审批本科专业名单"中，"应急管理专业"等专业得以获批（教育部，2019），且应急管理学科培养方案中也缺少应急语言服务的内容，难以将语言人才进一步转化为应急语言服务人才；其二，我国语言类本科生和研究生的专业设置也少见应急语言服务相关方向；其三，部分高校教师在应急相关领域的专业知识相对缺乏，多数没有提供应急服务的经验，一定程度降低了培养效果。

最后，应急语言服务的语种偏差。目前的应急语言服务语种以外语为主，且灾情中能提供服务的外语语种很有限；同时，我国并非移民国家，少数民族众多且方言各异，更应该加强对民族语言和方言的关注。

3.4.3 应急语言服务机制尚不健全

我国应急语言服务产品的体系化程度有待提升。现有产品多侧重于"突发应对"的层面，即突发事件发生后的响应阶段，如快速准确发布事件信息、促进不同语言使用群体间的交流等。但在平时的宣传教育与监测预警的信息发布层面，相关政策宣传、应急演练、教育科普类产品还普遍缺乏。事后的恢复重建阶段也尚少见应急语言服务产品的身影，没有充分发挥语言在心理疏导和情绪抚慰中的作用。因此，如何提高应急语言服务的丰富性和完整性，改善当前语言服务聚集于响应阶段的不均衡的现状，实现平时、灾前、灾时和灾后一体化的多维度应急语言服务机制，成为我国需要重点考虑的问题。

4 我国应急语言服务建设的建议

4.1 构建完善的应急语言服务法律法规

一方面，我国应急语言服务应该被纳入应急管理规划，《中华人民共和国突发事件应对法》等法律的修订需添加应急语言服务的内容，明确其地位，以立法手段提高各部门的重视程度，保障人民群众享用应急语言服务的权利；另一方面，法律法规条文应明晰提供应急语言服务的负责主体及其职责分工，主体还需定期接受相关单位的监督、评估和问责，确保其规范应急管理部、国家语委、国家卫健委等各部门认真履职、高效协作。

4.2 加大应急语言服务人才储备和培养力度

应急语言服务的落实既离不开国家的顶层设计，也离不开一线服务工作者的努力。因此，搭建一支人数充足、素养过硬、召之即来的应急语言服务队伍是关键。一方面，要培养一批专业知识扎实、实战经验丰富的专业化人才作为领头羊。高校作为人才培养主阵地，应做好专业化应急语言服务人才的培养，调整培养方案，加强语言与应急管理的学科融合，为学生提供模拟演练实践机会；还要提高行业门槛，指定行业规范，定期开展培训和考核，提高从业人员积极性。另一方面，我国也应充分利用社会化的潜在应急语言服务人才资源。这一群体虽未接受系统训练，但数量庞大、熟悉当地语言和民情，作为后备力量可以有效填补人手不足的缺口。因此可以建立应急语言服务人才数据库，将志愿者的年龄、语种、教育背景、经验、地域等相关信息收录，方便公共事件突发时快速、精准地调配。

4.3 健全多维度、全过程的应急语言服务机制

健全应急语言服务机制是推动国家治理现代化、强化政府社会管理职能的根本举措（魏笑梅，2022）。目前只聚焦响应阶段的应急语言服务现状并未充分发挥其效用。除了做好日常宣传和预警环节的语言服务工作，美国《语言援助计划》体现的以"语言评估—应急响应—灾后评价"为核心的三级应急语言响应机制具有极大的参考价值。灾害发生后，要立即对当地人口构成、方言使用、教育程度、过往突发事件历史数据等情况进行评估，从而有效提高之后语言服务精准性和组织性；应急响应阶段，要充分保持现有优势，发挥科技力量提供多种形式的语言服务；进入恢复重建阶段，应急语言服务团队要撰写服务报告并接受来自公众、上级组织机构的评价，也有利于其吸取经验教训、促进服务质量提升。

4.4 提升国民文字语言能力

应急语言服务能力也是国家语言能力的一部分。在分析美国成功经验的同时，我们也要深刻认识到中美国情的差异，批判性地借鉴，而非全盘接收。与美国不同，中国不是一个移民国家，我们要继续推广国家通用语言文字，提升国民国家通用语言文字能力，可以有效促进文化程度较低群体不借助额外语言援助直接获取灾情信息、表达需要，从另一个角度提升援助效率。

【参考文献】

包联群，2020."3·11"东日本大震灾应急语言服务［J］.语言战略研究，5（3）：62-74.

陈林俊，2020. 当代日本灾害应急语言服务研究［J］. 语言文字应用（2）：

69-78.

教育部．2019年度普通高等学校本科专业备案和审批结果［EB/OL］．（2020-02-21）［2023-04-21］．http://www.moe.gov.cn/srcsite/A08/moe_1034/s4930/202003/W020200303365402032446.pdf．

李宝贵，史官圣，2020．美国突发公共事件应急语言服务实践及启示［J］．语言规划学研究（2）：18-25．

李润文．江苏首支应急语言服务团在宁成立［EB/OL］．（2022-05-12）［2023-04-22］．https://edu.youth.cn/wzlb/202205/t20220512_13687417.htm．

刘浪飞，2022．中国高校应急语言服务人才培养刍议［J］．国际公关（14）：101-103．

饶高琦，2020．战疫语言服务中的语言技术［J］．云南师范大学学报（对外汉语教学与研究版），18（4）：26-32．

沈骑，康铭浩，2020．面向重大突发公共卫生事件的语言治理能力规划［J］．新疆师范大学学报（哲学社会科学版），41（5）：64-74+2．

滕延江，2020．论应急语言服务规划［J］．语言战略研究5（6）：88-96．

滕延江，2018．美国紧急语言服务体系的构建与启示［J］．北京第二外国语学院学报，40（3）：31-43+128．

王非凡，2020．美国有限英语能力社区应急语言服务规划文件解读［J］．语言规划学研究（2）：47-53．

王辉，2020a．国家治理视野下的应急语言能力建设［J］．语言战略研究，5（5）：13-20．

王辉，2020b．我国突发公共事件应急语言服务实践及建议［J］．浙江师范大学学报（社会科学版），45（4）：1-9．

魏笑梅，2022．突发公共事件中的应急语言服务提升策略研究［J］．现代交际（2）：74-80+123．

吴琴，2022．应急语言能力视角下高校翻译教学的多维思考［J］．高教学刊，8（35）：78-81．

姚艳玲，2021．日本"平易语言"政策及应急语言特征研究［J］．日语学习与研究（5）：21-28．

张馨元，李霞，2021．应急语言服务的理论与实践［J］．天津外国语大学学报（4）：32-42.

American Academy of Arts & Sciences (AAAS). 2017. *America's Languages Investing in Language Education for the 21st Century*[M]. Cambridge, MA: AAAS.

FEMA. Language access plan [EB/OL]. (2016-10-01) [2023-04-27]. https://www.dhs.gov/sites/default/files/publications/FEMA%20Language%20Access%20Plan.pdf.

Emergency Language Services in Language Access Plan: Practices and Implications

Liu Yonghou   Zhang Xinyi

(Beijing Normal University, Beijing 100875)

Abstract: Emergency language services notice language-limited groups in public emergencies, rescuing by providing language services and surmounting language barriers. Therefore, it is a significant part of disaster management. The United States, as a disaster-prone nation of immigrants, realized the importance of emergency language services very early, thus set up FEMA and enacted Language Access Plan. Focusing on Language Access Plan, this paper analyzes its history and features, and then puts forwards four implications for enhancing the emergency language services in China.

Key Words: Emergency Language Services; Language Access Plan; Emergency Language Service Planning; National Language Capacity

作者简介： 刘永厚，北京师范大学外国语言文学学院教授，博士生导师，博士后合作导师，研究方向：社会语言、应用语言学、语言政策与规划。电子邮箱：liuyonghou@bnu.edu.cn。

张心怡，北京师范大学外国语言文学学院硕士研究生，研究方向：应用语言学。电子邮箱：zhangxinyi9958@163.com。

基金项目：本文系国家社科基金一般项目"中国外语语种需求调查与多元化外语人才培养模式研究"（21BYY022）阶段性成果。

语言服务视角下海南省高校翻译人才培养路径探究

游 艳 陈学韬

(海南师范大学,海口 571158)

【摘 要】自中共中央、国务院决定支持海南建设自由贸易港以来,一方面,海南对于语言服务的需求量逐年上升,对于语言服务质量的要求也逐渐提高,这给海南省高校培养的翻译人才带来了大量的实践机会。而另一方面,以 AI 技术为基础的机器翻译发展迅猛,给语言服务行业工作者带来了巨大的挑战。本文将从语言服务视角,探索翻译人才培育理念革新、多维度培养目标设置、完善调整翻译专业课程体系、采用多方协同育人机制的培养路径,旨在通过建议海南省各高校和企业结合本地实际情况来培养语言服务人才,为海南自贸港的建设提供人才支撑。

【关键词】语言服务;翻译技术;培养路径

1 语言服务和翻译技术

1.1 语言服务的定义及现状

人类之间的互动主要依赖于言语表达，而随着现代社会的进步与变革，一种名为"语言服务"的新兴商业形态应运而生并迅速崛起。这种新的业务形式已经能够满足各类人群的基础需求，为人们提供全面的专业化解决方案。起初，这一领域的应用主要是为了处理语言交际问题，但随后的几年里其应用范围得到了极大的扩展：由单纯的翻译咨询服务逐步演变成涵盖四种类型的综合性多元产业——包括娱乐类、专业服务类、文化类、理工类四大类。与此同时，该行业的成长速度惊人且对人力资源的要求也在持续上升。语言服务的现状可以归纳为以下几个方面：机器翻译的发展、语音识别与合成的进展、在线语言学习平台的兴起、语言服务行业的市场化、社交媒体和即时通信的普及。语言服务的现状是多元化和市场化的发展趋势，由不同技术和服务提供商共同推动语言服务的进步，为人们的语言交流提供了更多便利和选择。

1.2 语言服务的种类及应用

主要的语言服务类型可概括如下：语言知识服务，通过各种途径向客户传递语言信息——这是一种基础性的语言服务方式；语言科技服务，旨在满足客户对语言技术的需要；语言工具服务，以提供具有实用价值的语言应用工具为主；语言操作服务，致力于协助用户掌握和利用语言的基本技能；此外还有语言康复服务，专注于帮助那些存在语言问题或者失去语言功能的人群重新获得他们的言语能力；最后一种则是语言教学服务，负责教授和服务客户有关语言的教育内容。

语言服务的应用有很多，包括但不限于以下几个方面：一是翻译服务，语言服务可以提供文本、语音或图像的翻译服务。这可以帮助人们在不同语言之间进行交流和沟通，促进跨文化交流。二是语音识别与转录，语言服务可以将语音转换为文本，使得人们可以通过语音进行输入或者将语音内容转换为文字进行分析和处理。三是语音合成，语言服务可以将文本转换为语音，使得软件和设备可以通过语音与用户进行交互。四是自然语言处理，语言服务可以对文本进行分析和理解，提取出其中的语义和情感信息。这可以帮助人们进行文本分类、情感分析、问答和信息检索等任务。五是智能语音助手，语言服务可以被用来开发智能语音助手，如 Siri、Alexa 和 Google Assistant 等。这些助手可以帮助人们进行语音控制，提供语音搜索、日程管理、音乐播放等功能。六是在线教育和培训。语言服务可以被用来开发在线教育和培训平台，提供语音交互和在线辅导的功能。七是语音识别技术在医学和法律等专业领域的应用，语言服务可以被应用于医学和法律等领域，用来进行医学诊断、文档转写等任务。总的来说，语言服务可以被广泛应用于各个领域，帮助人们提高生产力、改善用户体验，并促进特定领域的发展。

1.3 翻译技术的定义及现状

所谓的翻译技术就是利用计算机程序把文字信息从一种语言转变到另外一种语言的过程，这与许多依赖科技手段来完成任务的情况相似，因为它能提升工作效能和精确度，同时也能优化总体效益。然而，翻译技术才是翻译设备的基础，而这些翻译设备则是基于翻译技术的具体应用软件，它们之间并不具有对等或者平行的关系。翻译技术发展五十多年来，尤其是在大数据时代，网络信息技术迅猛发展，翻译服务与网络信息相结合，机器翻译、语料库翻译、虚拟口译甚至语音转文本技术等专业名词已深入语言服务行业。尽管特定领域和普遍领域的翻译技术研发有显著的差异，但是技术进步正在向大众化发展（王华树等，2021）。目前，计算机技术与翻译工作的紧密结合，极大地缓解了传统翻译方式与日益增长的翻译需求之间的冲突。

1.4 翻译技术工具种类及应用

通常来说，翻译技术涵盖了如翻译记忆技术、机翻技术、术语处理技术、文字与语音辨识技术、文献解读技术以及译后质检技术等。每一项技术都可能衍生出多款翻译应用，而这些应用的运作机制则是由一到多个翻译技术所支持。根据翻译技术开发，市场上已存在的翻译工具有 SDL Trados Studio、MemoQ、Wordfast、Déjà Vu 等。

首先，基于智能翻译记忆库技术，SDL Trados Studio 能帮助译者将历史翻译内容应用到所有的项目之中，同时 Trados 还提供术语管理工具 MultiTerm 与自动质量保证（QA）检查，译者能够确保同一翻译项目中译文的一致性与统一性。除以上主体功能外，对齐、书签、翻译记忆库编辑和维护、特定语言的 QA 检查、质量保证报告等附加辅助功能也能提高译者的工作效率。

其次，MemoQ 这一软件，更加适用于初入翻译行业的译者，其操作界面相比于 Trados 更简明，易上手，同样包含众多功能，例如语料库、网络搜索、项目备份、语言质量保证等。

成立于 20 世纪末期的 Wordfast 是由著名的法籍学者 Ives Chambaud 于 Paris 创建的一款工具，旨在满足各类用户的需求：包括为自雇职业人员（如笔头工作者或口述员），企业客户及大型国际公司提供了一个专门用于存储并检索已完成文档内容的系统——即所谓的"Translation Memory"技术来解决这些问题。该产品可以兼容各种格式的数据输入输出方式，比如 Microsoft Office 系列产品的 word 版本或者其他常见的办公应用程序等。

Déjà Vu 同样是市场使用占比率较高的 CAT 软件，能够对不同类型的电子书或是网页内容加以识别并且转换成可供机器阅读的数据形式以便进一步加工利用。翻译技术工具的使用使得繁重的手工翻译流程趋于自动化，大幅提高了翻译工作的效率和质量。故当代译者需进行专业性、针对性的学习，通过学习使用主流工具为语言服务行业的发展贡献一份力量。

2 海南高校翻译人才培养掣肘

自 2018 年 4 月 13 日，中共中央、国务院全力推动海南的自由贸易港发展，并支持其逐步探寻和稳定实施中国特色自由贸易港口建设的策略后，海南省政府对语言服务的需求持续增长，且对其品质要求也在不断提升。与此同时，随着各种新技术的融合，翻译技术的发展趋势变得多样化，这给语言服务行业的架构带来了深远的影响。为了实现省内翻译人才适应时代潮流，首先本模块将通过分析总结现存高校翻译人才培养的相关问题，再提出基于语言服务视角，如何培养应用型翻译人才以促进海南经济发展。

2.1 实践与理论课程，设置比例不协调

目前大部分高校针对翻译的教学，侧重文学翻译原理，导致学生对于文化背景的了解颇为不足，在翻译认识上有较大误区。以抽样调研海南师范大学翻译专业研究生为例，学生对于相关外国历史文化学习缺失。他们理解文本环境的方式也有待改进以避免产生过多的错漏。教科书的内容以之前的目标为导向设计，不满足于当前的现实需要、过于单调且涵盖范围有限，主要集中在了较简单的句式上而非激发学生的兴趣点——这直接导致了教育效果的不理想。就大学里的学科安排来说，部分学校仅仅是对过去的英语学习进行了局部调整，并没有提供足够的技巧训练来提升学生的能力水平；同时课堂上的重点依然放在讲解基本原理之上，使得学生无法获得更多的实战经验累积机会，应重视贴近社会的现实要求并增加其操作性和灵活度。

此外，因为使用英文处理各项跨国事务时，涉及多国历史文化，必须具备深厚的多元化素养才能胜任此项任务，这就意味着海南省各高校有必要加强对学生中文及外语文学方面综合素质的教育力度，以便弥补现行制度下的不足之处。通过调查研究当代译者的工作内容与工作方式

发现，信息技术的掌握已经成为工作的关键，海南省高校同样需要深入开展翻译技术类课程，帮助学生熟练运用 SDL Trados Studio、MemoQ 等主流翻译技术软件，而且不能局限于书面知识传授，此类专业技术授课应注重学生实践层面，而不是理论知识层面。

2.2 培养方向与社会需求脱节

如今高校英语翻译专业的教学理念和内容的滞后性导致了该专业的低就业率（王金花，2022）。人才培养是一个长期的过程，在人才培养过程中要时刻关注人才培养与社会经济发展对人才需求的状况，从而及时调整人才培养方案，这样人才输出才能与实际岗位需求相接轨（梁瑜，2022）。仅就语言服务角度来看，当前的社会需求是寻找那些具有深厚翻译技能并能有效地进行跨文化沟通的人才。他们已经接受过专业的翻译实训，并且能够运用一定程度的信息科技及熟练操作翻译软件。

高等教育在于引领社会，根据技术变革调整学生培养方向。某种程度上，海南高校仍沿用之前的教育方式，未能根据市场的变化调整教育内容，以满足社会发展的需求。因此，培育出的毕业生既没有足够的非本专业领域的知识储备，也缺少利用翻译软件提高自身工作效率的能力，从而不能达到社会对复合型翻译人才的需求标准，这是造成海南省高校英语翻译专业就业率相对较低的主要因素。

2.3 教师实践技能有待提升

海南部分高校从事翻译教学的教师所接受的翻译实践训练不足，缺乏实际翻译经验，教学工作的实施局限于传统的课本知识，或者采用传统固定化的教学模式，即案例分析教学、精读课程教学等。教师自身对翻译技术工具的了解停留于课本介绍，对于教授专业信息技术、翻译技术等课程的教学能力有待提升。因此，毕业生难以适应市场上对专业化和复合型人才的需求。

3 海南高校翻译人才的培养路径

3.1 翻译人才培育理念革新

随着诸如 AI 人工智能、Cloud Computing 云计算、5G 及 IoT 物联网等多项新型前沿科技的影响力和渗透力增强，译者工作环境正在经历重大变迁并展现多样化趋势；与此同时，全球化的进程使得教学体系必须适应新的信息时代的挑战——这意味着高校不能再依赖过去的教条式学习方式，需更新思维模式，摒弃过去那种仅局限于书中的概念性和机械性的授课方法，转向一种能培育具备深厚的中英文基础能力，同时还拥有坚实的专业素养和社会文化理解力的综合型翻译人员团队（蒋洪新，2019）。自从中国南海地区开放经济特区的计划被提出来之后，中国的南海区域已经开始越来越多地参与到国际事务当中，而作为沟通各国商业往来、政策协商乃至文化和艺术领域互动的重要媒介之一，优秀的翻译人员对于推动这些方面的进展至关重要。所以在这个背景之下，我们也期待着来自这个地区的优秀翻译员们能够充分利用他们的专长，为我们国家的对外交往活动带来更加优质的服务体验（卢艳春，2020）。

3.2 优化人才培养目标

在语言服务视角下，整合市场语言行业设计需求，调整海南高校设计目标与市场发展趋势的协调一致性，明确目标与社会需求间的差距，实时更新调整专业课程与人才培养方向。首先，海南高校培育目标应顺应市场需求与时代潮流，明确目标与社会需求间的差距。海南高校不能囿于传统教育培养目标，即对语言类学生的要求仅仅停留在英语语言层面的学习。虽然汉语翻译看似将某种文字转化为另一门文字，但实际上它是两个民族文化的交融。因此，学生应该了解各国的语言发展历史，并且能够熟练运用多样的地道语言表达方式。这就需要学生具备专业的对外沟通和跨文化交流技巧。

其次，高校对于翻译专业人才的培养应从理论层面提升至理论与实践双层面，要求学生不仅需要具备扎实的语言功底，同时还能熟练使用 SDL Trados Studio、MemoQ 等相关翻译技术工具。依据前述条件，海南省各高校应该清晰地界定学生的职业前景，并持续对专业的教学内容和人才培育策略进行优化，推动信息科技与翻译教育的紧密结合，促进不同领域间的交融互通，利用科技创新提升专业领域的进步（蒋洪新，2019），从而制定出符合语言服务需求的人才培养方案。

3.3 更新翻译专业课程内容

在各地的应用型大学英语专业中，课程体系的僵化问题普遍存在，主要表现为课程结构过于固定，无法满足社会职位需求、课程活动形式过于单一以及教育价值不高。另外，在当今 AI 技术蓬勃发展的时代背景下，机器翻译技术已经取得了长足的进步。尽管现阶段机器翻译与人工翻译在翻译品质上仍存在一定的差距，但可以预见 AI 翻译技术将在未来对语言服务行业产生巨大的挑战。基于以上问题，我们对海南省高校翻译专业的课程体系设置进行了完善，以此加强对学生的基础双语能力、跨文化交流能力以及翻译技术的培养。完善后的课程体系如表 1 所示。

表 1 翻译专业课程体系设置

课程名称	具体方法
基本能力培养课程（必修课） 专业领域探究课程（选修课） 信息技术与翻译技术课程（选修课） 语言服务实习实践课程（必修课）	英语听说读写等基本课程以及与翻译有关的理论课程 设置更多细分方向的课程，引导学生对感兴趣的领域进行深入研究。如设置经贸翻译、模拟会议传译、法律与法规翻译、科技翻译、旅游翻译、文学翻译、跨文化交际等细微领域课程 设置信息通信技术概论、计算机基础、计算机应用实践、人工智能概论等信息技术课程以及计算机辅助翻译、技术翻译、语料库技术等基于 SPOC 的翻译技术课程 寻求与企业（尤其包括一些信息技术企业）进行合作，建立校外语言服务实践基地

如表1中所述的翻译专业课程体系主要分为四个层级。第一层级包含了须掌握的基本能力培养课程，侧重提升学员对英文听力理解力、口语表达技巧、阅读深度及写作能力的培育，建立基础的译文处理水平；第二层级是选修的专业领域研究课程，其目的是进一步强化特定行业或专业的外语转换练习从而使得这些经过精心打造的人才更具专长，并有足够的能力去面对可能由机械化翻译所引发的问题或者风险；第三层级是信息技术与翻译技术课程，旨在提高学生的电脑操作熟练度及熟悉各类相关的翻译工具，以便更好地满足将来公司对于员工的需求，即具备全面素质且能够灵活运用多种技艺的高效型口笔头工作者（王琴，2023）；第四层级是语言服务实习实践课程，涉及实际工作环境中的职业经验积累，结合校内外的优势，旨在全方位地锻炼具有多方面才能的学生，以此增加他们在求职市场的竞争力。

3.4 采用多方协同育人机制

海南省高校翻译专业传统的教学重点集中于教授学生基本的翻译理论，而忽略了相关的语言服务实践教学和校内外的交流学习。为培养符合海南自贸港需求的语言服务类人才，海南省高校需打破原有的单一教学模式，建立起多方协同育人机制。设计的多方协同育人机制如图1所示。

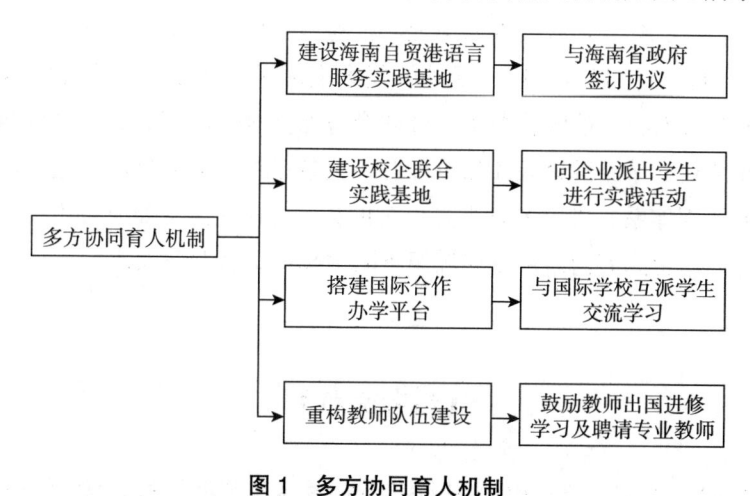

图1 多方协同育人机制

上述的多方协同育人机制主要分为四个部分：建设海南自贸港语言服务实践基地、建设校企联合实践基地、搭建国际合作办学平台以及重构教师队伍建设。

首先，建设海南自贸港语言服务实践基地是通过与海南省政府签订协议，派出学生直接参与到海南自贸港建设中进行特色语言服务实践，使学生在毕业后能更顺利地投身到海南自贸港的语言服务行业中来；其次，建设校企联合实践基地，是通过学校向企业（尤其是一些信息技术企业）派出学生，企业选出若干名经验丰富的员工作为导师带领学生进行语言服务项目驱动的实践活动（郑凌茜，2023），提高学生对翻译技术的使用能力以及在市场上的就业能力；再次，搭建国际合作办学平台是通过与国际学校建立良好的关系，互派学生进行交流学习，提高学生的跨文化交流能力；最后，重构教师队伍建设，通过鼓励本校本专业的教师出国进修学习，以及聘请国内外的专业教师来提高教师队伍的教学水平。

4 结语

中国"一带一路"倡议的提出使得具有创新意识和信息技术基础的复合型翻译人才备受重视，语言交流顺畅将为各国之间的文化交流、经济交流、政治交流建立良好的沟通渠道。自海南自由贸易港建设以来，海南对于具有创新意识和信息技术基础的复合型翻译人才呈现出极度渴求的状态。本文针对特定的时代背景，分四个方面探索了海南省高校培养翻译人才的新路径，革新翻译人才培育理念、设置多维度培养目标、完善调整翻译专业课程体系、采用多方协同育人机制，旨在为海南翻译人才培养指出培养方向，也为海南经济发展源源不断地输送语言服务人才。

【参考文献】

蒋洪新，2019. 推动构建中国特色英语类本科专业人才培养体系——英语类专业《教学指南》的研制与思考［J］．外语界（5）：2-7．

梁瑜，2022．自贸港背景下海南省中职学校小语种人才培养模式优化研究［D］．海口：海南师范大学．

卢艳春，2020．海南自由贸易区（港）背景下对翻译人才需求及培养的思考［J］．智库时代（3）：221-222．

王华树，马世臣，杨绍龙，2021．语言服务行业翻译技术发展现状及前瞻［J］．河南工业大学学报（社会科学版），37（4）：1-6．

王金花，2022．语言服务视角下高校英语翻译专业人才培养模式研究［J］．吉林农业科技学院学报，31（4）：100-103．

王琴，2023．基于SPOC的翻译技术课程建设与实施［J］．教育信息化论坛（4）：18-20．

郑凌茜，2023．语言服务项目驱动下的本科翻译课程群教学模式研究［J］．学周刊（28）：6-8．

Study on the Training Path of Translation Talents in Hainan Universities from the Perspective of Language Services

You Yan　Chen Xuetao

(Hainan Normal University, Haikou 571158)

Abstract: Since the decision of Central Committee of the Communist Party of China and the State Council to support the construction of a free trade port in Hainan, the demand for language services in Hainan has been increasing year by year, and the requirements for the quality of language services have also gradually increased. This has brought a lot of practical opportunities to the translation talents trained by universities in Hainan Province. On the other hand, the rapid development of machine translation based on AI technology has brought huge challenges to language service industry workers. The research will explore the innovative concept of cultivating translation talents, the setting of multi-dimensional training goals, the improvement and adjustment of translation professional curriculum, and the adoption of a multi-party collaborative education mechanism from the perspective of language services. The aim is to provide talent support for the construction of Hainan free trade port, by suggesting that various universities and enterprises combine local actual conditions to cultivate language service talents.

Key Words: Language Services; Translation Technology; Cultivation Path

作者简介： 游艳博士，海南师范大学外国语学院副教授，硕士生导师。
陈学韬，硕士研究生。
基金项目： 国家语委科研规划项目"海南自由贸易港语言服务研究"（ZDA145-5）以及海南省自然科学基金项目"自贸港背景下商务英语专业管理优化研究"（721RC550）之研究成果。

大型体育赛事语言服务志愿者团队有效性研究

——以 2022 北京冬奥会为例[1]

赵田园　邢书绮

（北京外国语大学，北京 100081）

【摘　要】优质的语言服务是北京冬奥顺利举办的重要保障，语言服务志愿者和现场口笔译团队共同构成了冬奥语言服务的"四梁八柱"结构，是语言服务团队中人数最多的一支力量。然而，对冬奥中发挥着基础支撑作用的志愿者及其团队有效性的关注相对缺乏。鉴于此，本研究试图以管理学中 Cohen、Bailey 的团队有效性模型为分析框架，通过文献研究、深度访谈、问卷调查考察冬奥语言服务志愿者团队有效性建设的经验与不足，提出未来提升建议，以期为未来大型体育赛事的语言服务志愿者团队建设提供理论和实践参考。

【关键词】大型体育赛事；语言服务；志愿者；团队有效性

---

[1] 特别感谢北京冬奥会语言服务志愿者团队负责人和志愿者为本研究提供的许多宝贵资料和心得分享。

1 引言

2022 北京冬奥顺利举行，作为备受国际瞩目的体育盛会，其产生的经济、文化、社会效益在对外宣传、改善民生、传承奥运精神、发展基础建设方面都具有重要作用（易剑东，王道杰，2016）。其中，语言服务状况将直接影响到冬奥的举办质量（李艳，高传智，2019：48），教育部为此发布了《北京冬奥会语言服务行动计划》，以促进运动员、注册媒体、奥林匹克大家庭成员、冬奥组委工作人员及其他利益相关方之间的无障碍交流。自此，冬奥语言服务研究引发了业界和学界的关注。既有学者对冬奥语言消费（李艳，高传智，2019）、冬奥英汉平行语料库建设（邹瑶 等，2018）、冬奥语言服务社会经济效应（崔璨，王立非，2020）、冬奥语言服务手册翻译（王月玲，2023）等开展了研究，但鲜有学者对冬奥语言服务的参与者，如现场口笔译团队和语言服务志愿者等开展研究。根据行动者网络理论（Latour，1996：373），冬奥语言服务网络的共同参与者包括人和非人，其中人类参与者是推动网络发展的最重要角色，因此更需研究关注。

语言服务志愿者和现场口笔译团队共同构成了冬奥语言服务的"四梁八柱"结构。志愿者大都为北京和河北地区高校大学生（笔者工作单位语言服务志愿者占比最大），数量较多，工作中面临技术、生理、心理等多重困难。本研究聚焦冬奥语言服务志愿者团队，以语言服务志愿者为研究对象，以管理学中的团队有效性模型为分析框架，通过文献研究、利益相关者访谈和大规模问卷调查，总结冬奥语言服务志愿者团队有效性建设情况，提出未来大型体育赛事语言服务志愿者团队建设的若干路径，以期提供参考。

2 文献综述及理论框架

2.1 大型体育赛事语言服务研究

2008 北京奥运的成功举办提升了业界和学界对高质量语言服务的关

注。王会赛，卢石（2008）将奥运语言服务的运营管理划分为语言服务需求分析、笔译服务、口译服务、机动语言服务和奥运村等的语言服务五大部分，逐一分析并针对性地提出建议。汪磊（2009）从2008北京奥运赛事小环境和北京社会人文大环境两个方面探讨了北京奥运语言环境建设及其社会效果。随后，大型体育赛事语言服务研究成果更多，主要可分为微观视角和宏观视角。

在微观视角研究方面，詹成、索若楠（2012）以广州亚运、亚残运多语言服务中心的电话口译为案例，介绍多语言服务中心的工作实践，并结合译员反思分析了电话口译的困难、提出工作策略；邹瑶等（2018）以15项冬奥冰雪项目为语料来源，采用专家访谈、个案研究等方法，利用计算机软件实现冬奥冰雪项目英汉平行语料库的创建、网页开发和平台建设。

在宏观视角研究方面，金雅玲（2013）采用案例分析法探究了中国自2008北京奥运以来，大型体育赛事的口译项目过程管理情况；李艳、高传智（2019）在语言产业、语言服务等相关研究框架下，基于对冬奥语言服务与语言消费问题的梳理，探讨2022冬奥语言服务的相关对策；崔璨、王立非（2020）以北京冬奥语言服务对京津冀经济增长的影响为重点开展研究，对冬奥语言服务能力建设提出建议。

通过以上回顾，本研究认为大型体育赛事的语言服务已成为学界关注的重点。其原因主要在于：大型体育赛事汇集多个国家和地区的运动员、教练员、裁判员、后勤人员，优质的语言服务事关各利益相关方的无障碍交流，同时也可为政府、企业、学者打开反思语言服务的新视角；以多层次、多方位、多角度的方式挖掘语言服务的新问题，看到语言服务的新需求，寻找语言服务高质量发展的新契机。

与此同时，我们也注意到尽管大型体育赛事语言服务的相关研究热度不断攀升，但仅有少数研究关注到了语言服务中发挥基础支撑作用的志愿者。为数不多的研究也都是从培训模式及培养策略（佟敏强，高战荣，2019；梁红，2021；陈李馨，2022）着手。本研究尝试将大型体育赛事语言服务志愿者组织视作团队，通过借鉴管理学中的团队有效性模型，考察其如何通过内部合作及外部协调实现团队有效性，以期为大型体育赛事语言服务以及语言服务志愿者研究提供新思路。

2.2 团队有效性模型及研究

随着经济信息化和全球化的深入，市场竞争日趋激烈。团队作为一种灵活的组织形式，广泛应用于企业中。因此，如何管理和有效运作团队成为现代企业关注的重要问题（常涛，廖建桥，2007：163）。团队有效性是评价团队的重要指标，与其他团队有效性模型相比，Cohen 和 Bailey（1997：243-245）的启发式模型（Heuristic Model of Group Effectiveness）更为深入和系统化（见图1），涵盖了五大维度：设计因素、团队过程、环境因素、团队心理特征、团队有效性。其中，设计因素包括任务设计、团队构成、组织情景；团队过程包括内部过程和外部过程中的冲突、沟通等；环境因素包括行业特征、稳定性等；团队心理特征包括规范、共享心智模型等。设计因素、团队过程、环境因素、团队心理特征相互影响并最终作用于团队有效性，通过绩效、态度、行为三方面的指标体现出来。本研究将其作为理论框架，原因有四点：一是模型强调环境因素对团队有效性的作用。北京冬奥会面临严寒天气、疫情防控的挑战，对语言服务志愿者团队产生深刻影响。二是并未拘泥于团队内部过程，强调外部过程同样对团队有效性有重要意义，北京冬奥会中亦是如此。语言服务志愿者团队不仅要和语言服务领域的其他团队互动，还需和其他业务领域的不同团队合作。三是将团队心理特征从传统的团队过程中分离出来。语言服务志愿者来自不同院校，任务比较零散。鉴于此，团队精神建设和氛围营造成为提高工作效能的有利推手。四是通过构建各维度对团队有效性产生直接或间接影响的路径，更加完整地展现各维度间的关系。

综合对大型体育赛事语言服务研究的回顾和对团队有效性模型与本研究的适切性分析，本研究拟以 Cohen 和 Bailey（1997：243-245）的启发式团队有效性模型为理论框架，分析冬奥语言服务志愿者团队有效性建设情况，总结团队运转中存在的问题，并提出完善路径，为未来同类大型体育赛事的语言服务志愿者团队建设提供理论和实践参考。

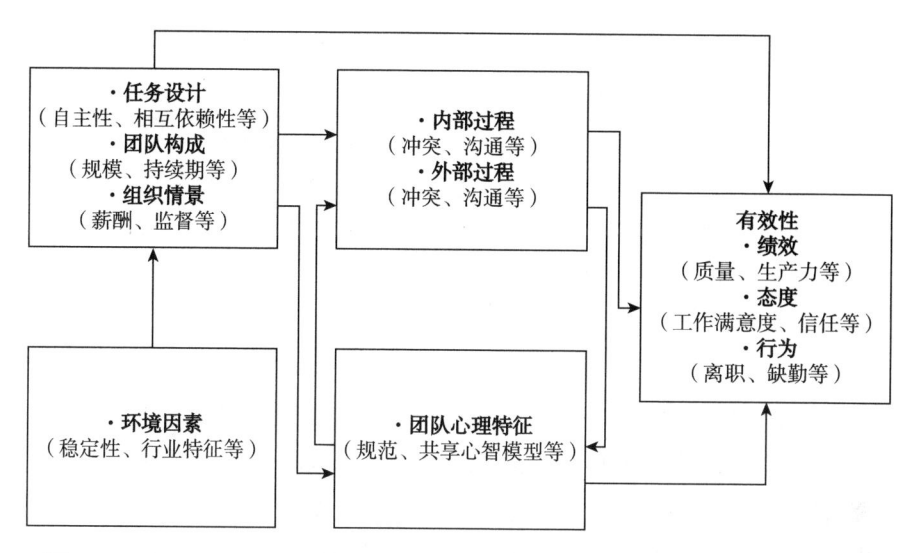

图 1 Cohen&Bailey 的启发式团队有效性模型，笔者根据常涛等（2007）绘制

3 研究设计

3.1 研究问题

1.北京冬奥语言服务志愿者团队建设有效性及相互影响路径分别如何？

2.北京冬奥语言服务志愿者团队建设存在哪些问题及对应的提升措施如何？

3.未来大型体育赛事语言服务志愿者团队有效性建设的路径和机制如何？

3.2 研究方法与对象

3.2.1 文献研究法

笔者仔细研读了国际奥林匹克委员会、北京冬奥会和冬残奥会组织委员会语言服务处发布的官方文件,包括《奥运语言服务指南》(以下简称《指南》)、《语言服务业务领域筹备进展》(以下简称《筹备进展》)、《语言服务业务领域志愿者要求》(以下简称《志愿者要求》)、《语言服务人员场馆配置》《北京冬奥会冬残奥会语言服务工作总结》等,从中提取和冬奥语言服务志愿者团队建设相关的权威信息,如志愿者来源、构成、招募、培训等。

3.2.2 专家访谈法

在文献研究基础上,本研究还邀请北京冬奥语言服务志愿者团队成员和其他利益相关方开展了深度访谈,包括15名语言服务志愿者、冬奥语言服务志愿者经理、首都体育馆语言服务经理。15名语言服务志愿者分布于竞赛和非竞赛场馆,代表性较高,可为研究提供较为细致的一手参与信息和服务感受。2位经理都深度参与到语言服务志愿者团队的组织和管理中,具有较高的权威性,可为研究提供宏观总览视角。在访谈提纲设计方面,本研究从设计因素切入,设置有关遴选培训、资源支持、管理调配、规章制度的问题;从团队过程切入,设置有关合作情况的问题;从环境因素切入,设置有关工作环境的问题;从团队心理特征切入,设置有关共识规范、团队凝聚、情绪状态的问题;从团队有效性切入,设置有关工作绩效、态度、行为的问题;从团队有效性切入,设置有关工作质量、自我效能的问题。

3.2.3 问卷调查法

文献研究和专家访谈后,为实现质性与量化结合,本研究以北京、河北两地14所高等院校中参与北京冬奥语言服务的221名志愿者为调查对象,考察其在冬奥中的语言服务经历和感受。问卷经过测试后在问卷星中编制,通过各竞赛和非竞赛场馆的领队向所属场馆的语言服务志愿者发放,确保被试具有充分代表性。

本研究综合专家访谈结果设计问卷调查问题,出发点有二。一是考察冬奥语言服务志愿者团队在启发式团队有效性模型中不同维度的具体表现及感受,包括设计因素维度的团队构成(1—3、7题)、任务设计

（4—6、13、14题）、组织情景（8—11、33、34题），团队心理特征维度的规范（12、35题）、凝聚力（15、16、19题）、情绪（32题），团队过程维度的内部过程（18、28、29题）、外部过程（20、21、24—26、40题），团队有效性维度的绩效（17、22、23、37—39题）、态度（27、30、31、36、41、43题），环境因素维度（42题）。二是探求以上不同维度间的相互影响（27、33—35、38、39题）。问卷共计43道题，包括7道单选题、7道多选题、7道矩阵单选题、10道填空题、12道量表题。

4 现状与不足

4.1 设计因素

4.1.1 团队构成

从2019年5月31日语言服务志愿者经理到岗，到2022年5月6日语言服务工作落下帷幕，接近三年的充裕时间，让语言服务志愿者团队在招募、选拔、培训、上岗、总结的各个阶段都能做好扎实工作。本次冬奥共招募459名语言服务志愿者，与2008北京奥运1200名左右的语言服务志愿者相比，团队更加精简干练。志愿者来自北京、河北两地各类别高等院校，大多通过官网报名、校内面试的方式参与遴选，语言背景以英语、法语、德语、日语、韩语、俄语、意大利语、西班牙语为主，团队成员呈现明显的多元化特征。

4.1.2 任务设计

志愿者在竞赛场馆、非竞赛场馆和多语言呼叫中心提供各类语言服务。服务内容广泛，包括解答问询、协助其他团队与外方沟通、混采区协助运动员与记者沟通、新闻发布会上收发同传接收器和注册卡、协助媒体运行团队回答记者问题等；服务形式多样，以交传、陪同口译、笔译为主，有时也涉及接力交传。可见，志愿者在语言服务团队中担当

"助手"角色,多处待命、辅助工作,在无专业语言服务的情况下,提高了混采区和场馆新闻发布会的语言服务质量。志愿者工作范围广、任务繁重,但对其工作内容和形式却没有具体要求和说明,缺乏细致且系统的分工容易导致志愿者工作出现零散、随意、权责不清、分配不均、难度不明的问题,影响团队有效性。

语言服务志愿者团队工作模式以经理发布任务、协调各项工作为主,这说明与成员自主性相比,领导力发挥了更大作用。这印证了 Cohen 和 Bailey(1997:260-261)的结论:团队领导拥有较高的掌控力和决断力,通过任务安排和流程指导提高团队有效性。本研究认为,领导力在团队中的重要性主要源自两方面。一是冬奥规模大、规格高,语言服务流程烦琐、任务繁重,强大的领导力有助于统筹管理、解决分歧、提高效率,从而提升团队绩效。二是语言服务志愿者经理都是资历深厚、经验丰富的权威人士或业内专家,作为管理者,他们更能获取成员的信任和服从,有助于志愿者保持良好的工作态度。

4.1.3 组织情景

语言服务志愿者培训包括翻译技巧类、知识类及综合素质类。其中,翻译技巧类、知识类属于专业及通用培训,综合素质类属于岗位及场馆培训。专业培训有三大亮点,一是线上视频授课与小班线下培训结合,既减少了疫情扩散的风险又提升了实战能力;二是每日浸润式专题学习,保持对冬奥术语、固定英语表述的敏感度;三是志愿者口笔译大赛,短时间内提升语言表达和翻译能力。通用培训主要包括主办城市风土人情和志愿服务基本素养的讲解,因疫情只能采用慕课形式,部分志愿者表示这种方式收效欠佳。岗位及场馆培训在赛前 7 天志愿者到岗时同步开展,由各场馆语言服务经理实地讲解。志愿者培训整体效果很好,93.21% 的调查对象认为培训内容能满足工作要求。

92.76% 的调查对象认为所在团队内部有一定工作准则,但从访谈来看,这些准则并未落实为成文的规章条例。北京冬奥组委会层级制度严格,工作监管依靠层层把关。可见,尽管没有成文规定,但是系统的组织运行架构和强大的团队领导力潜移默化地在成员间形成工作准则的共识。但本研究认为，志愿者团队语言服务的质量把关不能仅依靠现有的成员互相审校、查证术语手册、经理批阅修正的粗放型方式进行。这样容易因缺乏流程化和标准化管理，导致突发情况无备案、运转良莠不齐、效率低下等问题。

81%的调查对象认为所在团队内部没有明确的奖惩机制。尽管没有成文的奖惩机制，但是却有不同形式的激励措施，比如学校评奖评优加分、赛事门票、冬奥纪念品、其他工作福利，这些措施能够激发志愿者积极性，提升效率，坚定决心，保持良好态度，从而提升语言服务质量。

4.2 团队心理特征

4.2.1 能力素养共识

语言服务志愿者团队内部形成的能力素养共识与其要求和职责密切相关。《指南》和《志愿者要求》提到，志愿者需要至少掌握两种语言，具备交传能力，能够辅助提供高质量的多语言服务。因此，大部分调查对象认为"双语表达能力"和"服务意识"是能力素养的重要组成部分。此外，雪上项目的运动技巧性更强，术语种类相对更复杂，对翻译水平的要求也更高，新技术的运用也愈加成为冬奥语言服务的重要影响因素（李艳，高传智，2019：52-54）。因此，具备充足的"体育专业知识"、良好的"抗压能力""健康的体魄"和灵活的"工具能力"才能助力志愿者应对翻译及其他语言服务工作中的重重挑战。团队需要内外协作，所以"合作能力"也是志愿者必不可少的能力素养。至于"责任感"，83.71%的调查对象表示"为国争光、使命光荣"是他们担任志愿者的主要动机。综上，强烈的荣誉感激励志愿者走上冬奥国际大舞台，发挥良好外语基础、跨文化交流能力以及民间身份的三重优势，以语言服务为桥梁，向世界讲述中国青年的故事、北京冬奥的故事、中国的故事。这也启示未来在大型体育赛事语言服务团队建设中，需要加强对志愿者的能力的选拔和培养。

4.2.2 凝聚力

语言服务志愿者团队会组织热迎新年、美食分享、经验交流、破冰游戏等活动来营造良好的团队氛围。冬奥语言服务志愿者经理表示团队整体氛围融洽，没有明显的"经理层"和"志愿者层"的分化；志愿者也多次提到团队氛围和谐、成员默契友好。无论是从管理者还是从被管理者看，团队都展现出极强的凝聚力。一方面，志愿服务期间开展的各类活动有助于消除隔阂、拉近距离。另一方面，带队老师大多从高校借调，化解了陌生感和严肃感，志愿者大多也来自高校，相似的年龄段和交际圈减少了互动障碍。可见，团队构成对团队凝聚力有着重要影响。

4.2.3 情绪状态

部分成员时常出现紧张、焦虑情绪，原因主要包括任务强度大、个人能力不足。本研究认为，任务强度大、个人能力不足源于任务设计中的分配不合理，导致工作难度、数量、专业性与志愿者能力脱节。此外，各类破冰活动的确提升了团队凝聚力，但不能很好地缓解个人消极情绪。从文件和访谈来看，此次冬奥并未设立专业机构处理志愿者的心理问题，志愿者的直接管理层对应急预案也不是非常了解，志愿者能得到的心理帮助比较有限。

4.3 团队过程

4.3.1 内部过程

语言服务志愿者团队内部合作形式一般为分组笔译、接力交传、术语共享、多语种口译。调查对象普遍认同成员之间能充分表达与沟通。这得益于成员内部相似的学历背景、高效的工作模式、良好的合作意识和强大的凝聚力。这种较为轻松的团队氛围、彼此间的亲切感是团队内部顺利合作的重要影响因素（Cohen & Bailey, 1997：264）。但内部合作也偶有不顺的情况，比如信息从经理到部分志愿者再到其他志愿者的传递过程中产生变形，任务不明确导致工作重复或缺漏，缺乏合理有效的沟通渠道。本研究认为原因有二。一是团队构成的多元化虽然为解决问题提供了更多思路，但也存在理念分歧、专业壁垒的潜在问题。二是任务设计中分工有时比较模糊，反馈路径不够充分，尽管成员有较强沟通意识，却缺乏化解分歧的途径。

4.3.2 外部过程

语言服务志愿者团队外部合作包括两方面——语言服务领域的其他团队和其他业务领域的不同团队，调查对象普遍认同外部合作较为顺畅。

Cohen & Bailey（1997：265）指出，结构会影响外部沟通。从赛事运行组织架构（见图2）来看，语言服务志愿者团队需要同专业口笔译团队合作，包括在各场馆辅助专业口译员提供口译、咨询、协调等语言服务，辅助专业笔译员完成邮件、标语等的翻译及其他译稿的审校，在多语言呼叫中心辅助专业口译员提供在线电话交传服务。可见，语言服务团队形成了以业务领域工作人员为核心，语言服务志愿者为补充的合

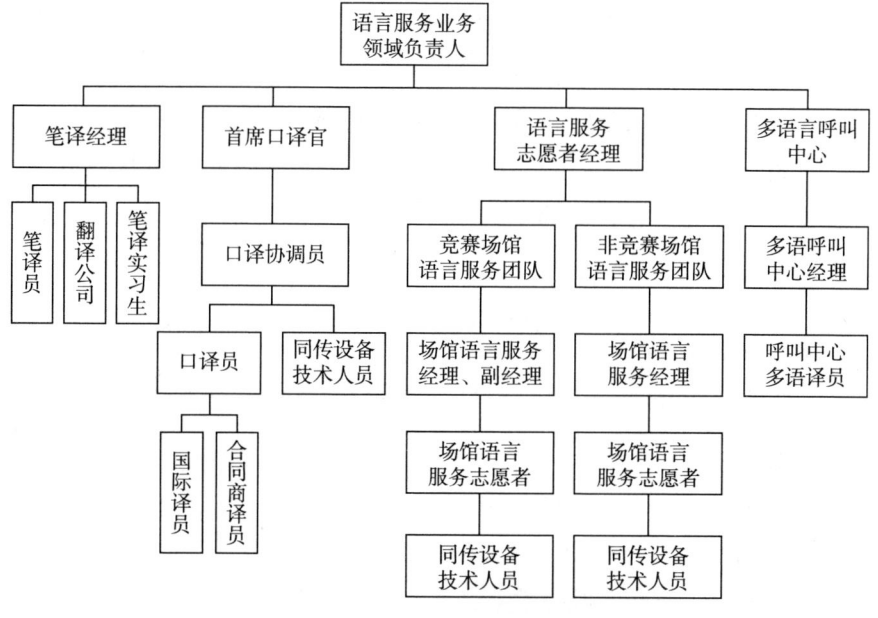

图2 北京冬奥语言服务组织架构图[①]

---

① 该框架图截取自北京冬奥会语言服务团队培训PPT。

作模式，在不增加专业授薪译员的同时提供覆盖更多语种以及更多竞赛项目的语言服务。但是这种模式也存在一定问题，专业译员团队和志愿者团队间仅有各场馆语言服务经理（通常为1~2人）这一条沟通渠道，可能导致专业译员和志愿者双方对彼此的需求和反馈不能完整及时地传达，致使信息在传递过程中产生损耗或变形。比如，一名受访志愿者表示，笔译经理向语言服务志愿者经理反馈审稿结果后，语言服务志愿者经理无法同时告知所有人，只能依靠志愿者间彼此传递，导致部分志愿者并未收到任何消息。

除了结构，领导层战略也会影响外部沟通（Cohen and Bailey，1997：265）。《筹备进展》指出，"语言服务的职责就是提供全面的语言服务，以促进运动员、注册媒体、奥林匹克大家庭成员、冬奥组委工作人员及其他利益相关方之间的交流。"因此，语言服务志愿者团队也需同媒体运行、礼宾、志愿者总部、安保、庆典仪式、场馆管理团队在工作对接、文件翻译、疏导沟通方面协作，在交通、医疗领域的合作最多。一方面，语言服务志愿者为这些领域提供语言服务；另一方面，这些领域也为语言服务志愿者提供技术配合。大部分受访人员表示合作过程总体而言比较顺畅，但仍存在一些瑕疵，比如翻译产品没有顺利递交相关部门，耳机设备故障，志愿者住宿问题没有及时解决，部分背景资料没有提前提供，任务安排临时等。这些问题实际上也是各团队间沟通渠道不畅的后果。

4.4 团队有效性

4.4.1 绩效

语言服务志愿者团队对包括效率、质量、生产力在内的绩效持积极态度，认为由于较强的团队凝聚力、成员个人能力、管理层领导力，任务完成高效合理、语言服务效果显著。

4.4.2 态度

语言服务志愿者团队自我效能感普遍较好。从自我评价来看，调查对象在满意度和参与感方面都持有积极态度。实现自我价值、丰富人生体验、收获冬奥回忆是志愿者普遍认同的三大收获。领导评价也在志愿者自我效能实现方面给予了肯定。除成员外，团队领导在各级人员的支持和配合下也收获了较好的自我效能感。总体而言，内外合作畅通对冬奥语言服务志愿者团队领导及成员实现自我效能都起到了积极作用。

4.4.3 行为

语言服务志愿者在冬奥期间及时到岗、充分待命、迎难而上，积极承担多项任务，快速进入工作状态，有效应对突发状况，通过出色的工作得到中外各方的一致好评，但仍存在一些瑕疵。比如有受访人员表示，偶尔会有搭档抢工作、牵头抱怨、违规拍照、违反防疫规定的情况。任务设计中"任务不饱和""难度不匹配""分配不合理""轮岗不充分"的问题是导致抢工作和牵头抱怨的重要原因，组织情境中"没有明确规章条例和奖惩制度"的问题也在一定程度上加剧了这些不良行为，影响到团队的内外合作。

4.5 环境因素

环境给语言服务志愿者团队带来的困难主要包括气候条件、疫情突发状况、食宿情况、语言服务挑战。具体来说，天气寒冷、海拔高造成了生理压力；疫情突发状况，比如密接者，加剧了工作不稳定性；食宿条件未及时跟上，无法充分保障工作生活；初次接触语言服务业，难以快速适应行业环境。这些自然及社会环境因素是团队设计的重要考量，也不同程度影响到团队心理特征、内外过程和有效性。本研究认为，自然环境和宏观社会环境（公共事件、行业环境）相对来说难以改变，但微观社会环境（食宿条件、工作条件）却能在发挥主观能动性的条件下得到改善。因此，未来大型体育赛事语言服务志愿者团队建设可以通过优化微观社会环境，让志愿者更好应对自然环境和宏观社会环境，从而提升团队建设有效性。

5 未来提升建议

5.1 完善工作分配机制，加强任务设计合理性

任务设计不合理会导致团队出现消极情绪，影响内外协作，最终对绩效、态度和行为产生负面效应。志愿者是此次冬奥语言服务团队中人数最多的一支力量，承担了大量语言服务工作，但工作内容和形式的相对模糊，容易引发焦虑情绪，使工作衔接和反馈受阻。鉴于此，为加强任务设计合理性，一方面语言服务团队作为上级管理部门需要明确志愿者在赛事不同阶段、赛场内外的具体工作范围。另一方面志愿者领队作为次级管理层需要策划详细的工作分配方案，包括难度分级、时长要求、语种划分、领域分类，提前了解并根据成员专业背景、性格特点、个人意愿有针对性地发布任务。

5.2 出台成文规章条例，促进语言服务标准化

缺乏有章可循的工作准则和奖惩制度，增加了纪律松散、流程冗杂、标准混乱的风险，容易引发违规行为。与专业口笔译团队相比，志愿者团队规模更大、人口更多元、职业经验相对缺乏、专业能力也有欠缺，因此更需成文规定来保障团队有效运行。未来需要从指导和激励两方面进行团队管理。就指导而言，需要出台相关工作准则，比如"（口）笔译规范手册""（非）竞赛场馆语言服务中心运行规范""多语中心运行规范"。就激励而言，一方面继续实行包括学校评奖评优加分、赛事门票、纪念品、履历推荐、志愿时长累计等福利措施；另一方面制定绩效考核制度，根据考勤、工作完成情况、是否存在违规行为等记分评奖，以鼓励先进，约束不良行为。

5.3 设立心理疏导机构，保障志愿者身心健康

身心压力导致的消极情绪不利于团队凝聚力建设和内外协作，会导

致绩效下降、自我效能感低。消极情绪仅靠破冰活动、同伴安慰、经理疏导难以比较彻底地缓解，专业的心理机构和切实的应急预案才能保障志愿者稳定的情绪状态。语言服务志愿者团队需要同语言服务团队、赛事委员会、学校、医院、政府合作成立专门针对大型体育赛事语言服务人员的心理疏导机构，提供咨询服务、开展健康讲座、组织交流会等。除此以外，志愿者团队管理层还需要直接参与应急预案的制定，并作为负责人在紧急情况下启动预案。

5.4 优化团队组织架构，拓宽各部门沟通渠道

精简的组织架构虽然在一定程度上节省了人力、提高了效率，但存在沟通渠道不畅的潜在问题，不利于团队内外协作。语言服务志愿者团队经理是连接志愿者团队与专业口笔译团队、其他领域团队的桥梁。庞大的信息量仅靠1～2人传达，容易出现沟通不及时、信息损耗变形等问题。未来架构设计中可在语言服务志愿者团队下设立单独的外联部门负责各场馆志愿者团队间，志愿者团队和专业口笔译团队、其他领域团队间的信息汇总、处理和交换（见图3），进一步细化专人专事的运行架构，这可在一定程度上减少语言服务经理的工作压力，拓宽各部门的沟通渠道。

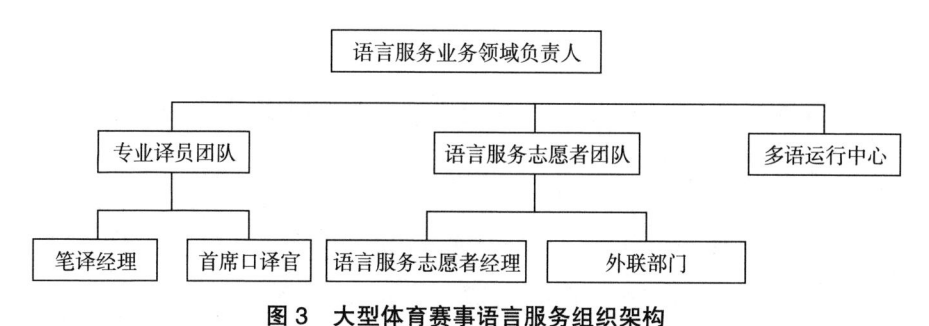

图 3 大型体育赛事语言服务组织架构

5.5 改善工作生活条件，助力团队应对环境挑战

外部环境既是团队设计的决定因素，又通过影响团队心理特征和内

外过程来影响团队有效性。因此，未来大型体育赛事语言服务志愿者团队需要通过协调环境因素来实现有效性建设。一是通过改善食宿、设立医疗中心、安排随行救护人员来应对自然环境挑战；二是通过公共事件预案、培训和演练来及时处理突发状况；三是通过全方面打磨个体技能来适应大型体育赛事语言服务环境，比如模拟真实工作环境，开展专业知识和术语的强化训练，加强机辅机翻技术的运用，推广体能训练等。

5.6 建立志愿者人才库，强化语言服务人才储备

语言服务志愿者工作包括接力交传、术语管理、多语种同传、机辅机翻等多种形式，涉及交通、医疗、礼宾、体育、安保、传媒等多个领域。《国家语言文字事业"十三五"发展规划》指出，应培养和储备关键语种复合型外语人才，建立应急和特定领域专业语言人才的招募储备机制（中华人民共和国教育部国家语言文字工作委员会，2016）。但就本次冬奥而言，人才储备不足，无法全面覆盖多形式、多语种、多领域的语言服务需求，特别是应急语言服务需求。未来可加强多学科、多语种合作，培养"语言＋专业"复合型人才，产学研联动建立大型体育赛事语言服务人才库，形成人才培训与使用的长效机制，尤其要重视应急医疗语言服务人才储备。

5.7 注重信息技术研发，推动语言服务资源建设

语言服务志愿者时常面临因缺乏专业术语和垂直领域知识，以及设备技术问题导致的困难。因此，未来需要强化语言服务资源基础建设，支持自然语言处理、语音识别与合成、文字识别等智能化信息技术研发，有效整合、开发针对大型赛事术语的资源库，搭建语言服务培训网络平台，加强多语翻译产品和技术的学习、使用和维护，通过信息技术升级为语言服务志愿者赋能。

6 大型体育赛事语言服务志愿者团队有效性建设路径和机制

笔者结合 Cohen、Bailey（1997）的启发式团队有效性模型，尝试基于冬奥语言服务志愿者团队建设经验和前文诸多研究发现，总结未来大型体育赛事语言服务志愿者团队有效性建设路径和机制。

总体而言，我们认为未来可从环境因素、设计因素、团队心理特征、团队过程四个方面加强建设，实现团队有效性。其中环境因素是重要基础，设计因素是内在保障，团队过程建设是核心支柱，团队心理特征关注是外围辅助。

在环境因素方面主要有三条路径：一是可以改善食宿和工作条件帮助团队适应自然环境、公共事件和语言服务行业。二是可以根据环境特点确定团队构成、任务设计、组织方式。三是可以通过对环境的判断形成有关针对志愿者的外语专业能力、翻译职业素养、身体素质方面的具体要求，方便选用。

在设计因素方面，首先可精简规模以便管理，在招募、选拔、培训、上岗、总结的各个阶段保证充裕的时间，扎实工作，并且以高校为重心充分吸纳各专业、各语种的多元人才。其次，应完善工作分配机制，减少内外冲突，缓解消极情绪，提升工作绩效，充分发挥领导力的重要作用，聘请高校老师作为管理人员，拉近与学生成员间的距离，提升团队凝聚力。此外，还可加强志愿者翻译能力、体育专业知识、语言服务责任感、科技运用、身体素质的培训，制定有章可循的工作准则和奖惩制度，以保障工作质量，约束不良行为。

在团队过程推进方面，未来需要建立沟通机制，以保障语言服务志愿者团队内部在合作笔译、接力交传、统一术语、多语种同传等方面的合作，同专业口笔译团队在辅助翻译、译稿审校、译前准备等方面的合作，以及同媒体运行、礼宾、志愿者总部、安保、庆典仪式、场馆管理团队在工作对接、资料提供、文件翻译、疏导沟通等方面的合作，这一点对于提升整个志愿者团队工作的有效性尤为重要。

在团队心理特征建设方面，可考虑通过组织节日庆祝、美食分享、经验交流、团建游戏等破冰活动营造良好的团队氛围，提升凝聚力。此外，在条件允许情况下还可考虑设立心理疏导机构、制定应急预案来保障志愿者身心健康。

7 结语

本研究从北京冬奥语言服务志愿者团队有效性切入，以 Cohen、Bailey（1997）的启发式团队有效性模型为理论框架，探究了北京冬奥语言服务志愿者团队建设的经验和不足，并提出未来提升建议，形成了可供大型体育赛事语言服务志愿者团队有效性建设参考的路径和机制，具有一定的理论和实践意义。在理论层面，本研究将管理学理论和大型体育赛事结合，厘清了启发式团队有效性模型中五大维度的相互影响路径，及其与大型体育赛事语言服务志愿者团队有效性建设的适切性，丰富了该理论的应用情境和大型体育赛事语言服务研究成果。在实践层面，相关结论可为未来大型体育赛事语言服务志愿者团队建设提供全方位、多维度的路径和机制参考，推动志愿者团队在大型体育赛事语言服务中发挥重要桥梁作用，助力通过体育赛事讲述中国故事，传递中国声音。

【参考文献】

常涛，廖建桥，2007．国外团队有效性研究新进展述评［J］．科学学与科学技术管理，312（9）：163-169．

陈李馨，2022．国际体育赛事下英语语言服务志愿者的培养［J］．海外英语，472（12）：58-59+77．

崔璨，王立非，2020．北京冬奥会语言服务对京津冀GDP增长率贡献预测［J］．经济与管理，34（3）：12-18．

金雅玲，2013．我国大型体育赛事口译项目管理研究［J］．体育文化导刊，131（5）：61-64．

李艳，高传智，2019．北京 2022 年冬奥会语言服务对策思考［J］．语言文字应用，111（3）：48-57．

梁红，2021．国际冰雪体育赛事语言服务人才培养策略［J］．高教学刊，7（15）：1-5．

佟敏强，高战荣，2019．高校助力 2022 冬奥会志愿者语言服务职业能力提升研究［J］．黑龙江教育（理论与实践），1302（12）：68-70．

汪磊，2009．北京 2008 年奥运会语言环境建设及其社会效果探析［J］．语言文字应用，69（1）：2-11．

王会寨，卢石，2008．北京奥运会语言服务刍议［J］．山东体育学院学报，85（2）：22-24．

王月玲，2023．语域理论视角下《北京 2022 年冬奥会和冬残奥会防疫手册》的翻译研究［D］．成都体育学院．

易剑东，王道杰，2016．论北京 2022 年冬奥会的价值和意义［J］．体育与科学，37（5）：34-40+33．

詹成，索若楠，2012．电话口译在我国的一次重要实践：广州亚运会、亚残运会多语言服务中心的电话口译［J］．中国翻译，33（1）：107-110．

邹瑶，郑伟涛，杨梅，2018．冬奥会冰雪项目英汉平行语料库研制与平台建设探究［J］．外语电化教学，183（5）：19-22．

中华人民共和国教育部国家语言文字工作委员会．教育部国家语委关于印发《〈国家语言文字事业"十三五"发展规划〉分工方案》的通知［EB/OL］．（2016-12-23）［2023-10-3］．http://www.moe.gov.cn/srcsite/A18/s7066/201701/t20170113_294774.html.

Cohen S. G., Bailey D. E. 1997. What makes teams work: Group effectiveness research from the shop floor to the executive suite[J]. *Journal of Management*, 23(3): 239–290.

Latour, B. 1996. On actor-network theory: A few clarifications[J]. *Soziale Welt*, (4): 369–381.

A Study on the Effectiveness of Language Service Volunteer Team in Major International Sport Events : A Case Study on Beijing 2022 Winter Olympics

Zhao Tianyuan   Xing Shuqi

(Beijing Foreign Studies University, Beijing 10079)

Abstract: High-quality language services have been an important guarantee for the successful Beijing Winter Olympics. As the largest force, volunteers are the mainstay of the language services together with professional translators and interpreters. However, research on the language service volunteer team and its effectiveness is expected. Against this backdrop, from the perspective of management, taking Cohen and Bailey's heuristic model as the analytical framework, by means of document research, interview, and survey, this paper aims to examine the experience and shortcomings of building the language service volunteer team in the Winter Olympics and offer advice for improvement that can serve as a reference for building an effective language service volunteer team in major international sport events in the future.

Key Words: Major International Sport Events; Language Service; Volunteer; Team Effectiveness

作者简介：赵田园，北京外国语大学高级翻译学院讲师，100079，研究方向：翻译教育、口译研究、翻译与国际传播。

邢书绮，北京外国语大学高级翻译学院2022级翻译学硕士研究生，本文通讯作者，100079，研究方向：口译理论与实践。

基金项目：本研究系国家语委科研规划项目"海南自由贸易港语言服务研究"（ZDA145-5）以及北京外国语大学"双一流"重大（点）标志性项目（项目批准号：2022SYLPY003）之研究成果。

语言服务视域下的中华武术文化外译

焦 丹[1] 郭秋彤[2]

(1. 首都师范大学,北京 100048;2. 河南工业大学,郑州 450007)

【摘 要】全球化、信息化进程的加快促进了语言服务产业的诞生与发展,语言服务在武术文化产业发展中发挥对外交流的语言媒介作用,成为中华武术文化外译活动中不可阙如的组成部分。本文基于语言服务的理论框架,首先阐述语言服务与翻译之间的内在逻辑关系,然后梳理国内学者关于中华武术文化外译的理论与实践成果,最后对中华武术文化外译的发展规划提出建议,强调在武术文化外译中要注重语言服务的作用,提升中华武术文化的国际传播力。

【关键词】语言服务;中华武术;武术文化外译;国际传播力

1 引言

语言服务以跨文化语言能力为核心,以知识转移、文化传播为目标,为国际传播、政府事务等领域提供专业服务(王立非,2021)。在跨文化交流和跨国合作中,语言服务扮演着至关重要的角色,它可以帮助人们克服不同语言和文化背景的障碍，促进信息的传递和交流，推动各种交流活动的顺利进行。习近平总书记在主持十九届中央政治局第三十次集体学习时强调，讲好中国故事，传播好中国声音，展示真实、立体、全面的中国，是加强我国国际传播能力建设的重要任务。武术文化作为中华优秀传统文化，在海内外具有强大的影响力和知名度，加强武术文化国际传播对于讲好中国故事，展现可爱可亲的中国形象具有强大推动力。基于此，将语言服务与中华武术文化外译相结合既是对语言服务内容的扩容，也是增强中华武术文化国际传播力的有效途径。本文以语言服务的理论框架为视角，梳理中华武术文化外译的理论和实践成果，展望语言服务背景下中华武术文化外译的发展规划，以期为中华武术文化的传承和国际传播提供有益参考。

2 语言服务与翻译的关系

当下，全球化、信息化高速发展，语言服务自诞生之日起引起国内外广泛关注，语言服务理论体系、学科体系、人才培养体系的日臻完善也推动了语言服务产业的迅猛发展。对于语言服务所涵盖的范畴，学界学者观点各异，但又殊途同归。屈哨兵（2007）认为，狭义的语言服务定义包括翻译与本地化、语言技术工具开发、语言教学与培训、多语信息咨询等行业领域的语言服务。袁军（2014）提出语言服务的目标是帮助人们克服语言障碍，在跨语言交流中提供直接的语言信息转换服务和产品，或者提供知识、技术等资源，以协助人们完成语言信息的转换处理。李宇明（2016）提出，语言服务利用语言、语言知识、语言技术等与语言相关的产品来满足语言生活的各种需求。它是一个体系化的服务，涵盖语言服务提供者、语言服务内容、语言服务方式和语言服务接受者。王立非、崔璨（2018）认为广义的语言服务定义指语言政策、语言战略和语言规划，包括对语言服务资源的规划、分配及使用。

语言服务的主要方式和服务内容是从一种语言到另一种语言转换的服务，服务对象是从源语语言使用者到目标语语言的使用者。从语言服务的实践过程中，不难发现，翻译是语言服务的突出表现形式。李宇明（2016）指出狭义的语言服务主要是指翻译，且主要指狭义理解上的翻译。翻译服务是语言服务的一个方面，是语言产业的一种业态，但语言服务涉及面更加广泛。在提倡中华文明交流互鉴的文化背景下，我们所从事的语言服务不仅仅是语言信息的转换，更是一种跨文化传播的形式，旨在支持国家的整体战略、经济规划和发展。语言服务的对象不是简单地面对个人或文本，而是为更广泛的社会目标服务，而且，语言服务涉及更多技巧，不仅包括语言技能，还涉及翻译项目管理、语言工具的研发等多个方面的技巧和知识（孙海琴、邵张旻子，2015）。袁军（2014）梳理了翻译与语言服务之间的内在关系，如表1所示。

表1 翻译—语言信息转换与诸服务的内在关系（袁军，2014）

项目	服务内涵	与翻译的关系
翻译服务	应服务对象的需求，代其转换语言信息	服务商提供具有翻译技能的译员，代替服务对象完成翻译
本地化服务	"将一个产品按特定国家/地区或语言市场的需要进行加工，使之满足特定市场上的用户对语言和文化的特殊要求的软件生产活动。"（中国翻译协会，2011）	针对软件、网站等产品向非原产地推广时遇到的语言障碍，将原产品中的信息由"外语"转换为产品使用地的"本地语"，并对产品做适当调整，从而生产出"本地化"的产品。翻译是本地化服务中的重要环节和组成部分
语言技术和辅助工具研发	即研发"语言技术"开发"翻译工具"	研发技术、开发工具，旨在供人在翻译时使用，以"物态技术"补充、辅助"心态技术"，帮助翻译者完成翻译
翻译培训	以授课的形式，向求学者传授翻译知识及实务技能	让翻译者的语言技能水平得以提升，以辅助其今后的翻译工作
多语信息咨询	为语言服务业务中涉及语言信息转换的服务和产品提供专业指导和解决方案	针对翻译者在翻译过程中出现的问题，提供专业指导；针对客户产品全球化过程中的障碍和需求，提供解决方案……

从表1可以看出，语言服务作为一个综合性的服务行业，包括翻译服务、本地化服务、语言技术和辅助工具研发、翻译培训以及多语信息咨询等多种服务业态。其中，**翻译服务是语言服务中最为核心、最为基**

础的一种形式，通过不同语言的转换将语言信息传递给不同语言文化背景的人群。而本地化服务不仅需要翻译，还会处理丰富的色彩、声音以及视频等，以适应不同地区和文化的需求。此外，负责语言技术和翻译工具研发的企业也向各自的需求者提供服务，以满足不同行业和领域的需求。翻译培训则是针对从业者进行技能培训，提升其语言技能水平，提高服务质量。多语信息咨询则为化解语言障碍提供专业指导和解决方案，帮助企业和个人更好地开展国际交流和合作。

3 中华武术文化外译的理论与实践研究成果

中华武术是中国独特的文化遗产，具有悠久的历史和深厚的文化内涵。随着全球化进程的不断加快，中华武术作为中华优秀传统文化的重要代表，也渐进引起了全球的兴趣和关注。国内外学者对于武术文化的研究方兴未艾，武术传播、武术人才培养、武术外译等理论与实践成果丰硕，主要梳理如下。

3.1 理论研究成果梳理

由于中华武术的"中国化"特性，目前中华武术文化外译的理论研究成果主要集中于国内，以论文、著作、课题等形式呈现，业已构建成中华武术文化外译的学术体系和知识体系。

3.1.1 论文成果

在中国知网以"武术外译""武术翻译""武术英译""武术译介"为关键词，共检索出期刊论文183篇（时间截至2023年8月），主要关涉武术翻译策略与方法的探讨。汪升、朱奇志（2018）认为，武术文化外译的内容应选取能够准确表达武术功法的术语，体现武术智慧的谚语，以及包含了武术技法和思想精华的典籍。武术文化外译的原则应是：音译统一；异化的翻译策略是翻译武术谚语首先采取的翻译策略；武术典籍的翻译应注重阐释。武术文化对外译介应着眼于服务跨文化交流，改变以自我为中心的意识，确保译文的可读性。焦丹（2020）以中国武术外译场域、语料和思想三个基本形态特征为视角，从武术英译"归化 + 异化的释译求'合'""直译 + 意译的全译求'化'""形意 + 神意的变译求'似'"三个维度进行翻译策略与方法的归纳剖析，探索武术外译的策略与方法。

3.1.2 著作成果

有关武术文化外译的书籍著作大多是由懂英语的习武者基于多年的教学经验及习武经验编写，或者由武术教练口述，再由资深外语从业者翻译，主要语言是英语，内容主要涉及武术招式、武术套路的讲解及普及等。例如：1936 年刘金生著的《擒拿法》，2007 年由安得烈·季莫费耶维奇（Andrew Timofeevich）翻译并出版；少林寺方丈释永信主编的少林拳谱系列、耿军主编的少林传统功夫系列、任天麟主编的 29 式陈氏太极剑、2008 年出版的《传统少林武术套路集成（套装上下卷）》（*A Compendium of Shaolin-style Traditional Martial Arts*）；万正峰主编、焦丹等译的《少林功夫》，以及武术史学专题如中国大百科全书出版社的《中华文明史话——武术史话》（中英文双语版）、国家体委武术研究院主持编写的《中国武术史》等。而国外的英文版书籍则主要集中于武术的教育和普及（如 Charles Ralph Heck 的 *Instructing the Martial Arts* 等）、太极拳专题（如 Fu Zhongwen 的 *Mastering Yang Style Taijiquan* 等）、武术与医学主题（如 J. C. Camey 的 *Health and Fitness in the Martial Arts*）以及武术哲学主题（如 Joe Hyams 的 *Zen in the Martial Arts* 等）（张莺凡，2014）。

3.1.3 课题成果

在中国知网检索有关武术文化外译的课题成果（截至 2023 年 8 月），国家级和省部级的课题研究项目或对武术文化外译现状进行梳理，或针对翻译过程中出现的问题提供建议，为推动武术文化的推广和国际传播发挥了重要作用。具体课题项目如表 2 所示。

表 2　武术外译相关课题项目

年份	项目类型	项目名称
2014	国家体育总局武术研究院院管课题	武术英译标准化体系的构建研究
2015	国家社科基金项目	"学校武术百年变迁与回归研究"
2016	国家社会科学基金中华学术外译项目	中国武术史
2016	国家社会科学基金项目	武术国际传播人才培养研究
2016	国家社会科学基金项目	学校武术百年变迁与回归研究
2016	国家体育总局体育哲学社会科学研究青年项目	中华武术的英译、接受与传播研究
2017	国家社会科学基金项目	"一带一路"视域下中华武术文库外译研究
2018	国家社会科学基金项目	中国武术国际传播能力建设研究
2020	国家社会科学基金项目	中国武术外译话语体系构建研究
2020	国家社会科学基金重大项目	中华武术通史研究与编纂
2022	经典中国国际出版工程项目	中国武术通史（英文版）
2010	河南省教育厅人文社科研究项目	"目的论"观照下的中原武术文化外宣翻译问题与策略研究
2012	河北省高等学校人文社会科学研究计划项目	武术英语翻译的现状及策略研究
2012	四川省教育厅人文社会科学重点研究基地体育社会科学研究中心	中国武术英译历史研究
2013	河南省教育厅人文社科研究项目	文化全球化语境下的少林武术外宣翻译研究
2013	安徽省武术研究中心基地重点项目	对我国武术文化国际传播中归化与异化问题的研究
2014	河南省哲学社会科学规划项目	互文性模式下河南武术文化翻译研究
2015	沧州社会科学发展研究课题	沧州武术文化的外宣翻译与跨文化传播研究
2016	山东省社科基金项目	齐鲁武术文化资源保护与创新发展的研究

续表

年份	项目类型	项目名称
2016	安徽省哲学社会科学基金规划项目	'一带一路'战略中武术国际化传播的文化选择和跨文化阐释研究
2017	四川省外国语言文学研究中心课题	文化"走出去"视域下的中国武术文化外译研究
2019	河南省哲学社会科学基金项目	少林功夫译介溯源与翻译传播问题研究
2022	四川省高等学校人文社会科学重点研究基地巴蜀文化国际传播研究中心项目	青城武术泰译及传播路径研究

由表 2 可以看出，国家级课题以宏观的视角展开研究，专注于中华武术外译的发展历程和体系构建等关键领域，而省部级课题项目则专注于研究该省份或地区独特的武术文化。二者相辅相成，相互补充，共同推动中华武术文化的国际传播。

3.2 实践研究成果梳理

为顺应中华传统文化"走出去"的要求，中华武术文化外译也已受到官方的高度重视。国家体育总局、地方政府、国际武联等官方组织与各大体育高校以及少林寺等武术门派组织参与编纂中外文对照书籍、教材等相关出版物，取得了丰硕成果。这些实践成果有助于中华武术在国内外的声名远扬，也是中华武术文化语言服务的成果。

（1）政府组织。以"武术之乡"的河南为例，河南省政府首先成立省级高级翻译人才专家库和人才培养基地；由数十个地市及高校组成的300 余位中外文专家团队编译"中华源·河南故事"中外文系列丛书。2020 年出版首批《少林功夫》《太极拳》中英文对照出版物，均被列入国家级"中国思想文化术语多语种对外翻译标准化建设"项目。

（2）官方组织。国家社科基金中华外译项目中的中华武术外译作品《中国武术史》（中英文对照版）、国家体育总局和各体育高校编写的武术相关书籍与教材如《武术运动英汉双语学与练》(*Learn and Practice Wushu: Bilingual Instructions in English and Chinese*)、武术文旅手册、武术赛事规则手册、孔子学院武术类教材等，这些文本的外译对推动武术的全球推广以及"武术入奥"等争夺体育话语权活动意义重大。

（3）武术标准。河南省郑州市少林武术标准化技术委员会主要负责少林武术套路、竞赛规则、器械、服装、术语等领域的地方标准制定和修订工作，致力于建设少林武术标准体系，以逐步建立起少林武术国际规范。

（4）高校团队。目前国内焦丹团队已研制开发出武术话语翻译语料库，旨在为广大师生等科研人员提供武术文化资源，推进语料库在中华武术外译的应用。库容超五百万字，内容包括武术专著、译著、旅游笔记、学术期刊、武术词典、武侠小说、武术教材等多个语类字库。

4 研究展望与规划

通过上文对中华武术文化外译理论和实践成果的系统整理，发现武术文化外译相关领域的研究已硕果累累，但仍存在诸多不足。中国武术文化内涵丰富，涉及历史、哲学、文学、体育等多个学科，现有研究多集中于某一方面，缺乏学科交叉性，并且目前国内的武术文化研究主要集中在对历史、文化、技术等单方面的梳理和总结，中华武术在国际上的传播效果、接受程度、与数字化的深度结合、与西方叙事话语的差异等仍有待探索。如何通过语言服务的途径提升中华武术文化的国际传播力，需要从"优""精""广"等方面深耕。

4.1 做"优"中华武术文化外译的语言服务

武术机构、武术文旅以及武术对外援助培训等武术文化活动是宣传中华武术文化的有效途径，优质语言服务的介入能够更好满足国外受众的需求，促进武术文化更好为世界了解。

（1）武术机构。提及武术，人们自然就会想到天下武功出少林。少林寺，拳以寺名，寺以武显。少林功夫译介多出自少林寺，如《少林寺志》《少林史话》《我心中的少林寺》《少林寺旅游手册》《走进少林》等 20 余本中英双语或英文版译介，这些译介多为武术或少林功夫的本体译介，以讲述少林文化为主要内容（焦丹，赵志男，2021）。李宇明（2016）提到政府制定语言服务政策，掌握着最为丰厚的语言服务资源，对语言服务事业的发展负有主要责任。目前，成立于 1993 年的美国武术联合会（美国武联），是国际武联唯一承认可以代表美国的正式武术协会。它的宗旨是在美国推广中国武术、培养武术人才。该组织成立后举办过全美武术锦标赛以及美国国家选拔赛，通过竞赛选拔出参加世界武术锦标赛的美国籍运动员（孟涛，蔡仲林，2013）。武术馆校的成功同样离不开语言服务的支持，例如武术教材的编写、武术招式的翻译，都需要语言间的互译来完成。在美国有上千家武术馆校（孟涛，2013），张桂凤在华盛顿的武馆、加利福尼亚州的中华功夫馆等主要专注于教授长拳和太极等功夫技艺。除了提供高质量的教学，中华功夫馆还积极参与当地的文化和商业活动，为舞龙舞狮表演项目提供支持和表演服务（张越，2018）。这些武术馆校成为海外宣传中华武术的主要阵地，为武术在国外扎根生长发挥着重要作用。

（2）武术文旅。武术文旅外宣语言服务旨在通过语言层面的交流沟通，积极展示当地武术文化、历史人文及经济发展，既能展示自身良好形象、保持城市竞争力，也为塑造城市良好的国际形象提供机遇，推动城市整合资源，发挥地方优势（吕鹏，杨喜刚，2019）。"郑州国际少林武术节"、焦作"国际太极拳交流大赛"、福建"南少林武术文化旅游节"、"黄飞鸿武术文化周"等活动中，离不开语言服务的支持，通过语言文字的标识，游客获得导览、景点介绍等服务以及相关武术文化信息，这些语言服务不仅具备信息传递和指示功能，同时也创造了经济效益。

（3）武术对外援助培训。语言服务业在中外交流过程中起着非常重要的连接作用。语言是交流的媒介，只有当双方的语言相通时，交流才有基础。只有通过语言的有效沟通及文化交流，彼此了解对方的愿景与需求，相互理解，互相信任，以此促进双方经贸往来（何恩培，闫栗丽，

2019）。中国武术对外援助任务由著称"武术之乡"的河南省承担，河南工业大学是该省唯一承担对外援助任务的执行单位，负责对发展中国家开展陈式太极拳、少林武术的培训等援助任务，学员遍布非洲、亚洲和欧洲，这些培训班在推动中外外交关系方面做出了积极贡献（焦丹，王雨薇，2021）。在援外培训过程中，由口译员为授课教师提供的课堂口译及课件笔译等语言服务为培训班的圆满完成做出了突出贡献，既传播了中国武术文化又增进了国际友谊，使世界了解中国、中国武术走向世界。

4.2 做"精"中国武术文化外译的成果作品

通过制作精品的中华武术文化外译成果作品，可以向世界更好地展示武术文化的特点和魅力。目前武术双语教材、孔子学院、武术文学作品的翻译以及武术电影的上映推动武术走出中国，走向世界。

（1）武术双语教材。武术双语教材承担着传播中华武术文化的重任，国际中文教材中武术类教材多以武术套路的讲解与练习为主。例如，《快乐武术学汉语》系列教材为中英双语对照版，通过双语教材的学习，打破语言障碍，练习武术套路动作。《学汉语练武术》介绍双节棍和少林拳两种武术技能，每本书都以课文形式循序渐进地介绍武术套路。《体验汉语：体育篇》涵盖太极拳、武术套路动作和拳击三类武术内容，受众为到中国研修体育专业的留学生，该教材目前已有英、日、德三种语言版本（柯卓英，樊娜，2021）。

（2）孔子学院和孔子课堂。孔子学院以武术教学为载体，是中国武术文化走向世界的重要方式。例如，美国亚利桑那大学孔子学院通过"中国梦功夫行"武术文化巡演活动和"推行武术段位制"主题宣传活动，为中国武术文化的传播提供了有力的引导。此外，武术舞台剧也为中国武术文化向世界传播开辟了新的途径。南非约翰内斯堡大学孔子学院举办的"以武会友传播中国文化"文艺活动，展示了中国武术的剑术、刀术和套路表演，为中国武术文化的传播拓展了新的领域（章华夏，2022）。

（3）武术文学。金庸是中国现代武侠小说的巨匠之一，其武侠文学作品以精湛的笔墨和丰富的想象力，吸引了无数读者的追捧和喜爱。目前金庸作品被翻译成英文的共有4部，分别是《书剑恩仇录》《雪山飞狐》《鹿鼎记》以及近两年出版的《射雕英雄传》。其中由国外译者Anna Holmwood与香港译者张菁合译的《射雕英雄传》再现了中国特有的武侠魅力，备受国外读者追捧。

（4）武术影视。李小龙最初出演的美国影片《蝙蝠侠》《青蜂侠》令其名声大震。随后李小龙在香港拍摄的《唐山大兄》《精武门》《猛龙过江》和在好莱坞拍摄的《龙争虎斗》《死亡游戏》武打动作干净利落，让中国功夫闻名世界（王开文，2002）；李连杰、成龙、甄子丹等武打明星出演的功夫动作片博得世界人民喜爱；李安导演的武侠动作电影《卧虎藏龙》荣获第73届奥斯卡最佳外语片等4项大奖，让西方国家见识到了中国武侠的魅力。

4.3 做"广"中国武术文化外译的国际传播

（1）坚定文化自信，深挖武术核心。武术文化在对外传播时要强调武术的文化内涵和价值观，确保武术传统的正统性和纯粹性得以保留和传承。中华武术文化是中华传统文化的优秀代表，传承数千年，已具有深厚的历史文化底蕴，在传播过程中要树立高度的文化自信，坚守本民族文化的独特性和核心价值，避免因过度商业化或迎合外来需求而失去本民族文化的特色。

（2）将武术文化国际化传播融入国家发展战略大格局。武术为中国所独有，在全球已经拥有广泛的群众基础，是展示中国国家形象的重要元素。在国家形象构建层面，政府应出台政策加强对武术发展的支持，拓宽武术文化传播渠道，组织和支持国际性的武术文化交流平台，促进武术文化产业发展布局。以武术为媒介加深国际交往，塑造中国作为和平崛起大国的形象，同时以正能量的方式表达武术的价值观和哲学思想，加强对武术的正确认知和了解以消除对武术的妖魔化和污名化（张顺军，熊亚兵，2022）。

（3）武术文化外译应充分重视内容、效果、受众和途径。不能仅依靠中国本土译者，要树立国际合作视野；译者要深入研究武术专业知识，传达准确的术语信息；发掘新型武术文化传播方式，利用互联网、社交媒体平台分享武术技巧，以武术赛事、武术类影视作品为媒介共同传播；充分考虑译入语国家的意识形态、道德观念等因素，最大限度上吸引不同层次的读者，实现良好的译介效果（焦丹，赵志男，2020）。

5 结语

中国武术文化外译是语言服务的内容之一，在推广武术文化的过程中通过语言服务形式翻译传播中国武术文化是中国文化"走出去"的有效路径，可以借助现代科技手段，如多语种翻译软件、网络直播等，推动武术文化的数字化和智能化发展。在这个过程中，我们需要做好以下三个方面的工作：首先，要做"优"中华武术文化外译语言服务，通过提供高质量的翻译服务，将中国武术文化传播到更广泛的国际社会。其次，要做"精"中华武术文化外译成果作品，通过精心制作翻译成果，展示中华武术文化的魅力和精髓。最后，要做"广"中华武术文化外译的国际传播，加强宣传和推广，增进更多人对中国武术文化的认知和了解。总之，中国武术文化的外译是一项具有挑战性和重要性的任务，需要语言服务人员和文化传承人共同努力，注重文化传承和创新，为推广中国文化、增强中国软实力贡献力量。

【参考文献】

何恩培，闫栗丽，2019. 改革开放 40 年语言服务行业发展与展望［J］. 中国翻译，40（1）：130-135.

焦丹，2020. 中国武术外译的策略与方法［J］. 中国翻译，41（6）：130-137.

焦丹，贺玲玲，2021．少林武术套路术语国际化标准研制的参考与借鉴：中英文版《传统少林武术套路集成》刍评［J］．浙江体育科学，43（3）：90-92+111．

焦丹，王雨薇，2021．中国武术文化对外传播话语体系构建：以中国武术对外援助任务为视角［J］．对外传播（4）：56-58．

焦丹，赵志男，2020．全媒体语境下武术跨文化多模态传播构式研究［J］．武术研究，5（3）：19-23．

焦丹，赵志男，2021．少林功夫译介翻译传播实践研究：价值、问题与对策［J］．中州大学学报，38（2）：81-86+106．

柯卓英，樊娜，2021．国际中文教育视阈下武术文化传播研究：基于国际中文教材中武术文化元素的调研［J］．武术研究，6（12）：17-20．

李宇明，2016．语言服务与语言产业［J］．东方翻译（4）：4-8．

吕鹏，杨喜刚，2019．"一带一路"视阈下江苏地方旅游外宣推介语言服务研究：以扬州、泰州的外宣翻译材料为例［J］．英语广场（4）：50-52．

孟涛，2013．跨文化背景下中华武术在美国传播的研究［D］．上海体育学院．

孟涛，蔡仲林，2013．传播历程与文化线索：中华武术在美国传播的历史探骊［J］．体育科学，33（10）：78-88．

屈哨兵，2007．语言服务研究论纲［J］．江汉大学学报（人文科学版）（6）：56-62．

孙海琴，邵张旻子，2015．语言服务的困境与可能：三位语言服务业界专家访谈［J］．东方翻译（6）：31-36．

汪升，朱奇志，2018．中国武术文化对外译介的内容、原则与方略［J］．西安体育学院学报，35（2）：198-205．

王开文，2002．中华武术在美国的传播与发展［J］．体育文化导刊（6）：69-70．

王立非，2021．从语言服务大国迈向语言服务强国：再论语言服务、语言服务学科、语言服务人才［J］．北京第二外国语学院学报，43（1）：3-11．

王立非，崔璨，2018．基于语言障碍指数的"一带一路"语言服务难度评级研究［J］．中国翻译，39（2）：72-77．

吴彬，2004．听吴彬讲弟子海外创业［J］．中华武术（6）：14-15．

袁军，2014．语言服务的概念界定［J］．中国翻译，35（1）：18-22．

章华夏，2022．探讨中国武术文化对外传播的问题反思与路径［J］．中华武术（4）：116-118．

张莺凡，2014．武术英译的历史回顾与研究［J］．成都体育学院学报，40（7）：17-20+26．

张越，2018．武术在美国的发展现状分析［J］．武术研究，3（5）：10-13．

中国翻译协会，2011．中国语言服务行业规范本地化业务基本术语［S］．中国翻译协会．

Research on China's Wushu Culture Translation from the Perspective of Language Service

Jiao Dan[1]　Guo Qiutong[2]

(1.Capital Normal University, Beijing 100048; 2.Henan University of Technology, Zhengzhou 450007)

Abstract: The acceleration of globalization and informationization has developed the birth of the language service industry. Language service has been performing the important role of international communicating in the development of Wushu culture industry, functioning an indispensable part of the translation of Chinese Wushu culture. Based on the theoretical framework of language service, this paper firstly elaborates the inherent logical relationship between language service and translation, then combs through the theoretical and practical achievements of domestic scholars on the translation of Chinese Wushu culture. Finally, suggestions are put forward on the development of the translation of Chinese Wushu culture, highlighting the importance of language service in Wushu culture translation to enhance the international communication capacity of Chinese Wushu culture.

Key Words: Language Service; China's Wushu; Wushu Culture Translation; International Communication Capacity

作者简介： 焦丹，首都师范大学教授，博士生导师，主要研究方向：翻译理论与实践、武术国际传播。

郭秋彤，河南工业大学硕士研究生，主要研究方向：翻译理论与实践。

基金项目： 河南省教育科学规划 2023 年度课题：基于需求分析的本科高校拔尖创新人才大学英语课程模块研究（2023YB0088）；河南省科技厅 2023 年软科学研究项目《黄河流域河南段语言文学类非遗保护与文创产业发展研究》（232400411045）。

翻译与跨文化传播

中国生态哲学观视域下中医外译话语体系建构探索

徐 珺[1] 张晓恬[2]

（1. 中国政法大学，北京 100088；2. 对外经贸大学，北京 100029/ 哈尔滨师范大学，黑龙江哈尔滨 150025）

【摘 要】在人类发展史上，中医药不仅为中华民族的繁衍生息和健康作出了不可磨灭的贡献，也对世界文明进步作出了重大贡献。新中国成立以来，特别是改革开放以来，党中央、国务院高度重视中医药工作，中医药事业取得了显著成就，发展中医药已上升为国家战略，中医药事业进入新的历史发展时期。如何响应党和国家的号召，进一步提升我国中医药的国际传播能力，讲好中国故事，传播好中国声音，展示真实、立体、全面的中国？这需要我们认真思考和积极践行。中医典籍英译是世界了解中国瑰宝——中医药的重要窗口，是构建中国特色话语体系与国家形象建构的重要组成部分，同时也是探索提升中国软实力的有效途径。本研究从我们中国生态哲学观出发，解读中医典籍《黄帝内经》蕴含的生态哲学观，结合具体的翻译案例，就相关的英译进行分析，以期进一步助推中国中医药国际话语权体系建构。

【关键词】中国生态哲学观；中医典籍；《黄帝内经》英译

1 引言：研究背景与研究意义

中医药（Traditional Chinese Medicine，TCM），是包括汉族和少数民族医药在内的中国各民族医药的统称，反映了中华民族对生命、健康和疾病的认识，具有悠久历史传统和独特理论及技术方法的医药学体系，是中国各族人民在数千年的生产生活实践和与疾病斗争过程中逐步形成且不断丰富发展起来的医学科学，是中华民族原创的、独具特色的医学科学[1]（徐珺，王钊，宋佳音，2022：2）。新中国成立，特别是改革开放以来，党中央、国务院高度重视中医药工作，中医药事业取得了显著成就。习近平总书记在多个场合都对中医药给予了高度评价，在国内外推广中医药。2015年12月，习近平总书记在祝贺中国中医科学院成立60周年时指出："中医药学是中国古代科学的瑰宝，也是打开中华文明宝库的钥匙。希望广大中医药工作者增强民族自信，勇攀医学高峰，深入发掘中医药宝库中的精华，充分发挥中医药的独特优势，推进中医药现代化，推动中医药走向世界，切实把中医这一祖先留给我们的宝贵财富继承好、发展好、利用好，在建设健康中国、实现中国梦的伟大征程中谱写新的篇章。"（引自人民政协网、新华社，2015年12月22日）2016年12月6日，国务院发表《中国的中医药》白皮书。白皮书指出，中医药发展上升为国家战略，中医药事业进入新的历史发展时期。2017年《中华人民共和国中医药法》颁布实施，中医药事业进入了新时代。"加快构建中国特色哲学社会科学'三大体系'是新时代我国哲学社会科学事业的崇高使命，也是广大社科工作者的重大责任"（冯浩达，曾罡，2024-01-09）。2022年8月，习近平总书记在给外文出版社外国专家的回信中指出："翻译是促进人类文明交流的重要工作。"（引自王尔亮，2023-01-06）如何响应党和国家的号召，进一步提升我国中医药的国际传播能力，讲好中国故事，传播好中国声音，展示真实、立体、全面的

---

[1] 引自百度百科 https://baike.baidu.com/item/%E4%B8%AD%E5%8C%BB%E8%8D%AF/1584465 [2023-09-10]。

中国？需要我们认真思考和积极践行。中医典籍外译是世界了解中国瑰宝——中医药的重要窗口，是构建中国特色话语体系与国家形象建构的重要组成部分，同时也是探索提升中国软实力的有效途径。中国生态哲学观是判断语言系统和话语生态性的指导思想。本研究从中国生态哲学观出发，以《黄帝内经》作为切入点，解读《黄帝内经》蕴含的生态哲学观，结合具体的翻译案例，就相关的英译进行分析，以期进一步助推中国中医药国际话语权体系建构。

2 《黄帝内经》及其外译研究简要回顾与评述

2.1 中医药英译与《黄帝内经》翻译研究简要回顾

"15世纪地理的大发现，开启了东西方经济文化交流的新篇章。西方来华的药剂师、传教士和医生不仅将西医传到中国，亦将中医传播到西方，从草药的采撷、辨识、命名以及《本草纲目》的翻译研究，到中医脉学的翻译，再到《内经》《难经》等中医经典译解。中医在被介绍到西方世界的同时，西方医生和海外汉学家以现代科学的思维研究中国医学。"（高晞，2015：6）"不过，《黄帝内经》早期西传过程中的译入语是拉丁语，因为拉丁语是欧洲中世纪基督教的宗教语言和教会学校的教学语言，同时是欧洲各国知识阶层的通用语言，也是明末清初来华耶稣会士普遍使用的工作语言。"（王银泉，余静，杨丽雯，2020：2）

与中国儒家学说经典外译以及中国道家学说等外译相比较，《黄帝内经》在西方的译介起步晚，就《黄帝内经》英译而言，"目前一致公认的最早的英译本出现在1925年。"（王银泉，余静，杨丽雯，2020：2）1995年《大中华文库》及其外译工程项目正式启动。中国社科院哲学所罗希文同志承担的国家社科基金重大项目《中医典籍研究与英译工程》（05&ZD003），受到党和国家领导人的高度重视并作出重要批示[①] 中医

[①] http://www.nopss.gov.cn/GB/219506/219507/14510088.html［2011-04-28］。

药外译及其外译研究具有跨学科性,"《中医典籍研究与英译工程》是一项跨学科的系统工程,涉及到社会科学领域中的哲学、史学、文学、经济学、法学、翻译学及自然科学领域中的中医药学、西医药学、自然科技史等多个学科"[①]。笔者在中国知网 CNKI 的 CAJD 数据库中,以"中医"和"翻译"作为输入检索条件,检索时间范围设置为"从 1980 年到 2022 年",来源类别选定为"全部期刊",学科领域选择为"医药卫生科技""哲学与人文科学""社会科学Ⅰ、Ⅱ辑",通过检索共获取条检索结果,获得的文献为 4531 篇[②],如图 1 所示:

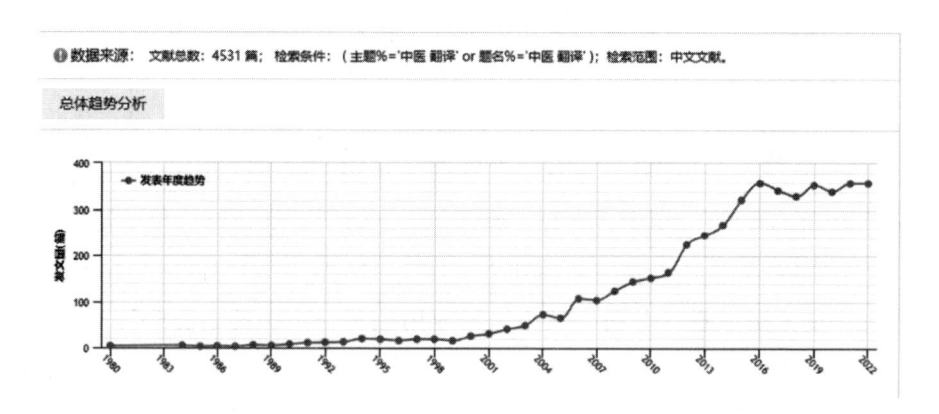

2.2 中医药翻译研究成绩可圈可点

已经有一些学者对《黄帝内经》英译进行了回顾,其中一些学者对《黄帝内经》的译本进行了考证,例如,兰凤利(2007)考察了 1925 年到 2003 年间的《黄帝内经素问》的 9 个英译本;王银泉、余静和杨丽雯(2020:2)对《黄帝内经》英译版本进行了考证。胡文雯、王银泉(2023:7)梳理了《黄帝内经》西班牙语(简称"西语")译本,包括《灵枢》和《素问》节译本、全译本和编译本在内共 8 个版本,并对其

---

① http://www.nopss.gov.cn/GB/219506/219507/14510088.html。
② 注:文献更新到 2022 年 7 月 29 日,本研究初稿完成于 2022 年 7 月,并于 2022 年 7 月应邀在第七届全国生态语言学会议上进行宣讲,之后,从题目内容经过进一步修改和完善,于 2023 年应邀在第八届全国生态语言学会议上进行探讨。感谢会议举办方以及学者们提出的宝贵建议。

译者、出版社和术语翻译特点等情况进行了介绍。该文（胡文雯，王银泉（2023：7）总结了中医经典文献西语译介和传播的4个特点：（1）中医经典文献西语译介和传播起步较晚，呈现出由英语和法语等核心语言向外围传播的特点；（2）中医经典文献西语译介和传播的中心在西班牙，并逐步以西班牙为中心向南美洲辐射；（3）中医药基本术语西语翻译存在较为混乱的情况；（4）中医经典文献西语译介和传播的主要受众为海外中医学生和临床中医师。王银泉、徐鹏浩（2020：3）在《中医典籍译介与中医药文化国际传播模式新探》中认为，"中医典籍凝聚着中医药文化的精髓，对其进行译介有助于推动中医药文化国际传播。"该文还"对中医典籍译介要素进行了补充，并尝试构建新的译介模式；另一方面对新时代中医药文化国际传播的本元与路径进行了探讨"（王银泉，徐鹏浩（2020：3）。朱文晓、童林、韩佳悦（2020：1）对中国中医药翻译研究40年（1978—2018）进行了回顾。朱文晓、童林、韩佳悦（2020：1）"根据40年来在6种核心期刊上发表的326篇中医药翻译研究论文，采用计量分析法进行分析，从中医药应用翻译、中医药典籍书评译介、中医药翻译技术、中医药翻译理论、中医药口译研究及中医药翻译史等六个方面进行梳理和总结。"贺娜娜、徐江雁、李盼盼、朱剑飞（2018：5）基于语料库，对《黄帝内经》脑系病名规范化翻译进行了分析。

囿于篇幅，恕不能就中医典籍外译以及《黄帝内经》外译研究文献进行详尽的回顾与评述。

2.3 中医药翻译研究存在的不足

我们在为中医药翻译、中医药文化外译研究取得的丰硕成果感到欢欣鼓舞的同时，也冷静地看到中医药外译和中国优秀的中医药文化走出去过程中还存在着不足之处。论及中医药翻译实践与研究，李照国（1991：3；1994：3；1996：3；1997：4；1998：2；2006；2008：4，等等）一系列的研究对推动中医药外译实践以及中医外译研究所做出的贡献有目共睹。与此同时，李照国（1997：4）在《重视中医药翻译理论研究，加快中医翻译学建设步伐》分析了中医药翻译研究领域存在的问题，认为，究其原因，"主要是因为中医翻译界长期以来重实践经验轻理论研究""实践证明，这种重实践经验轻理论研究的译风不但不能为实践活动开辟更为广阔的前景，反而妨碍了其向纵深领域的发展。"（李照国，1997：4）。

王银泉、周义斌和周冬梅（2014：4）的《中医英译研究回顾与思考（1981—2010）》一文，对中医药翻译研究进行了归纳与反思："绝大多数文章发表在中医类或医药类期刊上，翻译类期刊的占比相对较少，更是鲜有人文社科类核心期刊。超过半数的论文发表在《中国中西医结合杂志》上"；"与《中国中西医结合杂志》相比，发表在《中国翻译》《上海翻译》《中国科技翻译》等翻译界期刊上的论文的数量占比明显较低，一方面表明了中医英译研究尚未融合进入我国翻译界的主流研究中，翻译界和语言学界对中医翻译研究关注度不高；另一方面折射出中医英译的研究层次尚浅，理论深度不够，学术规范性和宏观系统性较差，文章水平难以满足权威翻译杂志的质量要求，也尚未引起人文社科核心刊物的重视"（王银泉，周义斌，周冬梅，2014：4）。朱文晓、童林、韩佳悦（2020：1）的研究显示，"40年来，在326篇论文中应用翻译研究在整个中医药翻译研究中占比达72.39%，可以说是中医药翻译研究的主要内容。其研究内容包括：中医药翻译原则、策略、方法、技巧，中医药翻译教学，中医药翻译标准化，术语翻译等；有关书评译介的论文占比13.19%。"岳远雷、赵敏、司婷（2017：20）认为，"西方医学科学文化冲击着中医药文化的传播。当前，西医占主导地位，在临床诊断中很多情况下没有运用到中医药知识，这对其宣传中医'防病治病'的医学文化产生了阻碍，导致单纯传播中医药文化却忽视了其自身价值的现象"。该文（岳远雷，赵敏，司婷，2017：20）同时也指出，"欠缺行之有效的传播中医药文化的途径。"此外，中医药典籍外译及其研究还存在以下不足之处，诸如重技轻理论，立足西方思维方式和西医理论之上，西方医学文化冲击着中医药文化的传播，欠缺行之有效的传播中医药文化的途径；没有真正领会中医药、中医药文化蕴含的中国特色的中国生态哲学内涵；等等。

3 选择《黄帝内经》作为研究语料的理据简述

中医药是中华文明的重要载体之一，在人类发展史上，中医药不仅为中华民族的繁衍生息和健康作出了不可磨灭的贡献，也对世界文明进步作出了重大贡献（徐珺，宋佳音，2022：1）。《黄帝内经》是中国现存最早、影响最大的一部医学典籍，是中国传统医学四大经典著作之一（其他三大中医药经典分别为《难经》《伤寒杂病论》《神农本草经》）。"《黄帝内经》的成编，标志着中医理论体系的形成，为数千年来中医学的发展奠定了坚实的基础，在中国医学史上占有重要的地位，被后世尊为"医家之宗"（陈农，1995），也被称为《医经》"[①]。何谓医经？《汉书·艺文志·方技略》[②]指出："医经者，原人血脉、经络、骨髓、阴阳、表里，以起百病之本、死生之分，而用度箴石汤火所施、调百药剂和之所宜。至剂之得，犹磁石取铁，以物相使，拙者失理、以愈为剧，以生为死。"简言之，《医经》就是阐发人体生理、病理、诊断、治疗和预防等医学理论之著作。据相关文献记载，《汉书·艺文志·方技略》收有"医经""经方""神仙"和"房中"四种中医典籍，《黄帝内经》被收录于"医经"中。2015 年 10 月 5 日，中国科学家屠呦呦被授予诺贝尔生理学或医学奖。"屠呦呦的获奖理由是'有关疟疾新疗法的发现'。这是中国科学家因为在中国本土进行的科学研究而首次获诺贝尔科学奖，是中国医学界迄今为止获得的最高奖项，也是中医药成果获得的最高奖项"（人民网—人民日报，2015-10-06）。

"在抗击新冠肺炎疫情以及患者康复中，再一次充分展示了中医药在应对新冠病毒及其变异毒株造成的疫情中的重要作用，赢得普遍赞誉和

[①] 我们的古人习惯上把具有一定法则、一般必须学习的重要书籍称之为"经"，如儒家的"六经"，老子的"道德经"，等等。

[②]《汉书·艺文志·方技略》："医经者，原人血脉、经络、骨髓、阴阳、表里，以起百病之本、死生之分，而用度箴石汤火所施、调百药剂和之所宜。至剂之得，犹磁石取铁，以物相使，拙者失理、以愈为剧，以生为死。"（引自百度百科 https://baike.baidu.com/item/%E9%BB%84%E5%B8%9D%E5%86%85%E7%BB%8F/97915#reference-4，2023/08/29）

高度肯定，为推动构建人类卫生健康共同体作出了积极贡献。"（新华社海外网，2021）

中医著名的"望闻问切"四诊就源于《黄帝内经》。《黄帝内经》一书内容涵盖面非常广博，"除了医学理论外，还记载了古代哲学、天文学、气象学、物候学、生物学、地理学、数学、社会学、心理学、音律学等诸多学科知识和成果，并将这些知识和成果渗透到了医学理论之中，遂使该书成为以医学为主体、涉及多学科的口著，历来受到广大医家和有关学科专家的重视，成为中、外学术界的研究对象。"（吴润秋，2007：3；吴润秋，2007：6）

4 中国生态哲学在中医外译话语体系建构中的理论价值

4.1 中国生态哲学概述

在西方学术界，"生态"一词源于希腊文，其意为住所或栖息地。ecology 一词源于希腊文，由词根 "iko" "ogos" 而来，"ikos" 住所，"ogos" 学问。因此，从原意上讲，其生态学是研究生物"住所"的科学[①]。

在西方学术界，"生态哲学观（ecosophy）的概念由 Naess 于 1973 年在 The Shallow and the Deep, Long-range Ecology Movement: A Summary（Naess, 1973）首次提出，并对其进行解释：'ecosophy'一词是由'eco-'与'-sophy'组合而成，其中'eco-'意为'生态'，'-sophy'源自'sophia'一词，意为'智慧'"（Naess & Haukeland, 2002：1；转引自何伟，刘佳欢，2020：1）。生态话语分析产生于全球环境危机频发的背景下，旨在揭示引起生态破坏和社会不公的话语实践，并积极找寻能够促进生态社会可持续发展的话语实践。其与话语分析的最大不同是生态哲学观的参与。（雷蕾，苗兴伟，2020：3）

[①] 引自湖北大学官网生态学原理精品课程 https://bio.hubu.edu.cn/hbdxstxyl.htm［2023-12-25］。

中医药文化宝库所具有中华民族特有的理论体系与独创性思维——中国生态哲学观,为建设创新型中国优秀的中医药及其中医药文化提供了坚实的文化基础。"中国的生态哲学从自然辩证法中发展出来。生态哲学作为一种新的哲学转向,让人类重新思考如何看待自然、如何行动。中国的生态哲学与自然辩证法有着深刻的渊源,或者说中国的生态哲学就是从自然辩证法中发展出来的,人与自然的关系、自然观就是它的根。(李世雁,鲁佳音,2016:1)人与自然的关系不仅属于哲学的基本问题之一,也是生态哲学贯穿始终的基本问题,中国的生态哲学从人与自然的关系开始。"(李世雁,鲁佳音,2016:1)

4.2 中医学的生态观

"(中国)生态哲学把世界视为自然—人—社会的复合生态系统,蕴含万物相联、包容共生,平衡相安、和谐共融,平等相宜、价值共享,永续相生、真善美圣的生态文化思想,揭示生态系统的有机创造性和内在联系性,是生态文明建设的哲学理论基础。"(共产党员网,弘扬生态文化 推进生态文明 建设美丽中国)[1]

兰凤利(2010:7)概括了中医哲学思维与西医哲学思维的差异,如下表所示:

表1 中医哲学思维与西医哲学思维的区别

	中医哲学思维	西医哲学思维
本体论	注重动态的、变化着的"现象"	注重变化中永恒的、普适的"存在"
方法论	取象比类	演绎和归纳
思维方式	循环推理——注重事物、现象之间的关系	线性推理——注重事物、现象之间的因果性
理论结构	理论与实践合一,共同发展	理论与实践分离,理论指导实践
实践经验	主体客体合一,互动的结果	注重客体、一直试图减少主观性
知识体系	一脉相承	不断更新

(引自兰凤利,2010:7)

---

[1] https://www.12371.cn/2013/01/11/ARTI1357853761676152.shtml[2024-01-08]。

从表 1 可以看出，中医哲学与西医哲学存在着显著差异。"中医学认为，保持机体内的气血调和阴阳平衡是人体健康的关键。二千多年前我国最早的医学经典《黄帝内经》中就明确记载：'阴平阳秘，精神乃治''正气存内，邪不可干'"。（光明网 –《光明日报》，2017-01-14）

4.3 《黄帝内经》蕴含的生命哲学与生态哲学观

据文献记载，《黄帝内经》分《灵枢》《素问》两部分，是中国传统医学四大经典著作之一（黄帝内经》《难经》《伤寒杂病论》《神农本草经》），是我国医学宝库中现存成书最早的一部医学典籍。《黄帝内经》起源于轩辕黄帝，后又经医家、医学理论家联合增补发展创作，一般认为集结成书于春秋战国时期，是研究人的生理学、病理学、诊断学、治疗原则和药物学的医学巨著。在理论上建立了中医学上的"阴阳五行学说""脉象学说""藏象学说"等[1]。《黄帝内经》是我国第一部系统的医学典籍，也是我国古代一部重要的哲学著作。它包含有丰富的唯物论和朴素的辩证法思想，为中国哲学的发展作出了重要的贡献。（参考并引自百度百科等相关官网）

西方生态哲学创立者们对中国哲学给予了高度评价，指出，中国哲学是他们的思想来源。例如，澳大利亚环境哲学家西尔万（Sylvan）和贝内特（Bennett）明确表示："道家思想是一种生态学的思想，其中蕴涵着深层的生态意识，它为顺应自然的生活方式提供了实践基础。"（张晓恬，2023）

《黄帝内经》之整体观、辩证法、阴阳理论和五行学说等医哲思想蕴含着中国哲学思想。"中医的特点是整体观念，其含义就是指统一性和完整性。中医的整体观念其内涵有二：一是认为人体是一个有机的整体；二是重视人与自然界的统一"[2]。"中医理论与生态学基本原理相通。中医药学的发展历史同时也是中华民族五千年生态文明建设史的重要组成部分，体现着中国生态文明的进步"（许红缨，王威，2011：4）。

---

[1] 引自医之始祖《黄帝内经》https://new.qq.com/rain/a/20210918A08D2X00。
[2] 引自 https://zhuanlan.zhihu.com/p/26234702。

5 案例分析[①]

本研究的《黄帝内经》原文源自中华书局出版的姚春鹏（2010）《（中华经典名著全本全注全译丛书）黄帝内经》，译文分别选自倪茂信（Ni Maoshing，1995b）*The Yellow Emperor's Canon Internal Medicine: A New Translation of Neijing Sioven with Commentary*（以下简称倪茂信译）和文树德（Paul Unschuld，2011）*An Annotated Translation of Huang Di's Inner Classic-Basic Questions: The Rhythm*（以下简称文树德译）。之所以选取倪毛信（Maoshing Ni）译本，是因为该"译本在世界范围的图书馆馆藏量位居第三"（殷丽，2017：5）。"在倪译的前言中提到《内经》不仅完整体现了道家传统思想，而且对中医学及中国历代的发现、发明有着深远影响"（Ni Maoshing，1995a；汤蕾，刘凯，2022：5）。"文树德（Paul Ulrich Unschuld）教授是医史学家，专攻中、欧医学及生命科学比较史，尤擅长医学思想史、伦理史研究。"（郑金生，2013：1）

例 1

原文：太虚寥廓，肇基化元，万物资始，五运终天，布气真灵，揔统坤元。九星悬朗，七曜周旋，曰阴曰阳，曰柔曰刚。幽显既位，寒暑弛张。生生化化，品物咸章。（姚春鹏，2010）

译文1：It states that in the vast void of the universe exists the primordial origin of life. The five elemental phases follow the cycles of heaven and combine with the six original cosmic energies that encompass and embrace the entire universe. They set the rhythm for the growth, development, maturation, and death of all things . The nine stars illumine the skies. The seven stars circulate in the solar system. In the circulation of the heavens there is the change of yin and yang. On

---

[①] 囿于篇幅，本研究仅举2个案例，并将例1、例2合并进行分析和阐述。——笔者注

planet earth there is nurturing and destruction. Day and night contrast with each other. The four seasons have cold and heat. All the myriad things follow this rhythm in their entire life spans. (倪茂信 译, 1995b)

译文2: The extension of the Great Void is boundless; it is the basis of [all] founding and it is the principal [source] of [all] transformation. The myriad beings depend on [the Great Void] to come into existence1, [and it is because of the Great Void that] the five periods complete their course in heaven. [The Great Void] spreads the true magic power of qi, and it exerts control over the principal [qi] of the earth. [Hence] the nine stars are suspended [in heaven] and shine and the seven luminaries revolve in a cycle. [This] is called yin; [this] is called yang. [This] is called soft; [this] is called hard. [Hence] when that which is in the dark and that which is obvious have assumed their positions, there is cold and summer heat, relaxation and tension. Generation [follows upon] generation, transformation [follows upon] transformation, [with the result that] all the things come into open existence. (文树德 译, 2011)

例2

原文:"六经为川,肠胃为海,九窍为水注之气"。(姚春鹏, 2010)

译文1: The movement and traveling of qi and blood in the six channels is like a river flowing; and the stomach and large intestine, which contain the fluids and food, are like the ocean. The nine orifices are like the spring where water gushes in and out. (倪茂信 译, 1995b).

译文2: The six conduits are streams; the intestines and the stomach are the sea. The nine orifices are where qi flows like water. (文

树德 译，2011）

例1、例2分析："哲学思想是一切科学研究的基础，翻译研究也不例外。"（吕俊，2003：5）《黄帝内经》以中国传统思想文化优秀发展成果的基本精神为主导，"其理论是基于先秦时期文化背景下的传统哲学，是中医学理论体系形成的重要标志，其中蕴含着丰富的中国传统文化和中医学哲学智慧。"① 这部中国中医经典著作"以《易经》的宇宙观、自然观和生命观为基础，结合黄老道家的自然哲学及人生哲学的基本观点，集中论述人类生命生老病死的生命变化规律及其与宇宙自然万物生命变化规律的紧密互动关系，完整体现'天人合一'的本体论原则。"②（张晓恬，2023）例如，"阴阳"在《黄帝内经》里多次出现："阴阳者，万物之能始也"（出自《素问·阴阳应象大论》）、"阴阳者，天地之道也，万物之纲纪"（出自《素问阴阳应象大论》）、"阴阳四时者，万物之终始也，死生之本也"（出自《素问·四气调神大论》，等等。

《黄帝内经》在《周易》老少阴阳的基础上，为了更细致地说明阴阳之间的关系，根据阴阳各方数量上的不同，把阴分为太阴、少阴、厥阴，把阳分为太阳、阳明、少阳。如《素问·天元纪大论》说："阴阳之气，各有多少，故曰三阴三阳也。"③

《黄帝内经》中虽然三阴三阳的含义不同，但其精神实质都在于把物质世界的运动看作为沿一定次序行进的循环圈。这个循环圈既表示事物运动的方向和次序，同时又反映着事物和现象在阴阳属性上的分布情况。三阴三阳理论贯穿着阴阳相互渗透、彼此消长、相互转化等朴素辩证法思想。④

例1原文蕴含的生态哲学观是《黄帝内经》中的大宇宙观，是"天人合一"思想中涉及外部宇宙系统。既阐述宇宙衍生过程，也体现了

---

① 引自 https://baijiahao.baidu.com/2024-01-07。
② 引自 https://baijiahao.baidu.com/2024-01-07。
③ 转引自百度靓观科学：浅述《黄帝内经》三阴三阳理论 baijiahao.baidu.com/s?id=1654220784836078356［2019-12-29］。
④ 转引自百度靓观科学：浅述《黄帝内经》三阴三阳理论 baijiahao.baidu.com/s?id=1654220784836078356［2019-12-29］。

《道德经》中"一生二,二生三,三生万物"的思想。勾画了中医生态哲学观中生生不息、运化不止的过程,也是《周易》的坤元概念在中医学的延展(张晓恬,2023)。

例1原文里的生态哲学负载词"阴""阳""太虚""五运""坤元"等,英语里没有对应词,属于文化空缺词。例1倪茂新(1995)的译文采取的是意译方法,与此同时,倪茂新也辅以注释,以降低目的语读者理解难度。译文2文树德运用直译方法,即在译文里最大限度保留中国中医的"原汁原味"。(张晓恬,2023)

"经"中文意义解读如下①:《说文》:"经,织也。"本义是织布机上的纵线。《论衡·量知》:"恒女之手,纺绩织经。"引申指治理。虢季子白盘:"经维四方。"(治理四方)又引申指行,遵循。齐陈曼固:"肇堇(勤)经德。"(勤于修德)这些意义的"经"字读为jīng。又作动词,纺织。《韩非子·外储说右上》:"吾始经之而不可更也。"这种意义的"经"字读为jìng。(转引自百度百科2022-0522;李学勤编,2013:第1130页;"经"字形演变,[东汉]许慎原著、汤可敬撰,1997以及《国学大师》2020-04-11,等等)。清代陈昌治刻本【说文解字】经【卷十三】【糸部】經織也。从糸巠聲。经,纺织。字形采用"糸"作边旁,采用"巠"作声旁。织布时用梭穿织的竖纱,编织物的纵线(张晓恬,2023)。中医里的"经"为"纵丝",含有"路径"之意,即经络系统中的主要路径,存在于机体内部,贯穿上下,沟通内外。"经"体现的生态哲学观意义在于:"经"字属于自然空间结构的描述,用来形容纵向的走向。在《黄帝内经》将自然环境中空间结构描述用于人体气血运行的路径,换言之,"经"的生态哲学观意义为纵向运行。"当数者谓为经,其不当数者为络也"(《灵枢·脉度》),说明经为纵向、主流的(张晓恬,2023)。

具有中华文化丰富内涵和中国生态哲学的中医"经"一词如何英译?例2倪茂新的译文使用的channel(有时使用meridian)。channel在《牛津字典》中的释义为"a passage that water can flow along, especially in

---

① https://baike.baidu.com/item/%E7%BB%8F/5218136[2022-05-22]。

the ground, on the bottom of a river, etc.",即水可以沿着流动的通道流淌；meridian 在《牛津字典》的释义为"one of the lines that is drawn from the North Pole to the South Pole on a map of the world",也就是子午线的意思。在具体指生态环境里的流动时,channel 比 meridian 更贴近"经"的生态表达。但是,二者失去自然空间运行方向的意义。例 2 文树德的译文使用的是 conduits 一词。conduits 在《牛津字典》中解释为"a pipe, channel or tube which liquid, gas or electrical wire can passthrough"（液体或者电流动的通道）（张晓恬,2023）。与此同时,文树德的译文运用注释对 movement in the vessels 补充了运动方向／路径之意,因为"这些概念在英语语言中基本上没有完全对应的说法,翻译时无论直译还是意译都无法完全表达清楚原文的内涵（李照国,2006：99-100）。

生态话语分析产生于全球环境危机频发的背景下,旨在揭示引起生态破坏和社会不公的话语实践,并积极找寻能够促进生态社会可持续发展的话语实践。其与话语分析的最大不同是生态哲学观的参与。（雷蕾,苗兴伟,2020：3）中医学既阐明了宏观生态学观念,又涵盖了丰富的微观生态学内容。中医学从整体观念出发,强调"天人合一",认为人处于宇宙之中,人与自然是一个统一的、不可分割的整体,人体要顺应自然界万物的变化才能生存。"在生态话语分析中,分析者的生态哲学观极大地影响了对话语的理解、解释和评估。进行和谐话语分析时,我们尤其要注意的是,不能以西方的生态哲学观来评估中国的生态问题和生态现实或衡量中国的生态事业进程,而要从中国的生态哲学观出发,结合中国的历史、文化、社会、经济、政治等因素,做出适合中国国情的判断。"（黄国文,赵瑞华,2019；赵瑞华,黄国文,2021：1）从上述简要分析可以看出,倪茂信译本多采用意译方法,正如（刘跃良,2018：10；高芸,2020：9）所说的,"倪本中归化和译释的翻译策略、语言与非语言叙事建构策略等提高了倪本在西方读者中的接受度。"文树德"中医书译本都保持了中英对照、译注结合的特点"（郑金生,2013：1）,其《黄帝内经》英译概莫能外。文树德"强调翻译中医原著应该遵循严格的语言学原则。不能用当代西医术语去解释或意译 2000 年前的医理著作,而应该充分了解古代医学术语形成的初始原因。因此,他经常探究古代医学中比象、隐喻的原意,选择合适的词汇,配合注释,来反映2000年前中国医学的真实内容与看法。"(郑金生,2013:1)面对《黄帝内经》这个中国哲学观意蕴丰富、中华文化意蕴丰富的文本,译者的主体性不可避免地会显现出来。《黄帝内经》英译乃至外译过程中,如果过于强化"归化策略",或者"遵循严格的语言学原则"客观上难免出现海外读者对中医药文化误读误解现象,导致对中医药所蕴含的中国生态哲学观和中国优秀文化理解一知半解。

6 中国生态哲学在中医外译话语体系建构探索

2021年3月6日,中共中央总书记、国家主席、中央军委主席习近平看望参加全国政协十三届四次会议的医药卫生界、教育界委员,并参加联组会,听取意见和建议。习近平同志指出:"要做好中医药守正创新、传承发展工作,建立符合中医药特点的服务体系、服务模式、管理模式、人才培养模式,使传统中医药发扬光大。""守正创新"包括"守正"与"创新"两个方面。"正"即正道,是事物的本质和规律。守正,就是坚守正道,坚持按规律办事。创新即改变旧的、创造新的,"创"是指有意识有目的的创造性认识和实践活动,其目标是"新",即新的认识和实践成果。概括而言,守正创新即把握事物规律,根据一定的目的改变现存事物,创造新事物。(引自《中国社会科学报》2021-04-02)守正创新发展中医药事业已经上升为国家战略。国务院办公厅《关于印发中医药健康服务发展规划(2015—2020)的通知》中提出,中医药要参与"一带一路"建设,国务院已经遴选可持续发展项目,与"一带一路"沿线国家开展交流与合作,提升中医药健康服务国际影响力(王珏,马新飞,2017:33)。《中医药发展战略规划纲要(2016—3030)》提出"以服务'一带一路'为重点,加快建设中医药海外中心,推动中医药走向世界。""一带一路"合作中医药是最佳载体(向佳,2015-05-13)

中医外译话语体系的建构是一个极为复杂的交叉学科通力合作的过程,需要翻译学、语言学、哲学、传播学等多个学科相关理论及方法论的指导，属于跨学科领域。我们可以从以下四个方面入手：1）厘清相关概念结构和内涵。充分整合相邻学科资源和优势，从翻译学、语言学、哲学、传播学等入手，聚焦中医外译话语体系建构的理论框架、核心话题、术语体系、研究方法论、研究范式、翻译能力、翻译方法、传播途径等，探讨与架构中医外译的话语体系概念结构。2）建立与建构中医外译话语体系建构的理论框架。以中国生态哲学、中医药学为学理基础，有机融合质性分析与量化分析方法、整体研究与个案研究相结合的方法，探索出我国中医外译话语体系建构的理论框架。3）"应充分发挥中医药学术机构、科研院所、中医药院校、中医药跨国企业、主流媒体等多元主体之间优势互补的作用，积极培育复合型中医药文化国际传播人才，着力打造中医药文化国际信息交流与传播平台，推动中医药文化全方位、立体式走向世界"（陆彩荣，2023-12-21）。4）一方面，将我国独创的中医药学蕴含的哲学思想、优秀的中华文化和优秀的汉语进行国际推广，使国际医学界、学界和普通大众了解、感知和接受我国生态哲学观的概念与核心内涵、优秀的中医药文化以及我国语言文化研究的精髓，这是提升中国国际话语权的有效方式之一；另一方面，西医的学理思想、概念、方法、流派等也无须抛弃，文明互鉴，因为"文明是平等的、多彩的、包容的。文明的交流互鉴，是推动人类文明不断发展的动力。中医和西医，都是在人类维护生命健康历程中创造的文明成果。这正是'中西医结合''中西医并重''中西药并用'指导方针的基础，也是在学术领域，对任何一门科学，任何一个学科，任何一项成果，都应正确对待的科学态度"（苟天林，2020-08-29）。

"我国古代医学无论从思想上还是方法上，都紧紧依赖于哲学，甚至用哲学的语言和规律来解释人体的生理、病理现象……理论可以不受解剖形态学发展的束缚而独立发展。"（任旭，1986：102；转引自林巍，2009：3）《黄帝内经》的关于阴阳等核心概念的阐述，"与其说是医学，在某种意义上，还不如说是哲学，或安邦治国之道或者说是哲学涵义上的医学""中医是中译外领域里的一种特殊翻译"（林巍，2009：3）。"中西方历史渊源不同、哲学思想不同、信仰不同、思维方式不同，难免存在文化、思想上的理解障碍。鉴于源语文化与译语文化之间存在着差异性，翻译过程中，某些源语表达方式很难在目的语中找到对应的表达方式。为避免误译的产生，避免造成文化冲突，这客观上要求译者必须关注原著的文化背景。"（徐珺，2010：6）"中医里的核心术语，多属哲学理念，与西医中的科学概念往往有着本质差别，不可'等闲视之'或'一视同仁'"（林巍，2009：3）。"中国传统文化经典作品蕴含的哲学思想和价值观，既体现了中国文化之精髓，也是世界文化之瑰宝。把中华民族优秀文化介绍给世界是中国人的夙愿"，（徐珺，2010：6）"把汉文化经典译成英文，介绍给世界各国人民自然构成了文化传播和增强中华文化软实力的重要内容"（徐珺，2010：6）。笔者的系列研究（徐珺，2005；2009：2；2010：6；徐珺，宋佳音，2022：2；徐珺，王钊，宋佳音：2002：2）旨在相应党和国家的号召，呼吁学术界和翻译界关注中国传统文化在海外的传播质量。"站在世界的角度来回望中国文化，中华优秀传统文化的传承应该包含两大方面：对内继承、弘扬；对外宣传、传播。"（徐珺，2010：6）"坚持守正创新，是科学理论永葆生机活力的重要'密码'"。（沈壮海，刘水静，2023-12-14）中医药文化宝库具有中华民族特有的理论体系与独创性思维——中国生态哲学观，这为建设创新型中国优秀的中医药及其中医药文化提供了坚实的文化基础。

7 结语

健康生活，安居乐业，是全人类的共同诉求。在人类历史发展过程中，中医药作为我们中华民族独创的医学科学，不仅为中华民族的繁衍生息和健康作出了不可磨灭的贡献，也对世界文明进步作出了重大贡献。习近平总书记指出："中医药学是中国古代科学的瑰宝""是打开中华文明宝库的钥匙"。从历史上看，自汉代张骞出使西域开始，我国的中医药就是中外交流的重要内容。中医药在我国有悠久的历史，有深厚的群众基础，中医药蕴含的中国生态哲学观和独特的文化理念深入人心，守正创新发展中医药事业已具有共识。然而，由于中外历史渊源不同，思维方式不同，汉外语言和文化等方面存在诸多差异，在向海外推广中华瑰宝中医药的过程中,"很多时候并没有让外国人听明白"。如何让外国人"听得懂""有共鸣"?如何克服"无力感"?(新华社新闻,2023-12-21)在中医药外译与中国优秀中医药文化传播过程中,李孝英、赵彦春的观点值得借鉴:"一是要深入挖掘和准确理解中医药文化内涵;二是要突破中医药文化翻译的瓶颈,拟定新的翻译方法;三要解决中医药翻译人才匮乏的这一核心问题;四是要改善中医药文化的传播路径(李孝英,赵彦春,2021-06-15)。与此同时,拥抱新技术,充分利用新技术和神经机器翻译,辅以高质量的人工中医药译后编辑,又好又快地做好中医药外译,并且,建立中医药外译国家标准。"人的一生有许多东西是不能辜负的,而最不能辜负的是对国家、对民族的责任"(孙家正,2007)。"唯有这样,我们才上对得起祖先,下可奉赠给子孙"(徐珺,2010∶6)。

"在实现中华民族伟大复兴和构建人类命运共同体的伟大事业中,中医药必然会在守正创新、振兴发展的过程中,作出新的历史贡献"(苟天林,2020-08-02)。中医外译是世界了解中国瑰宝——中医药的重要窗口,是构建中国特色话语体系与国家形象建构的重要组成部分,同时也是探索提升中国软实力的有效途径。本研究从我们中国生态哲学观出发,解读中医典籍《黄帝内经》蕴含的生态哲学观,结合具体的翻译案例,就相关的英译进行分析,以期进一步助推中国中医药国际话语权体系建构。

【参考文献】

陈农,1995. 现代中医药应用与研究大系·医经(第一卷)[J]. 上海:上海中医药大学出版社.

冯浩达,曾罡,2024. 数字人文视域下的语言学话语体系建构[N]. 光明网 2024-01-09.

高晞,2015. 十五世纪以来中医在西方的传播与研究[J]. 中医药文化(6).

高芸, 2020. 倪毛信《黄帝内经》译本叙事建构策略研究 [J]. 中医药导报（9）.

光明网. 中医导引：正气存内、邪不可干 [N]. 2017-01-14.

苟天林. 近现代历史视角下的中医药与中西医交流 [N]. 光明网 2020-08-29.

贺娜娜，徐江雁，李盼盼，朱剑飞, 2018. 基于语料库的《黄帝内经》脑系病名规范化翻译 [J]. 中华中医药杂志（原中国医药学报）（5）.

胡文雯，王银泉, 2023.《黄帝内经》在西班牙语世界的译介和传播研究. 中医药导报 [J]（7）.

黄国文，赵蕊华, 2019. 什么是生态语言学 [M]. 上海：上海外语教育出版社.

兰凤利, 2007. 论中西医学语言文化差异与中医英译 [J]. 中国中西医结合杂志, 4.

兰凤利, 2010. 中医名词术语英译标准的哲学思考 [J]. 医学与哲学（人文社会医学版）（7）：72.

雷蕾，苗兴伟, 2020. 生态话语分析中的生态哲学观研究 [J]. 外语学刊, 3.

陆彩荣. 在文明交流互鉴中推动中医药传承创新发展——2023 中医药文化国际传播交流会观察 [N]. 新华社新闻官方账号, 2023-12-21.

何伟，刘佳欢, 2020. 多元和谐，交互共生：生态哲学观的建构与发展 [J]. 山东外语教学（1）.

李照国, 1991. 论中医翻译的原则 [J]. 中国翻译, 3.

李照国, 1994. 关于中医名词术语英译标准化的思考 [J]. 中国中西医结合杂志, 3.

李照国, 1996. 论中医名词术语的翻译原则 [J]. 上海科技翻译, 3.

李照国, 1997. 中医对外翻译三百年析 [J]. 上海科技翻译（4）.

李照国, 1998. Nigel Wiseman 的中医翻译思想评介 [J]. 中国科技翻译, 2.

李照国, 2006. 译海心语——中医药文化翻译别论 [M]. 上海：上海中医药大学出版社.

李照国, 2008. 论中医名词术语英译国际标准化的概念、原则与方法 [J].

中国翻译，4.

李世雁，鲁佳音，2016．中国生态哲学理论的发展历程［J］．南京林业大学学报（人文社会科学版），1．

林巍，2009．"哲学理念"与"科学概念"间的梳理与转述——中医翻译的一种基本认识［J］．中国翻译（3）．

刘跃良，2018．从译者惯习视角看倪毛信《黄帝内经》英译的建构［J］．中国中西医结合杂志，10．

吕俊，2003．理论哲学向实践哲学的转向对翻译研究的指导意义［J］．外国语，5．

孙家正，2007．追求与梦想［M］．北京：文化艺术出版社．

汤蕾，刘凯，2022．功能语境视角下《黄帝内经》倪毛信英译本特点探讨［J］．中国中西医结合杂志（5）．

王尔亮．新时代中医古籍的传承与发展［N］．中国社会科学网—中国社会科学报，2023-01-06．

王银泉，周义斌，周冬梅，2014．中医英译研究回顾与思考（1981—2010）［J］．西安外国语大学学报（6）．

王银泉，余静，杨丽雯，2020．《黄帝内经》英译版本考证［J］．上海翻译，2．

王银泉，徐鹏浩，2020．中医典籍译介与中医药文化国际传播模式新探［J］．外国语文研究，3．

王珏，马新飞，2017．"一带一路"背景下中医药国际化创业型人才培养模式的思考［J］．中国药房，33．

吴润秋，2007．《黄帝内经》阴阳思维之研究［J］．湖南中医杂志（3）．

吴润秋，2007．《黄帝内经》治疗学理论体系研究［J］．湖南中医药大学学报（6）．

向佳．"一带一路"合作中医药是最佳载体［N］．人民政协报，2015-05-13．

新华社海外网．国家中医药局就近期中医药参与新冠肺炎疫情防控救治有关情况举行新闻发布会，2021-12-16．

徐珺，2005．古典小说英译与中国传统文化传承［M］．长春：吉林出版集团有限责任公司．

徐珺，2009．21世纪全球化语境中的汉文化经典外译策略探索［J］．外语教学（2）．

徐珺，2010．汉文化经典误读误译现象解析：以威利《论语》译本为例［J］．外国语（6）．

徐珺，宋佳音，2022．人类命运共同体视域下我国涉外中医药语言服务人才培养研究：回顾与展望［J］．语言服务研究，北京：中译出版社．

徐珺，王钊，宋佳音，2002．基于MDA模型的《中华人民共和国中医药法》英译本语域特征对比研究［J］．语言与法律研究（2）．

许红缨，王威，2011．论生态文明与科学发展观的关系［J］．理论导报，4．

［东汉］许慎原著，1997．汤可敬撰．说文解字今释．长沙：岳麓书社：583．

姚春鹏，2010．黄帝内经（中华经典名著全本全注全译丛书）［M］．北京：中华书局．

殷丽，2017．中医药典籍国内英译本海外接受状况调查及启示——以大中华文库《黄帝内经》英译本为例［J］．外国语（5）．

岳远雷，赵敏，司婷，2017．中医药文化传播现状研究——兼评《中医药法》相关条款［J］．学校党建与思想教育（20）．

张晓恬，2023．基于语料库之《黄帝内经·素问》英译文生态话语分析［D］．北京：对外经济贸易大学．

赵蕊华，黄国文，2021．和谐话语分析框架及其应用［J］．外语教学与研究（1）．

郑金生，2013．文树德教授的中国医学研究之路［J］．中国科技史杂志（1）．

朱文晓，童林，韩佳悦，2020．中国中医药翻译研究40年（1978—2018）［J］．上海翻译（1）．

Ni, Maoshing. 1995a. A note on the translation. In: Bing Wang. *The Yellow Emperor's Classic of Medicine: A New Translation of the Neijing Suwen with Commentary* (Translated from classical Chinese by Maoshing Ni) [M]. London: Shambhala.

Ni, Maoshing. 1995b. *The Yellow Emperor's Canon Internal Medicine: A New Translation of Neijing Sioven with Commentary* [M]. London: Shambhala.

Paul Unschuld. 2011. *An Annotated Translation of Huang Di's Inner Classic-*

Basic Questions: The Rhythm [M]. Berkeley: University of Georgia Press.

Naess, A. 1973. The shallow and the deep, long-range ecology movement: A Summary [J]. *Inquiry* (16).

Naess, A. & P. I. Haukeland. 2002. *Life's Philosophy: Reason and Feeling in a Deeper World* [M]. Athens and London: The University of Georgia Press.

A study on the construction of TCM translation discourse system from the perspective of Chinese eco-philosophy

Xu Jun   Zhang Xiaotian

(1. China University of Political Science and Law, Beijing 100088; 2. University of International Business and Economics, Beijing 100029 / Harbin Normal University, Harbin 150025)

Abstract: In the history of human development, traditional Chinese medicine has not only made indelible contributions to the reproduction and health of the Chinese nation, but also made significant contributions to the progress of world civilization. Since the founding of the People's Republic of China, especially since the reform and opening up, the CPC Central Committee and the State Council have attached great importance to the work of traditional Chinese medicine. Remarkable achievements have been made in the cause of traditional Chinese medicine. The development of traditional Chinese medicine has become a national strategy, and the cause of traditional Chinese medicine has entered a new period of historical development. How to respond to the call of the party and the country, further improve the international communication ability of Chinese medicine, tell the Chinese story, spread the Chinese voice, and show the real, three-dimensional and comprehensive China? This requires us to think seriously and actively practice it. The English translation of traditional Chinese medicine classics is an important window for the world to understand the treasure of Chinese medicine, an important part of the construction of the discourse system with Chinese characteristics and the construction of the national image, and an effective way to explore the promotion of China's soft power. Starting from our Chinese ecological philosophy view, this study interprets the ecological philosophy view contained in the traditional Chinese medicine classic Huangdi Neijing, and analyzes the relevant English translation in combination with specific translation cases, in order to further promote the construction of the international discourse power system of Chinese medicine.

Key Words: Chinese Ecological Philosophy View; Chinese Medicine Classics; The Analysis of the English Translation of *Huangdi Neijing*

作者简介：徐珺，中国政法大学教授、博士生导师。中国英汉语比较研究会语言服务研究专委会秘书长，《语言服务研究》执行主编、《语言与法律研究》执行主编。研究方向：翻译与跨文化传播、法律语言与法律翻译、商务英语、翻译技术与语言服务、外语教育。

张晓恬，对外经济贸易大学博士研究生，哈尔滨师范大学副教授，研究方向：翻译理论与实践，外语教学。

基金项目：本研究为徐珺主持的北京市社科基金规划项目"跨文化传播与中国话语的全球建构研究——以中医外宣翻译为例"系列研究成果之一。

翻译是符号转换的艺术

谢旭升

（吉林外国语大学，长春 130022）

【摘　要】 本文认为翻译是原文中解构美和在异域文化中重构美的技艺，从翻译是艺术的视角论述了翻译在异域文化中再现符号的美学价值，符号转换的"三美"再现，浮华美转换为简约美，写意到写实思维转换的艺术、朦胧美到写真美。得出的结论是译者是美学符号的传播使者，应具备双重美感素养，学会利用超导技术把原文美学价值摆渡文化彼岸。

【关键词】 翻译；符号；艺术

一、绪论

翻译是借助符号承载美学价值魔术般变通的艺术。由于异质文化塑造的迥异诗学，不可能在译入语中再现同质的现象，而是尽量保留原语美学元素同时能融入新文化生态环境的杂合艺术符号。从某种意义上说，翻译是原语文化解构美和在译入语文化中重构美的匠艺。二元文化元素塑造的符号艺术品俨然是一幅马赛克作品，既有明显糅合的复合性又有隐现的文化个性。

二、翻译重塑符号的美学价值

　　语言是最重要、最复杂的符号系统。语言不仅具有交际功能，还具有审美功能。符号转换是极其复杂的运思活动，它既有对原文的美学价值的欣赏，又有对接受美学的深谙和美学符号魔术般的转换和再现能力。美作为一种赏心悦目的感受，具有普遍意义。任何美好的东西都是共享的，都具有普世价值。对于蒙娜丽莎的微笑，全世界的人都为之而倾倒。维也纳金色大厅美妙音符必然是穿越文化时空的神曲。圆舞曲"蓝色多瑙河"演奏全球上百年经久不衰，正是人类共享的审美观维系其全球天籁之音的永恒。审美除了共性基础外，还有群体性和个性化差异。就像审视美女，存在个性差异。有的喜欢丰腴美，有的喜欢骨感美，真是萝卜白菜各有所爱。用于表征事物的符号也是如此，符号作为媒介表达了各民族的审美情趣，作为符号集成的文本则是一个民族情感最重要的特征。汉语是一种艺术性语言，多华丽辞藻。优雅的句子不是基于共性和抽象概念而是基于历史的隐喻和习语。一般来说，汉语景观描写充满了美丽、优雅和暗含寓意的词语，其节奏优美、语言几近诗情画意。景色描写不求明细交待但求诗歌和国画般的质地，追求一种意象美。如：这里三千座奇峰拔地而起，形态各异，有的似玉柱神鞭，立地顶天；有的像铜墙铁壁，巍然屹立；有的如晃板垒卵，摇摇欲坠；有的若盆景古董，玲珑剔透……神奇而又真实，迷离而又实在，不是艺术创造胜似艺术创造，令人叹为观止。"变幻莫测的汉语不仅具有独特的朦胧性和模糊性，更具有丰富的哲理性和灵活性。它是诗的语言、画的语言，汉语本身的词形与音形如诗如画，这是西方语言望尘莫及的。"（张泽乾，1994：175）从汉语原文来看，它是典型的景物描写，其特点是语言的平列、优雅的外表和神奇的意象。如果按照中式思维翻译成英文，译文将大煞风景。与汉语形成鲜明对照的是，英语在描写景物时总是客观、具体和精确，没有大量意象思维和情感色彩。写作手法大部分诉诸于明确意象铺排，带有一种真实而自然理性美。正如亚力士德多指出，"美学的最高境界在于按照自然本来面貌临摹自然"。这一思想渗透到西方文学和艺术的每一个领域。借助直觉隐喻和明晰景物的布局、简朴的风格和简短的描述给人提供了想象足够的空间，完全展示出英语语言的魅力。译文如下：3000 crags rise in various shapes—pillars, columns, walls shaky eggs stacks and potted landscapes...conjuring up fantastic and unforgettable images.

三、符号转换的"三美"再现

英汉文字表征事物的艺术性各有千秋，文字间的纵横必须兼收并蓄，形成杂合性艺术本体。符号转换的艺术性在于语际间形美、意美和音美的三维体现，如：杜甫《登高》中的名句"无边落木萧萧下；不尽长江滚滚来"诗中情感沉郁悲凉，对仗工整；无边对不尽，落木对长江，萧萧下对滚滚来；而且落和萧萧都是"草"头，江和滚滚都是"水"旁，萧萧和滚滚还是叠字对叠字。利用许渊冲所说的超导翻译为：The boundless forest sheds its leaves shower by shower; the endless river rolls its waves hour after hour. 上句的 waves, shower by shower 对 hour after hour；而且 shed 和 shower 都是"sh"的双声，leaves 和 waves 都是"ves"结尾，river 和 roll 又是"r"的双声，还有 shower 和 hour 都是叠词。这样就用对仗译对仗，双声译"草"头和"水"旁，叠词译叠字，可以说基本上传达了杜甫沉郁悲凉的感情。转换艺术牵涉到译者，审美主体的创造性。"另外，创造性其实也是一种责任和义务。译者只有充分展现了这些创造性才是合格认真的译者。"（王文华，2007）翻译的创作在于它是以原文为根据的一种语际间转换活动，或者说是二次创作。贝洛克曾经指出："翻译一直是一种从属的、第二性的艺术。"任何内容上的背离不仅不是翻译，这样创造出来的东西还没有美学价值。翻译以原文为根据，但又不是原文的简单翻版。译者在深入理解、把握原文的基础上，用最地道的目的语形成译文。作为原文另一种语言的再现形式，译文必须忠于原文，也就是说，它必须把原文的各种审美品质忠实地表达出来。原文的审美构成分为形式美和内容美。事实上译者在选择译语的表现形式时，除受原语的制约外，还始终考虑到原文的形式特征。因此，译文不可能不打上原文形式美的烙印。例如：请给出我心灵爱的美酒。哪怕给我一小滴，喜悦会涌上我的心头。Please offer me the vintage of my love. Even when a tiny drop is given to me, my heart wells up with delight. "well"名词是水井的意思，用动词短语"well up"涌上，很好地保留了"水井"的意象，增加了语言的修辞效果。"原文意义的背后是原文的语言和文化，站在译文意义背后的是译文的语言和文化。我们不仅要强调原文的意义，而且还要强调译文和译者的译文意义，这样才算是这个跨文化交际过程的完成和原文意义的完成。"（王文华，2007）

翻译的深层是解调，超量文化负载词语，根据文本类型进行简化或创译。如果是信息文本就得提纯信息，重构文本；如果是抒情文本，就采用语义翻译策略，尽量发挥想象力和译写创造力进行文化转基因，以接受美学视角重现原文美景。实例如下：

屯垦戍边，伟业辉煌。戈壁明珠，美名传扬。古有屯田安边之壮举，千秋传唱；今有军垦兴邦之宏业，万古流芳。Harvest is reaped from both farm and fort. Oasis in desert makes a brand around. Ancient times witnessed legends from fence and fort; modern age is seeing our nation stronger by soldier farms as a miracle.

壮哉，年轻之城，神采奕奕，建设大军，步履铿锵；美哉，秀丽之城，仪态万方，风华正茂，灿若朝阳；伟哉，英雄之城，中流砥柱，叱咤风云，勇驱虎豹；荣哉，军垦之城，不辱使命，矗立边关，铁壁铜墙。Amazingly, the young city is radiant with arrival of construction groups with marching steps. Admiringly, it is a beautiful city in full bloom like a rising sun. Surprisingly, it is a heroic city like a powerful force, which runs the tide to fight against invaders. Delightfully, the city of armed reclamation stands erect at the frontier like a fortified castle to live up to its safeguard mission.

该节选属于赋，即言情状物文体。翻译时既要考虑传达信息，又要照顾修辞，体现原文的美学韵味。因为"赋"具有双重功能：信息和抒情。理性的翻译应该依据文本类型，决定翻译策略；信息性文本采用的是交际翻译而抒情性文本采用的的是语义翻译。"赋"是既传情又状物的文体，内容和形式兼顾。信息功能是给读者传递真实世界的事物和现象，语言和风格的选择都要从属于这个功能。抒情功能需要文本在传达信息的同时，又要按照美学的原则对读者产生审美效果。

　　动态对等一方面意味着对原文符号的深度解析，对词语所蕴涵文化意义的理解，另一方面须有译入语词语的储备和文化知识的涵养。例如：边疆处处赛江南 Xinjiang is a land flowing with milk and honey. 该句的译者对"江南"做了语义分析之后，得到"好地方"的语义内涵，然后又从圣经里找到了"好地方"意象词语，从而完成信息对等、意象对应的完美跨越。

四、浮华美转换为简约美

　　翻译作为文化交流活动最困难的是深层文化的沟通，实现文化间的契合；而诗歌表现的往往就是"价值观念""思维方式""审美情趣"这些深层的文化内涵。一般而言，中国人在描写景观事物时，大多喜欢用大量形容词，讲究诗情画意，追求一种朦胧之美。而英语则更多地借助鲜明可感的语言去表现景物，而不刻意在描绘的言辞上作过多的意象渲染。中国的水墨画和西方的油画就是最直观的差别化表征。"不同民族的审美习惯对读者有很大的影响，中国读者对诗化的语言喜闻乐见，而英语读者就不一定能理解过多的言辞渲染，有可能认为是'极度夸张''不知所云'。因此，译者在翻译时要做适度的调整。"（张美芳，2005：134）这里的翻译正是基于跨文化视角的考虑，滤除中国式言情状物的描写，用英语简约修辞代替中式浮华修辞。简写信息便于缺乏背景知识的英语读者看懂，因为适配的信息才能被对方读者内化。再者，译文读者认知储备远低于原文读者。改编和重组文本内容冲破了以往对译者的僵化认识。翻译的主体性在于以文本类型、功能和受众，规范我们信息的组合方式。考虑到译入语读者群缺乏像我们一样的文化语境，尽量以简为佳，因为他们的信息容器没有我们深厚。这样说，毫无疑问是正确的。再者，英语的信息发布模式以简约为优势。所以在译前有必要按照西文范式进行编辑以便减少转换时的阻抗。例如：词语使用力戒含蓄和模糊，倡导明晰和具体。"从根本心理上讲，汉语民族自发地排斥着是则是，非则是非的思维方式，对逻辑形式的明确化缺乏内在的兴趣，而更注重认知本身与生活实际的关系。因此，中国哲学不是理性主义的哲学，更倾向于"悟"与"化"，注重'向内用力'，从而呈现出模糊的非逻辑化倾向。"（张思洁，张柏然，2002：270）

如：看天山明月，俯瞰着东西方文化交汇之圣地——祖国富饶美丽的新疆。听大漠长风，吹拂着数千年文明积淀之精髓——中华大地各民族人民共同的精神财富。放眼如今，大陆桥车流如织，空中走廊飞机穿梭，今日的新疆，经济文化空前发展，美术事业更是一派繁荣。Xinjiang, a sacred confluence of both eastern and western cultures, is both abundant and beautiful; a land impressive from ages of civilization—spiritual fortune created by Chinese peoples. Xinjiang today is witnessing unprecedented economic and cultural progress as well as a boom in the fine arts. 中华文化赋予华文诗情画意朦胧美和豪情万状的大气美。在汉译英过程中，就要降解诗情画意增加明晰刻画，朦胧艺术照的传播方式转换成高清晰的写真，实现最大程度地对现实的临摹。英语文化赞美山河的诗学不同于中国文化，因此翻译需要摄取主要信息，重新编码，实现西方的美学价值。重写意味着按照原文作者的意图和同类型文本译入语的模式进行改写，把不符合译入语文化的词语和说法隐去或者把原文信息重组，再造一个新的文本。如：祖国山水，风格多样；多样的风格，相对应而存在，相比较而多姿。杭州西湖，水榭歌台，水榭歌台，人工赋予它典雅美。蜀中仙山峨嵋，漂浮于云涛雾海，呈秀色于烟雨慢慢的山林。誉满中华的广西桂林山光，水秀山奇，山水平分秋色。China is a land of scenic contrasts, each uniquely representing its own area: West Lake in Hangzhou with enchanting pavilions set in quiet surroundings, Mount Emei in Sichuan with peaks peeping through mist and clouds, Guilin in Guangxi panoramic views of mountains and rivers. 从汉英两种语言来看，汉语突出物像表现情理，强调客观融入主观，喜欢托物寄情，所以好用华丽之词；而英语则侧重形式，重写实，重理性。英语句式结构严谨，表达思维严密，行文注重逻辑，用词强调简洁自然，描述突出明快。

五、翻译是符号写意到写实的转换

每个民族的审美意识形态和文学传统范型之间存在不同程度的差别。汉语是表意文字，汉语语言文字容易引起具体表象（image），这种审美价值为英语等拼音文字所无。汉代的大学者杨雄曾说："言，心声也；文，心画也。"汉字，表现一种博大、优美、丰富的心灵。（毛荣贵，2005：190）例如：新疆山美。东部天山第一高峰博格达峰，峰顶冰川积雪，终年不化，银光闪烁，与山谷中的天池绿水相映成趣；自古被誉为"金山"的阿尔泰山，美丽而神秘，无处不入画；横亘在吐鲁番盆地中部的火焰山，山势起伏、沟壑纵横、热气蒸腾、云烟缭绕；而万山簇拥、群峰苍茫的帕米尔高原，既是万山之宗、世界之脊，又是一片能与心灵对话的地方，令人心旷神怡。

Xinjiang is rich in colorful mountains. In the east is the first peak of the Tianshan Mountains, the Mont Bogda crowned with snow and glaciers all the year round, dazzles with silver light and intermingles with the green water in the Heavenly Lake. The Altay Mountains, reputed as "Gold Mountains" since ancient times, has enjoyed picturesque beauty and mysterious hues. The Flaming Mountains, sitting in the middle of the Turpan Basin, are composed of rolling hills and deep ravines enveloped in hovering hot air and encircling cloud. The Pamir Plateau, crowned with impressive mountains, is the roof of the world and home to mountains as well as an enchanting land of heart dialogue between man and land. 这段描写新疆地貌的文字就像泼墨的一幅山水画，大气而不失魅力，真可谓大美新疆；英语利用其完美的形制把汉语"华表"变成了"廊柱"。所以中国外宣的宗旨就是把中国发展的现状如实介绍给世界其它民族。汉语是艺术性语言，擅长用华丽辞藻。这种优雅的句子不是依据普遍和抽象的概念但却是依据历史的隐喻和习语。儒家学派的哲学家喜欢用过度修饰语来表明中国人偏爱在古籍和措辞中使用解释说明。一般来说，中国人

的山水描写充斥了美丽、优雅和含蓄的词语，其节奏优美、语言几近诗化。景色的刻画不求清晰的解释但求诗画的质地，给人一种想象的美。与汉语形成鲜明对比的是，英语在描写景色时总是追求客观、明确和细腻，而没有大量想象力和情感色彩。写作方法基本上采用明晰画面铺陈，带有一种真实、自然和理性美。

传统西方哲学注重分析性、抽象性和理性思维，所以他不断强调在主客观之间的物质现象里模仿和再现。亚里士多德提出："美学的最高境界是按照事物原貌临摹"这种思想已经渗透到西方文学艺术各个方面。受这种思想的影响，英语写作体现出重形式、现实主义和理性主义。因而，这种风格呈现严谨和整齐的句子结构、注意细节的表达思想、理性和富有逻辑的写作，简明和自然的措辞和感知表达风格。例如：Then came the twilight colors of sea and heaven, the wine-pink width of water merging into lawns of aquamarines, the sky a tender palette of pink and blue. 然后是水天一色的夕阳红，浩淼的水面葡萄酒般的粉色调融入碧绿色的一片片草坪里，天空粉色和蓝色交织一起构成色彩柔和的调色板。英语描写简短，借助直观性隐喻和明确的风景创作为我们想象力提供了足够的空间。读者很自然可以欣赏到其中的无穷的艺术魅力，同时也充分展示了英语语言的魅力。

六、模糊美转换为写真美

模糊美在古代叫做"隐美""隐秀之美"，汉语是一种充满"隐秀"的语言，尤其是诗歌，将"隐美"视为一种高格调的审美情趣。（刘宓庆，2011：56）模糊美的魅力产生于不确定性带来的审美期待，这种期待在创作者与鉴赏者之间产生了一种超乎默契的互动和神秘感，而使"潜在意象"层出不穷。在中国哲学美学观念中，"模糊"体现一种高度和谐的虚实关系，体现深刻的道家美。文学作品也一样，中国诗歌中典型的例子是元代马致远的《越调·天净沙·秋思》：

枯藤老树昏鸦，小桥流水人家，古道西风瘦马。夕阳西下，断肠人在天涯。

（模糊性免除了细节，余下的是一个似有似无的"结局"和一片无限遐想的空间。）

A crow was sleeping in an old tree with withered vines and household living by a little bridge over a flowing creek while a man was garrisoning on lean horseback home sick along remote ancient route against cold wind at sunset. 根据提供的有限信息，译者在译前必须在脑海中浮现一幅中国山水画，标定枯树、老鸭、小桥、流水和人家的和谐方位；然后，确定后半部分的感伤的语境：将士骑马在远处守边关，日落时分思家伤感之情油然而生。

七、结论

中英之间偌大的文化间距使得符号的美学表征呈现出多项面冲突。作为传播美学价值的使者，翻译应具备双语文化符号创造美和重现美的匠心，既可以深度解剖原语的深度美意还可以克服冲突经过磨合后用译入语成功传导美意，不仅使文化信息成功摆渡而且特质的文学艺术尽可能被英语民族分享。费孝通老先生在80寿辰时，曾经意味深长地讲了一句箴言：各美其美，"美人之美，美美与共，天下大同"意思是人们要懂得各自欣赏自己创造的美，还要包容地欣赏别人创造的美，这样将各自之美和别人之美拼合在一起，就会实现理想中的大同美。美作为一种赏心悦目的感受，具有普遍意义。任何美好的东西都是共享的，都具有普世价值。

【参考文献】

刘宓庆，2011．翻译美学理论［M］．北京：外语教学与研究出版社．
毛荣贵，2005．翻译美学［M］．上海：上海交通大学出版社．
彭甄，2011．跨语言的书写——翻译文学文本的"异"性结构［M］．北京：中国青年出版社．

王文华, 2007. 翻译的概念 [M]. 北京: 外文出版社.

张泽乾, 1994. 翻译经纬 [M]. 武汉: 武汉大学出版社.

张美芳, 2005. 翻译研究的功能途径 [M]. 上海: 上海外语教育出版社.

张思洁, 张柏然, 2002. 面向 21 世纪的译学研究 [C]. 北京: 商务印书馆.

Translation as Code-Switch Art

Xie Xusheng

(Jilin International Studies University, Changchun 130022)

Abstract: The thesis writers hold that translation is a skillful process of deconstructing in ST and reconstructing aesthetic signs in alien culture; expound in the perspective of translation as art that the aesthetic value of signs represented by translation in alien culture, "three beauties" in code switch, florid beauty converted to simple beauty and sign freehand brushwork to realistic painting. The conclusion has reached that a translator is the messenger of aesthetic signs equipped with dual aesthetic senses who knows how to ferry ST aesthetic value across culture by superconductor.

Key Words: Translation; Sign; Art

作者简介：谢旭升（1961.1），吉林外国语大学高级翻译学院二级教授，第三届全国翻译专业学位研究生教育指导委员会学术委员会委员、全国翻译专业资格（水平）考试专家委员会委员、中国英汉语比较研究会理事、中国翻译协会对外话语体系研究委员会委员。

基金项目：本文为国家社科基金项目"'一带一路'背景下新疆对外话语翻译理论与实践研究"（19BYY）中期研究成果。

人类命运共同体视域下燕赵非遗口述史译介研究

崔 丽 申丹妮

(河北科技大学，石家庄 050018)

【摘　要】非物质文化遗产是中华民族优秀传统文化的重要组成部分，其对外译介是中国文化"走出去"的重要途径之一。燕赵非遗文化译介工作尚处于初步阶段。本研究创造性地将口述史研究方法应用于燕赵非遗文化源语构建阶段，基于译介学理论体系探索非遗文化有效的译介策略和传播途径，为讲好中国故事、助推构建人类命运共同体提供借鉴。

【关键词】燕赵非遗文化；口述史，译介学；人类命运共同体

一、引言

党的十八大以来，习近平总书记高度重视加强国际传播能力建设，多次加以强调、作出要求，尤其是在 2021 年 5 月 31 日主持中共中央政治局第三十次集体学习时再作部署，强调要加快构建中国话语和中国叙事体系，用中国理论阐释中国实践，用中国实践升华中国理论，更加鲜明地展现中国故事及其背后的思想力量和精神力量，更好推动中华文化

走出去（百度百家号，2021-06-02）。

非物质文化遗产（Intangible Cultural Heritage）指各族人民世代相传并视为其文化遗产组成部分的各种传统文化表现形式，以及与传统文化表现形式相关的实物和场所（全国人大常委会，2011）。其蕴藏着各国各民族的文化基因，是文化多样性世代相传的当代表达。燕赵大地历史悠久、人杰地灵，非遗文化多姿多彩、至臻至美，其深厚的文化内涵和情感记忆有待挖掘、整理、阐释和传播。口述史是近几年发展起来的记述当代重要历史人物、历史事件、人生经历的一种有效途径，是非遗传承的绝佳方式。本研究创造性地将口述史研究方法应用于燕赵非遗文化源语构建阶段，并采用语料库研究方法和译介学研究范式，探索有效的译介策略和传播途径，以期讲好中国非遗故事，促进不同文明交流互鉴，助推构建人类命运共同体。

二、人类命运共同体理念与非遗文化译介的耦合

构建人类命运共同体是中国领导人洞察世界大势，为破解"时代之问"而贡献的中国方案，是人类社会发展的宏大叙事，是新时代中国开启的国际社会和平与发展的新篇章。自2012年这一概念正式提出以来，国内学界围绕其具体问题进行了广泛而深入的探讨，包括理论溯源、思想内涵、发展历程及实现路径等方面，呈现出持续关注、多学科交叉、研究面向广的特点（夏金梅，2021：21；许哲，2020：226），形成了丰富的学术研究成果并达成了基本共识。联合国成立70周年之际，习近平总书记首次登上联合国讲坛，向世界阐述了打造人类命运共同体的中国主张，并从政治、安全、经济、文化和生态五个方面提出了"五位一体"路线图。其中，文化构建以承认和维持人类文化多样性为前提。一花独放不是春，百花齐放春满园，文化多样性对于人类命运共同体的重要性不言而喻，与人类的整体命运息息相关。非物质文化遗产世代相传，在各民族和各群体适应周围环境以及与自然和历史的互动中不断地被再创造，是人类文化多样性的根基、源泉和生态场（2016：80）。翻译作为

文化交流的媒介，对于助推文化多样性的发展具有重要作用，因此非物质文化遗产译介工作是人类命运共同体文化构建的重要组成部分。综上，构建人类命运共同体与非遗文化译介之间存在耦合性，前者是方向和目标，后者是途径和过程。

三、燕赵非遗文化译介的现状

（一）非遗保护工作成就斐然

联合国教科文组织于 2000 年发起世界级非遗名录申报工作，截至 2020 年 12 月，入选项目共计 584 个，涵盖 131 个国家。中国作为世界第一非遗文化大国，入选项目达 42 项。目前国内已形成国家级、省级、市级、县级的四级保护体系，且出台了不断更新的各级名录，非遗保护工作取得了显著成就。

（二）非遗文化译介研究明显滞后

与国家对非遗保护的力度相比，其译介工作尚处于起步阶段（2013：84）。图书方面，仅有北京语言大学出版社《中国的非物质文化遗产（中英文版）》(2011)、九州出版社《中国的世界遗产图集（中英文版）》(2004)、海峡文艺出版社《福建非物质文化遗产名录（中英文版）》(2012)对非遗进行了较系统的对外译介（许哲，2020：78）。CNKI 文献研究发现，非遗译介研究起步较晚且发展缓慢，直到 2015 年以来论文数量有明显增长，说明随着我国实施中国文化走出去等战略和对加强国际传播能力建设的日益重视，非遗译介研究开始得到越来越多专家和学者的关注，发文量也相应上升见表 1。

通过对非遗译介研究的关键词共现网络进行分析见图 1，发现既有研究大致呈现出以下特点：①鲜明的地域性。地域性是非遗文化的本质属性，反映出非物质文化遗产的起源、内涵和价值。诸多学者基于所在

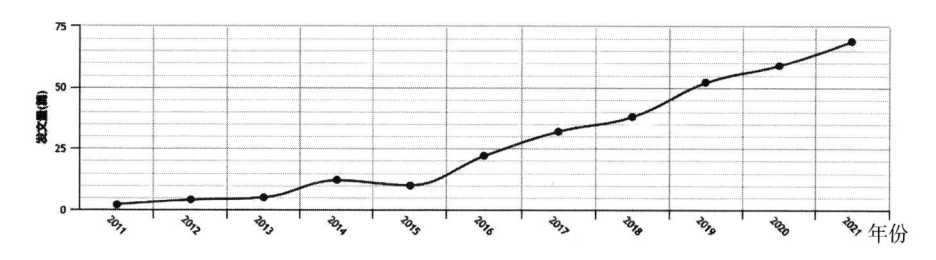

表 1　非发表年度趋势遗译介研究（2011-2021）

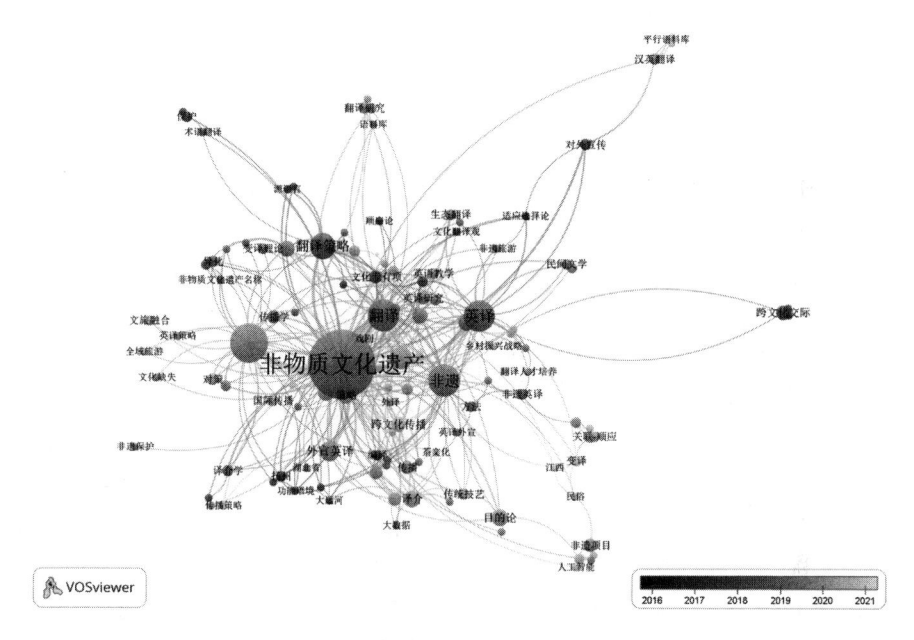

图 1　非遗译介研究的关键词

区域或某一特定地区开展研究，取得了一定成果。如赵丽丽（2020）、潘能超（2019）、田亚亚（2018）、路道恩（2017）等分别以山西省、广西壮族自治区、山西省和贵州省为例，探讨了非遗文化外宣翻译的策略与途径。②研究对象多样性。国家级名录将非物质文化遗产分为十大门类，包括民间文学、传统音乐、传统舞蹈、传统戏剧、曲艺、传统体育游艺与杂技、传统美术、传统技艺、传统医药和民俗。学者们的具体研究对象涵盖了非遗的不同类别，如民间文学（朱义华，2013；吴丹，2016；刘艳华，2019）、传统戏剧（张淑霞，2012；于强福，2017；农雅琪，2019）、传统音乐（史康，2020）、传统舞蹈（张慧，2018）、传统美术（薛秀云，2017；邱夏子，2017；庞亚飞，2020）、传统技艺（朱莹，2019；季梦婷 等，2020）等。③多视角依托性。学者们基于不同理论视角进行翻译策略探讨，如生态翻译学（夏华敏 等，2020；钟安林，2019）、目的论（谷峰，2018；史康，2017）、译介学（魏红 等，2018；王艳，2016）、翻译顺应论（吴敏，2016；田霞，2012）、翻译伦理学（阮红波，2019；谷峰，2019）、传播学（邱敏，2018；胡庆洪，文军，2016）等。

（三）河北省非遗文化译介研究匮乏

河北省是非遗文化大省，目前共有 163 个国家级和 925 个省级非遗项目。河北美术出版社出版有《河北省非物质文化遗产图典》（共五辑）和《河北省非物质文化遗产项目代表性传承人图志》（第一辑）(2011)等图书，但尚未检索到外文图书。"河北省非物质文化遗产保护网"也尚未建立起英文或其他语种网页。以"河北非遗"为主题词在中国知网检索到相关文献 390 条，但仅有 8 篇探讨了非遗的外宣翻译问题，研究极其匮乏。可见，河北省非遗外宣翻译研究尚处于起步阶段，需要引起有关部门和学界重视。

通过以上文献研究发现：学术界对河北非遗文化译介的研究明显不足，成果较少，尤其是鲜见高水平研究成果；现有成果较为零散，缺乏系统性，非遗作为文化传播介质的作用远未得到发挥；河北省非遗外宣翻译研究文献极其匮乏，与其作为非遗文化大省的身份很不相称；非遗文本文化内涵独特、叙事性强、史学性强，译介难点较多，尚未形成统一标准，译介策略有待深入探讨。

四、译介学视角下燕赵非遗文化口述史的外宣翻译策略

译介学是我国知名翻译研究学者谢天振教授原创的比较文学学科理论和翻译学理论。谢天振教授早在 20 世纪 90 年代就呼吁加强中国文化

外译研究，先后著有《译介学》(1999)、《译介学导论》(2007)等学术专著，并在"译介学：比较文学与翻译研究新视野"(2008)、"中国文学文化走出去：问题与反思"(2013)、"中国文学、文化走出去：理论与实践"(2013)、"译介学：理念创新与学术前景"(2019)等研究中对中国文学文化译介提出见解，其核心观点为"翻译即跨文化交流"。译介学关心的不是语言转换问题，而是翻译作为跨文化交流活动所具有的独特价值和意义。译介学理论总体上是强调译入语读者的接受和认同。翻译的目标是实现跨文化交际，实现不同民族文化的交流，如果只重视如何忠实地转换原文等"译"的问题，忽视译本的接受、传播和影响等"介"的问题，译本便很难真正进入译入语文化系统从而实现文化间的有效交流（谢天振，2019：4）。译介学这一视角有别于传统的翻译理论，对于非物质文化遗产的外宣翻译研究具有重大启示意义。中华文化外译不能一厢情愿停留在"自娱自乐"的阶段，只有充分实现译介效果，才能真正走出国门。

译介作为文化传播行为包含五要素：译介主体、译介内容、译介途径、译介受众和译介效果（鲍晓英，2015：78）。深入研究和探索非遗译介的最佳模式有助于取得良好的译介效果。

（一）译介主体：以我为主，中外合作

非遗文化的译介主体选择也就是解决"谁来译"的问题。非遗文本在内容和形式上富含民族特色文化内容，即使中文水平较高的外国人在理解上也会有很大困难。因此，熟练掌握外文的中国译者应是首选，以我为主，中外合作。为了达到理想的译介效果，应组建高质量的师生团队负责翻译工作，并引入2—3名外教和留学生在审校阶段进行试读和语言把关，才能实现理想的译介效果。

（二）译介内容：书写燕赵非遗口述史，构建中国叙事体系

随着世界多极化、经济全球化、社会信息化和文化多样化向纵深发

展，国与国之间的竞争不再局限于硬实力的博弈，还体现在软实力的较量上。"软实力"在国际关系中的影响倍增，世界各国纷纷开始谋划如何提升自己的"软实力"。尤其面对西方霸权国家的强势话语围剿，中国话语和中国叙事亟须从"他塑"中突围，中国文化不仅要"走出去"，还需"走进去"，讲好中国故事，传播好中国声音，向世界展示一个真实、立体、全面的中国。

口述史研究方法最早诞生于20世纪40年代的美国，是对人类记忆进行叙事和重塑的方法，其研究范式、观点和方法从属于历史学。该研究方法基于特定的研究目的，利用记录、录音、录像等手段收集、整理和保存受访者口头叙述历史记忆，近年来在社会学、传媒学、心理学、医学等领域得到应用（谢治菌，陆珍旭，2022：41）。燕赵非遗文化的译介内容即"译什么"的问题。非遗的活态性是指非遗项目多以表演或实践等形式呈现。每个非遗故事背后都存在一套完整的逻辑关系和情感生成脉络，需要将这些活态的信息转换成语言文字进行深入阐述。将对非遗传承人的口头采访资料转写为口述史，在此基础上编纂源语文本，无疑是讲述非遗故事的绝佳方式和内容。值得关注的是，将抢救性记录中的口述访谈内容梳理转化成口述史，是一项极为繁重的工作。其中非遗传承人大多地方方言较重，所用非遗术语较多，这些都会给沟通带来困难，且文稿转写和后期编撰润色等工作量巨大，不仅要尊重口述的真实性，又要兼顾内容的可读性，确保文稿的学术性与专业性。

（三）译介途径：异化为主，归化为辅，静动结合

非遗文本极具地方文化特色，存在大量文化负载词和文化专有项（人名地名、历史典故、宗教信仰、成语习语、诗词歌赋等），如何在保留文化特色和实现对外传播效果之间取得平衡，是译者面临的难题（2011：41）。翻译策略和翻译方法的选择受到译者认知的制约。译者与源语文本的认知互动，往往使得译者采用异化的翻译策略及直译的翻译方法，保持原文的真实性和完整性。译者与目标语读者的认知互动，则

要求译者充分考虑读者的接受情况，从而使得译者更倾向采用归化的翻译策略及意译的翻译方法。翻译团队应在充分研讨的基础上形成相对统一的翻译标准，在翻译策略层面上达成一定的共识，针对具体情况灵活使用各种翻译方法。

在文本中出现的某些项目，由于在目标读者的文化系统中不存在对应项目，导致其在源文本中的功能和含义转移到译文时发生翻译困难。具体而言，对于一些历史人物、地名、朝代等的翻译，可采用增译的翻译方法，补充其具体年代或主要事迹，必要时可以采用加注的方法；而对于中医、音乐、诗词歌赋等专业性强的长篇介绍，可采用缩译、改译等方法，保证译文的可读性和准确性，以更好地实现外宣效果。总体而言，当今世界多极发展，各国要争取一席之地，就必须努力保存并传播自身的文化。因此，在处理文化专有项的翻译时，多倾向于以异化为主要翻译取向，以归化策略为辅，既保留源语的语言和文化特征，又解释到位，顾及目标语读者的认知能力。这也体现了传播中华文化的意图。

非遗的成功译介最终取决于其译本的有效传播。除了以静态文字形式呈现的译本，非遗的"活态化"和"无形化"的特点预示着传播内容的设计应注重多模态表达（谢天振，2019：36），其有效传播途径必须用实践活动或表演形式与文字说明相结合，从而达到最优效果。因此，应充分利用互联网平台，制作带有英文解说词的微视频、宣传片，或利用会展、体育赛事、校园活动等机会进行现场展演，开发多维度、多模态的译介途径。

（四）译介受众：建立受众意识，实现译介效果

非遗译介的受众是外国人，其社会历史、生存环境、思维方式、行为习惯、价值取向与我们相去甚远，要想使中华文化"走出去"并"走进去"就要建立认同感。因此，译者要对目标语受众的话语方式和表达习惯等有充分的认识和了解，尽量采用受众能够接受的方式来表达。

五、结语

"落其实者思其树，饮其流者怀其源"，中华民族五千多年文明史所孕育中华优秀传统文化是中国特色社会主义文化的重要源泉。非物质文化遗产是中华优秀传统文化的重要组成部分，讲好中国传统文化的故事，讲好非物质文化遗产的故事，非物质文化遗产的外宣翻译是不可或缺的一步，它为世界了解中国传统文化开启了一扇重要窗口，已然在文化走出去战略中占据举足轻重的地位。但我国的非遗外宣翻译研究尚属探索阶段，实证研究较为匮缺，无法满足对于优质译介日益增长的需要。鉴于此，本研究通过口述史的方式记录并保存这些优秀的非物质文化遗产的同时对这些非遗口述史整理后进行翻译和传播，以期为河北省的优秀传统文化走向世界做出应有的贡献。

【参考文献】

习近平．加强和改进国际传播工作　展示真实立体全面的中国 [EB/OL]. https://baijiahao.baidu.com/s?id=1701405663376542126&wfr=spider&for=pc, 2021-06-02．

全国人民代表常务委员会．中华人民共和国非物质文化遗产法（主席令［第四十二号］）[EB/OL]. https://code.fabao365.com/law_545828.html，2011-02-25．

夏金梅，2021．人类命运共同体研究进展及前沿演进的知识图谱分析 [J]. 学习论坛（1）.

许哲，2020．回顾与展望：基于知识图谱的人类命运共同体研究 [J]. 西南民族大学学报（人文社会科学版）（12）.

李永军，2016．一多相容 和而不同：非物质文化遗产多样性保护中的实践 [J]. 雕塑（3）.

陈芳蓉，2013．文化多样性与非物质文化遗产的译介 [J]. 浙江师范大学学报（3）.

赵丽丽，2020. 走出去战略背景下非物质文化遗产的外宣翻译研究：以山西省非物质文化遗产的译介为例［J］. 山西高等学校社会科学学报（3）.

谢天振，2019. 从《译介学》到《译介学概论》：对我的译介学研究之路的回顾［J］. 东方翻译（6）.

鲍晓英，2015. 译介学视野下的中国文化外译观：谢天振教授中国文化外译观研究［J］. 外语研究（5）.

谢治菊，陆珍旭，2022. 社会学与口述史互构的逻辑、旨趣与取向［J］. 贵州师范大学学报（社会科学版）（1）.

陈芳蓉，2011. 中国非物质文化遗产英译的难点与对策［J］. 中国科技翻译（2）.

高昂之，2019. 非物质文化遗产的外宣翻译与国际传播：现状与策略［J］. 浙江理工大学学报（2）.

Research on Translation of Oral Histories of Yan-Zhao Intangible Cultural Heritage in Perspective of a Community of Shared Future for Mankind

Cui Li   Shen Danni

(Hebei University of Science and Technology, Shijiazhuang 050018)

Abstract: Intangible cultural heritage is an important component of the excellent culture of the Chinese nation, the external translation of which is a vital channel for Chinese culture to "go out". The translation of Yan-Zhao Intangible Cultural Heritage is still in the preliminary stage. This study applies the method of oral historiography to the construction of source language, and explores effective translation strategies and transmission routes of intangible cultural heritage based on the theoretical system of medio-translatology. It is aimed to provide reference to present compelling

China stories and boost the construction of a Community of a Shared Future for Mankind.

Key Words: Yan-Zhao Intangible Cultural Heritage; Oral Historiography; Medio-Translatology; A Community of a Shared Future for Mankind

作者简介： 崔丽（1972— ），河北科技大学外国语学院院长、教授、硕士生导师，研究方向：翻译理论与实践、翻译与对外传播、外语教育；

申丹妮（1996— ），河北科技大学翻译硕士研究生，研究方向：英语笔译。

基金项目： 河北省社会科学基金项目（HB22YY007）。

跨文化语符翻译视角下的闽茶文化对外传播

檀东榕

(闽江学院,福州 350108)

【摘　要】在全球化信息时代,文字文本向视觉文本的转向,给文化研究和翻译研究带来新的机遇。视觉文本的意义阐释方法使得闽茶文化有效地对外传播和新的翻译策略成为可能,但是这种方法尚未引起国内相关文化研究者,尤其是茶文化翻译者的足够重视。本文借鉴"文化研究的翻译学转向",以及"图像为主要媒介的语像写作"等理论建构闽茶文化对外传播的新模式,提出"跨文化语符翻译"的翻译概念和传播策略;从传播内容和路径方面论证跨文化语符翻译视角下闽茶文化的阐释方法。另外,本文考查翻译研究疆域的拓展对闽茶文化跨文化传播的意义,并运用新概念开展闽茶习俗、近代闽茶出口和福州漆器茶盒设计文化翻译研究实践以展示传播效果。

【关键词】闽茶文化翻译;跨文化传播;跨文化语符翻译

闽茶文化历史悠久,是中华茶文化发源地之一。明末清初,武夷山茶叶开始远销欧洲，造就"万里茶道"的贸易奇景；近代海外贸易史上，闽都福州贵为世界最大茶港，自此打开"福船文化""运茶快船""武夷茶""闽红功夫茶"等世界性热门话题。荣耀的历史地位自然引起中外人文社科的关注，相关研究成果用汗牛充栋形容也不为过。在全球化背景下，如何向世界传播闽茶文化，其文化内涵如何阐释，是本文写作的出发点。

鉴于此，在图像转向和文化转向的当代语境下，翻译学界尝试突破语言学视角的语际翻译方法，从视觉文化视角突破翻译研究的边界。随之而来的一个学术问题：兼备非物质文化遗产和世界饮品商品属性的福建茶文化对外传播，开展跨文化传播的内容和路径有哪些？

这个开放性问题，涉及地域特色的中华传统文化在域外文化的再现和形象建构，需要文化研究和传播学共同参与开展交叉研究，是跨文化翻译视角下的一个话题。

1 研究综述

国内对于闽茶文化翻译研究有的尚停留在"浅析"，更多地研究聚焦"以语言为中心"的雅布森语言学翻译定义展开描写，探讨具体的翻译策略，比如，福建茶诗英译词语转换策略；跨越语言界限的从符码到文字的解释，是从美学层面就闽茶文化具体内容的跨文化转换，"在茶俗茶艺（比如斗茶、茶具）翻译过程中，色香味形之美是品饮审美过程中外在物质美的集中表现"（佘艺玲 等，2015）。近年来，茶文化传播路径研究有所涉及，如，"从茶事活动与茶道精神两个方面，对中英茶文化进行了比较，并对中国茶文化传播路径进行了研究与探讨"。（李晓朋，2018）"茶文化的对外传播和中国国家形象的构建——以福建武夷茶为例"（邵的湾，2021）、"探析以互联网和多媒体技术为主要途径，以翻译文艺作品与打造福鼎白茶IP产品，以及开办茶文化对外汉语课程为主要内容的福鼎白茶对外推广路径的创新思路。"（刘姝葳 等，2023）此外，一些以简明的图文形式、中英文对照的中国茶文化专题图书为茶文化跨文化传播做了有益的探索。如，《中国茶艺》（艾敏，2013）。

以上研究在理据和内容选择上很少考虑目的语文化语境，有意无意忽略受众的审美心理，在文化内涵的阐释方面，缺乏闽茶文化意象的清晰定位，无法适应建构当代中国茶文化和闽茶文化话语系统的需求。依据哈罗德·拉斯韦尔的"5W传播模式"，闽茶文化作为福建文化重要载体，在跨文化交流场景下，显然还没有充分解决说什么、对谁说、效果怎样等一系列问题。

那么，视觉文化占据主流的时代背景下，传统文化跨文化研究更多关注影视作品、纪录片等动态图像文本的研究，闽茶文化对外交流传播需要寻求模式的创新。从社会文化语境、中西文化交流、经典著作闽茶元素、茶俗茶艺等方面结合静态图像文本寻求突破，借鉴"文化研究的翻译学转向"、"图像为主要媒介的语像写作及其批评"（王宁，2009，2015）等理论建构闽茶文化，即从跨文化语符翻译的角度，就传播途径、传播内容、传播策略等进行一系列的模式创新。

2 传播策略：跨文化语符翻译

跨文化语符翻译是译者面临后现代社会富含图像文本的背景下，采取的一种有别于语言学视角的翻译策略。译者要处理的是视觉文本，抑或一种既带有图像，同时又具有附加的文字解释特征的新型文本。与结构主义语言学认为的语符的能指与所指不同，视觉文本具有跨文化和跨媒介的特点，包含着自己的编码解码体系。这种文本经常冠以"图说""图解""画说"等限定词，比如，《图解茶经·续茶经》（崇贤书院，2016），每一幅插图都配有插图名称和说明文字。该书第58页引用赵汝砺《北苑别录》一段话，编排"注释"介绍赵著"是一本专门记载宋代皇家御用茶园北苑出产的茶叶的制法及品名的书"。编配一张命名为"龙凤团茶"的古代木刻版画，并附加说明文字。这里，版画与配文是一种文化符号或语符，是跨文化翻译可资利用的语符。依据李颖的研究，这种语符可以"最大限度地阐释广泛的跨文化空间"且具备四方面特点：

语言和图像的互补、理据性和任意性的互补、情节与情结的互补，以及模糊性和可塑性并存。（李颖，2017）在解码宋代福建建茶的制茶技艺、处理与"龙凤团茶"类似文化主题的翻译过程中，木刻版画与中国画历史悠久的中国，可提供丰富的古代木刻版画和古画资源来阐释闽茶文化。跨文化闽茶文化传播的文化意象是指蕴藏了深厚民族文化色彩、反映闽茶文化在漫长的历史发展过程中沉淀下来的民族传统和民族心理等特征的文化符号，具有独特、系统的文化内涵。

本文认为，运用视觉文本进行跨文化翻译的方法称为"跨文化语符翻译"，采用该策略翻译闽茶文化的目的是，为适应当代读者的阅读习惯，发挥视觉文本尤其是静态图像文本在阐释文化方面的功能，主动建构闽茶文化。它的方法论意义是在中西文化差异的前提下，文化厚重历史悠久的闽茶文化主动向受众文化"归化"，减少原文本作者的话语霸权，让图片说话，发挥译者的能动性和读者的想象力。也就是在文化研究中，代表强文化的闽茶的编码系统与受众弱文化解码方法相匹配的翻译策略。

这种崭新的"图—语"式杂合文本翻译方法，是在人类进入了海德格尔所说的"世界图像时代"之后，翻译研究面临的新任务和新挑战。它超越了传统翻译的文字转译范畴，文字不再是唯一的符号，视觉符号进入译者的视界，图像不是文字的附庸，而是译者解码的对象，甚至成为文本作者和译者建构文本组织内容的主线而完成对文字的僭越。"视觉文化，不但意味着一种新的文化现象，也意味着一种新的文化研究分支。"（陆洋，2003）其最显著的特征是"把本身非视觉性的东西视像化"，研究的是"现代文化和后现代文化为何如此强调视觉形式表现经验，而非短视地只强调视觉而排除其他一切感觉"（尼古拉·米尔佐夫，2002）。因此，视觉文本翻译方法、文化研究、跨文化传播一起进入跨文化语符翻译的范畴之中，成为跨文化语符翻译策略的三个维度。

回到本文的主旨——跨文化传播视野下闽茶文化内涵及其内容分类，一个新概念或一种新分类只有在实践中才能不断获得其阐释力和生命力。本文将在下文结合三个维度进行闽茶文化翻译实践。

3 传播内容：闽茶文化分类系统

2022年，包括福建省武夷岩茶（大红袍）、泉州铁观音（乌龙茶）、福鼎白茶、福州茉莉花茶窨制、坦洋工夫茶、漳平水仙茶等6项"中国传统制茶技艺及其相关习俗"被列入联合国教科文组织人类非物质文化遗产代表作名录。所以，闽茶文化的分类首先是福建传统制茶技艺及其相关习俗，是与茶叶生产和茶饮相关的一切活动，包括茶学、制茶、茶艺、茶具、茶礼习俗、民间文学与民俗信仰等。在跨文化传播中，包括物质文化层、制度文化层、行为文化层和观念文化层四部分。

其中的物质文化即茶叶采摘、加工、茶书、茶具等表层文化形式符合读图时代受众的文化接受心理，但在跨文化传播领域需要研究文化的解码方法，遵循茶文化传播的地道原则。如，国内译界对于武夷岩茶的野茶常用翻译为"wild tea"，但从美国人约瑟夫·M. 沃尔什（Joseph M. Walsh, 1896）的著作中可以看出正确的文化意象表达是："Country" Green Teas being prepared from the leaves of wild or uncultivated Tea plants（见图1）。结合当下的语境，此概念表述为：Originally, Country Green Teas are prepared from the leaves of wild or uncultivated Tea plants; at our times, all Teas are termed as wild tea while they are made from old (more than 100 years) tea plants of both uncultivated lands and cultivated tea garden。

属于制度文化层的"万里茶道"把武夷山和俄罗斯、蒙古等国茶叶史连接起来，在经济史学科研究之外，我国文化学者提出"线性文化遗产"的理念和茶船古道文化遗产，拓展了闽茶制度文化的内涵。因为以茶为表征的文化遗产聚落：福建为核心的东南茶船古道，以茶为内核的线性文化遗产将中国与世界联系在一起。其中的非物质类文化遗产包括与茶、船有关的传统技艺、帮会组织、行为禁忌、信仰仪式、民间艺术、民间文学、美食小吃等（郑亮，2022）。于海外中国话题研究和跨文化对比研究来说，相关研究需要中国学术界的参与找到共同的研究话题：近代福建茶文化和世界市场。同时，茶文化意象和闽江船文化意象叠加促进了不同文化的语符增长。"Junks on the Min River"（闽江福船）和"Tea Clipper"（运茶快船）在闽江及马尾港交汇一同书写世界茶叶贸易史。由此，北宋御茶园或宋代建茶，元、明、清贡茶，闽江航运史与闽茶流转世界就成为一个共享的世界茶文化专题。

图1　约瑟夫·M. 沃尔什，《茶叶拼配：一门精妙的艺术》，1896：91
该书页选用版画插图源自福州北岭鹅峰寺拍摄的历史照片，为苏格兰纪实摄影师约翰·汤姆逊的作品。该经典图像标志着福建茶采摘意象进入了世界茶叶文化史。

茶文化行为层和观念层是中国文化特有的，文化意象内涵和指代丰富，其中包含中国人的礼仪规范和精神内核，与西方茶文化注重社交有很大差别。茶指代中国儒释道三家文化的仁、善、回归自然等观念；中国茶叶传统的士大夫阶层茶文化，对于视茶为普通一物的海外受众来说，都因文化心理的差异很难同理共情，但士大夫阶层参与创造的读图传统是跨文化传播的宝贵资源。传统文化精英通过茶诗、茶经和文学创作赋予茶以各种文化含义，而某种程度上源于对闽茶文化的探究，英国的探险文学家和纪实摄影师约翰·汤姆逊也在近代的闽江船上和福州北岭茶园留下珍贵的视觉文化符号。

图 2　1866 年中国福州马尾港罗星塔下的运茶快船，檀东榕藏

Figure 2　Tea Clippers of 1866 Great Tea Race at Pagoda Anchorage, Fuzhou, Collector: The Author

1866—1869 年，从福州到伦敦抢运福建茶叶的商业比赛，被称为"伟大的运茶比赛"而载入世界航海史和茶叶贸易史。1870 年后，由于蒸汽轮船的日益普及，到达福州港的运茶快船（Tea Clipper）减少。最终，著名的"卡蒂萨克"号成为英国航海历史博物馆的标本。

4　传播途径：文化互动与影响受众

西方视角参与构建的近代福建茶叶视觉符号是传统福建的图像化形象，在近现代历史上西方主导的东方主义和新兴人文学科的选择性文化符号，社会学、人种学、文化人类学等学科视野下，在现代摄影技术、出版技术手段的作用下，满足其学科发展的需要和西方关于东方中国的想象。在技术化和城市化的当代中国社会，传统福建在视觉上变得模糊，在心理空间上日渐疏远，挖掘这些图像资源对于重新发现记忆中的故乡有了"可以看到"的情感连接，是传统文化视觉再现的意义所在。那么，故乡记忆和传统福建在翻译的介入下,便产生对福建茶文化意象新的阐释和解读。

对于近代福建社会文化的视觉符号和文化意象来说,有关故乡的经验是运用他者的"选择性文化符号"和"图像化形象"的创造性再加工;是以受众的接受和欣赏为目的的两种文化之间的互动。将源语中的文字和图像一起进入再加工的文本,用来阐释解读图像,而图像的原有介质成为文化的物质载体。例如,我们在寻找清末以来武夷山茶叶经福州再到海外的茶船古道茶叶文化意象过程中,需要探究其文化实质是中国传统商品的对外贸易过程中,建构武夷山源头茶叶经闽江水路到福州港再到外洋的商业文化,代表这种商业文化的意象可以是武夷山出口茶叶的茶标、茶箱实物或图像,或者反映对外交易流程的一组原版照片,抑或是在福州港口茶叶装船的一艘外贸船图像。处理这类图像文本,译者务必了解历史上武夷山产区出口茶叶的包装方法和品质管理办法。为保证茶叶品质的统一,我国清末出口英美等国木制茶箱贴标上常有"chop"一词,这是指本季福建原产同一批次茶叶中的一箱,茶箱上必定会有茶箱编号,有些欧美茶叶进口商在茶箱打上本批次商标标记,如"Golden Rose Chop(菊花商标)"。译者需要理解茶叶文化内涵,必要时对文化意象加以阐释解读。要翻译这个茶箱图像文本,描写性词汇"tea crate(茶箱)"的背后是图像的文化含义,它包含了贸易、茶叶商品知识和包装设计知识、清末历史等。"chop"一词是约翰·汤姆逊等西方旅行摄影家1870年以来到福州考察茶叶文化的重要关注;西方社会学家、贸易史研究者同样关注这类茶叶文化现象。处理这类文本必然涉及多个学科的知识,语言文化的转译。在全球化文化语境下,这个贴了"chop"标的茶箱图像,就成为我们进行中外文化交流的切入点。在后现代文化译者看来,所谓主流文化的霸权地位在这里不复存在,而成为"边缘文化"解构的对象。

当代数字化传播对于历史积淀下来的闽茶文化来说,图像素材资源丰富,而图像是符号、情节和意义的结合体,叙述主体或译者以图像为载体向受众展示特定符号、传播特定情节、诠释特定意义,以影响受众的价值认知、价值判断和价值选择。

结合近现代史图像素材,参考世界茶叶文化研究分类:经济史,如,Harvesting Mountains: Fujian and the China Tea Trade, 1757—1937(Robert

Gardella，1994），我国学者的茶船古道文化遗产概念，英语文学传统中探险文学有关闽江及福建文化的英文版资料。本文提出以下跨文化闽茶传播主题：闽茶民俗文化、闽江茶船文化、福州港茶叶贸易与世界市场（次级主题：近代闽茶出口与福州漆制茶箱设计文化）。运用跨文化传播的逻辑连贯原则，中英双语叙述以上主题，并尝试以本文所述跨文化语符翻译策略就闽茶文化研究，围绕福建茶俗文化和闽茶出口茶包装设计文化做一翻译实例。

5 福建茶俗文化翻译

闽茶习俗文化丰富，但在对外传播方面，英语语言与福建文化的互动交流首先体现在一些词汇的借用上。国内研究主要聚焦常见的茶饮方式，如宋代的斗茶（tea competition）。本文从"chop"一词入手考证国内研究的空白。"chop"一词为汉语官话"签"的英语对等词；由于历史上出口茶叶在装箱后统一贴上茶行的标签，并盖有印章，即茶箱标签（chop mark），后又衍生出一个词义，意为"同等级的若干箱茶叶"，一般以标准箱的 200 箱为"一签"（one chop）。还有一个活用的词义。如：

虽然他们老是爱砍价，但是一旦谈妥价格，生意伙伴甚至都不用和他们签订合同。

原文：They were keen bargainers, but having agreed to a price one did not even ask them to "chop (equivalent to signing)" a contract.[①]

这里作者赞誉福州茶叶商人秉持的商业诚信。另外，作者在此句中巧用"chop"一词，组成英文"签合同"短语。福州方言中"戳"（标注为"tsou"）含有"印章"的词义，在福州方言里发音与该英文单词发音接近，在语义上符合早期茶叶出口贸易标签上盖有茶行或加工者的印章的应用场景。因此，本文认为该英文词在茶叶贸易中的词义源于对福建方言的借用。

---

① *Fukien Arts And Industries Papers*, by Members Of The Anti-Cobweb Society. Foochow, Fukien, China, Christian Herald Industrial Mission Press Foochow, 1933.

图 3　1866 年，怡和洋行福州分行评茶师 Larken 及其家人橱窗式名片照，檀东榕藏
（Figure 3　CDV, with signature of Thomas Lancaster Larken of Jardine, Matheson & Co., 1866 Collector: The author）

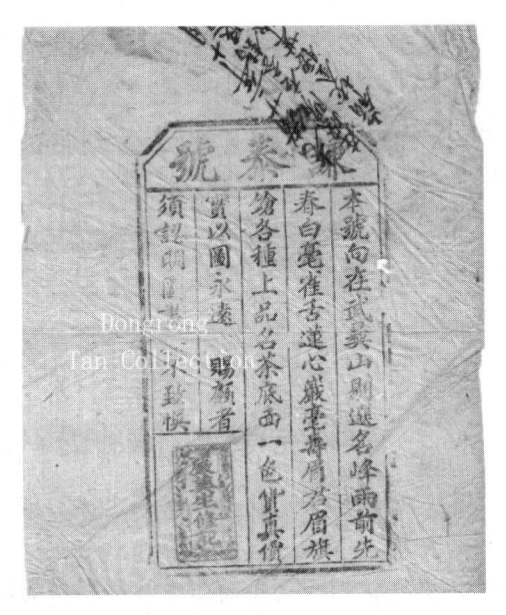

图 4　中国清代光绪二十二年（1896 年）茶号广告仿单及收购字据 檀东榕藏
Figure 4　The Poster of a Bohea Tea Hong, Year 1896, Collector: The author
该广告仿单上手写福建南平收茶详细地点、茶号主人红色钤印。

1853年后，美国旗昌洋行率先开辟中国武夷山到福州的茶船古道运茶路线。北路武夷山、蒲城等地茶叶经古道到武夷山星村，再经闽江航线到达福州的茶栈。该洋行再从华商，主要是广东人那儿收购红茶。后引起英商怡和等洋行效仿，又有澳大利亚等国洋行相继在中国福州设立分支机构，从事闽茶出口红茶贸易。主要出口红茶品种有坦洋、白琳、北岭、政和、小种等。

1871年，英国摄影师汤姆·约翰逊根据他在福州产茶区的观察做了如下记录：[①]

> 北岭这里的茶园都很小……每年的茶季通常在四月初开始首春茶叶采摘。新鲜茶叶先在太阳下晒青，茶农们再用竹篮装茶青挑去茶叶集市售卖，这个集市是本村茶农自发形成的。从各个茶叶贸易港来的茶客基本是广东人……茶客们把收购来的小茶园的一批批茶青混合在一起，在山上一处租来的焙房里焙火。
>
> 焙好后，茶客掏钱找来许多穷人家的妇女儿童拣茶，剔除茶梗和茶秆。……筛选好的茶叶分装到二至三个不同的包装盒中，或者按照行话，分装时在重量不等品质不一的茶盒上贴上等级"chop"标。如此，头等第一级的茶叶质量最小，茶叶条索外形最美；第二等级的茶叶质量稍次；第三等级茶叶含有茶梗、茶粉和碎茶。这第三等茶叶完全无害，批量发售给茶行，茶行将其掺入好茶叶，制成的混装茶成为物美价廉的出口商品。
>
> 接着，将一个个小茶盒，暨贴着"chop"等级标签的小茶盒，逐一装到出口大木箱。有的大木箱约可以装90磅茶叶，装半箱重40磅或45磅茶叶，小型出口木箱装茶叶21磅。每个箱子打上铅封，运输到茶叶贸易港出口。
>
> 大部分的中国武夷茶通过闽江运到福州，闽江航道惊险无比需

[①] 这四段摘录综合以下两本著作的描述：1. John Thomson, *The Straits of Malacca, Indo-China, and China; or, Ten Years' Travels, Adventures, and Residence Abroad*，New York, Harper & Brothers, 1875.（《十载游记》，第380-383页），2. John Thomson, *Through China with a Camera*, London And New York: Harper & Brothers, 1899.（《镜头前的旧中国》，第159-161页）

要非凡的技巧,我们很快就能见证。按照合约,茶叶在每年的四月底到达福州。但是,1871年,有两三个茶季市场不开张,六月的某一天茶市才开放。

图 5　美国某拍卖公司拍品:早期中国出口美国菊花商标混装茶茶箱

(Figure 5　An Ancient Tea Chest with "Chop" Mark in 1870–80s, sold at eBay)

中国福建茶文化民俗漆艺是福建漆艺和闽人悠久茶叶生产及饮茶习俗的结合。在茶叶生产包装和销售中,经营者注重使用包装的传统工艺,开发出一系列的漆茶盒(见图 10,图 11,图 12-1,图 12-2);漆器产业生产者也适时推出茶盘(图 7-1,图 7-2)、茶等民用茶器,供市民选购。近代民族商品出口中,福州漆茶具无疑属于一大品类。

图 6,图 7　20 世纪 30 年代福州漆制茶盘　檀东榕藏

(Figure 6, Figure 7　A Tea Plate Made in the 1930s,

Fuzhou Collector: The author)

福州漆画传统和漆器制作技艺与中外茶俗融合造就该类漆文化产品。

6 近代闽茶出口与福州漆制茶箱设计文化

1842年中英《南京条约》签订后，福州逐渐替代广州和上海成为中国茶叶最大的贸易港口，福州港和闽茶引起西方世界的日益关注，各个国家的媒体遂以视觉符号形式表征这段贸易史。《伦敦新闻画报》和《法国世界画报》就是其中的代表。

图7　19世纪《法国世界画报》版画，福州港　檀东榕藏

（Figure 7　Antique Print of Fuzhou Port by Le Monde Illustré, 1890s
Collector: The author）

Antique wood engraved print taken from Le Monde Illustré displays bustling maritime transportation in Fuzhou city in the 1890s. Another print media—the *Illustrated London News* covering Chinese tea culture, with its debut in 1842, became the world's first fully illustrated weekly newspaper, marking a revolution in journalism and news reporting.

闽茶出口海外带动了福州茶叶包装行业的发展，福州作为近代木雕之城和脱胎漆器之都，茶叶包装设计出口带有明显的地域特色和文化特征。

该茶箱喷涂"上上茶庄老君"等汉字，维多利亚风格茶花图案，以武夷"名枞奇种"茶叶概念宣传包装，"VIA SUEZ CANAL"（通过苏伊士运河）等英文信息，说明此茶叶的历史，是在1869年之后，洋行从茶栈购进武夷茶，另行焙火后重新包装，再销往欧洲市场。茶盒突出通过苏伊士运河，显然是刻意在告知消费者这一批茶叶不用再绕过非洲的好望角，短时间内到达欧洲进入客户的家中。

图 9-1，图 9-2　清代（19 世纪 70 年代）出口英国武夷茶叶茶盒　檀东榕藏
Figure 9-1, Figure 9-2　Souchong Tea Caddy with Tea Produced in Fuzhou and Exported to GB, c. 1870s, Collector: The author

外包装喷涂汉字"上上茶庄老君"，并戳印英文"New Season Souchong No.850, Extra Choicest, First Crop, Via Suez Canal（本季特选小种首春茶，第 850 盒，通过苏伊士运河）"
Large antique Chinese toleware tea caddy, 1870s, Souchong tea canister exported to Britain.

"上上茶庄老君"等汉字设计符号符合同一时代出版的《闽杂记》（浙江施鸿保著）的福建茶叶等级之说。该书言"建茶名品甚多，吾乡（杭州）俗则称曰武夷。闽俗亦惟有花香、小种、名种之分而已，名种最上，小种次之，花香又次之。"该茶箱证明"武夷奇种天下珍"，同时见证历史上福州洋行对于出口茶叶质量等级和精致外包装的追求。

茶盒由马口铁制成，耐腐蚀、无毒、美观，是长距离海上运输茶叶的优良包装材料。这个茶盒见证了茶叶快船时代而显得弥足珍贵。

This tea caddy was hand-painted with Chinese characters "上上茶庄老君（The Greatest Tea Hong Old Gentleman）" and Victorian floral decoration. At Bohea Hills, Old Gentlemen Tea is also thought to be the best tea bush recorded in an ancient Chinese book—*Fukien Local Chronicles* (1869) by an gentry scholar named Shi. On one side, "VIA SUEZ CANAL" implies that the canal has been opened for the tea clippers to cross over it, which displays that after 1869, Fuzhou-made Teas can be enjoyed much earlier by British customers not having been shipped along the former route through Hope Cape, or the same trip as that of the Great Tea Race.

图 9 清末福州漆制茶箱池志海旧藏

Figure 9　A Tea Caddy of Fuzhou Lacquer, c. 1900s, Collector: Chi Zhihai

19 世纪 80 年代前福州出产茶箱为木箱，后接受其他地区茶叶包装工艺启发，清末出口茶箱中内置锡盒。

Approximately around the 1880s only wood tea caddies were made in Fuzhou, and then lacquer craftsmen learned to improve the art of tea containers by putting seaworthy pewter cases inside to prevent tea from moisture.

图 10　民国福州漆器撒金工艺用于精心制作茶盒（定制款）池志海旧藏

Figure 10　A Tea Caddy, c. 1910–20s, Collector: Chi Zhihai

This caddy was hand-made with tin inside made with Fuzhou Gold Lacquer marked with a special smooth-ground-gold-point technique.

图 11，图 12　民国福州漆制茶箱，檀东榕藏

Figure 11, Figure 12　A Hand Made Tea Caddy with Fuzhou Red Lacquer, 1920s, Collector: The Author

民国中期民族茶叶复兴阶段，1924年左右出口英美等国乌龙茶，福州漆商为著名广州茶叶品牌"龙德记"供应茶盒。福州彩漆工艺，内盒为马口铁，盖底贴龙德记"象"牌商标。

Hand-made Fuzhou lacquered tea caddy was customized to better serve the grand tea brand "Elephant" processed by Tach Kee & Co., based in Canton since 1898. This Wu Lung tea caddy was exported to overseas market approximately in the 1920s, with original tin inside and brass Ying yang catch on the front side. One characteristic of Fuzhou tea caddies is lovely Chinese orange case with bird and floral decoration with elephant on lid. Tea maker's label is also kept for age and construction. Lacquered Fuzhou tea caddy is always the best choice of national tea makers.

这里，后现代文化译者面临的翻译受众具有非精英文化的、大众文化特征，译者能否适应当代读者阅读文本图像化的趋势，是对译者自身的能力和素质的新要求。这是翻译"文化转向"的一种表现形式，是从语际翻译日益转向更多的图像阐释，进行跨文化语符翻译。

7 结语

本文展示闽茶文化对外传播在跨文化语符翻译视域下，文化研究、传播学和翻译学等学科的交叉研究；国内博物馆学（中国茶叶博物馆，2020）、工艺学艺术设计（马聪，2014）等从不同视角的研究成果，也拓展了翻译学科开展闽茶文化对外交流的视野。而关于中国茶叶的海外研究成果，如《茶叶全书》（William H. Ukers，1935），早已利用视觉元素开展中国茶跨文化传播。

本文的翻译实例涵盖"海丝文化""茶船古道""大航海时代"等维度下作者和其他收藏家收集的一些典型视觉符号，是"跨文化语符翻译"概念下闽茶文化传播实验研究。由几个典型符号串联成近代闽茶文化和海外贸易的语篇，光辉灿烂的福州漆艺和近代福建茶叶外贸互相补充，体现出互文性特征，但是由于篇幅所限仅能提供若干视觉图片，希望在未来补充更为丰富的闽茶文化视觉意象。

【参考文献】

艾敏，2013．中国茶艺［M］．合肥：黄山书社出版社．

李晓朋，2018．中英茶文化比较及对中国茶文化传播路径分析［J］．福建茶叶，40（1）：258-259．

李颖，2017．中国文化网的跨文化语符传播分析［J］．西安外国语大学学报，25（4）：72-76．

刘姝葳，黄宇昕，林贝琳，等，2023．"福"文化视角下的福鼎茶文化传播策略研究［J］．商展经济（6）：83-85．

陆洋，2003．视觉文化与翻译［J］．中国翻译，24（4）：47-48．

陆羽，陆廷灿，2016．崇贤书院释，译．图解茶经·续茶经［M］．合肥：黄山书社出版社．

马聪，2014．茶叶包装设计研究初探：以福州地区为例［J］．文艺生活（12）：138-139．

尼古拉·米尔佐夫．什么是视觉文化，2002．文化研究（第3辑）［C］．天津：天津社会科学院出版社．

邵的湾，2021．茶文化的对外传播和中国国家形象的构建：以福建武夷茶为例［J］．东南传播（5）：74-76．

佘艺玲，杨秋娜，2015．闽茶文化英译的美学意蕴［J］．黎明职业大学学报（2）：42-46．

王宁，2009．翻译研究的文化转向［M］．北京：清华大学出版社．

王宁，2015．重新界定翻译：跨学科和视觉文化的视角［J］．中国翻译，36（3）：12-13．

郑亮，汪子田．茶船古道：流动千年的文化纽带［N］．中国社会科学报，2022-8-10．

中国茶叶博物馆，2020．画说中国茶故事［M］．北京：中国农业出版社．

Joseph M. Walsh. 1896. Tea-blending as a Fine Art [M]. Philadelphia, published by the author.

Robert Gardella. 1994. *Harvesting Mountains: Fujian and the China Tea Trade, 1757–1937* [M]. Berkeley and Los Angeles: University of California Press.

William H. Ukers. 1935. All about tea [M]. *The Tea and Coffee Trade Journal.*

International Communications of Fujian Tea Culture from the Perspective of Cross-culture Inter-semiotic Translation

Tan Dongrong

(Minjiang University, Fuzhou350108)

Abstract: In the era of globalization, new perspectives have been taken on cultural studies and translating studies in China since the notion of text was transferred from a text with only characters to a text with the visual, or to the text-to-visual mediation. How to interpret and construct the new textual type makes it possible to complete a cross-cultural mission, that is, efficiently international communications of Fujian Tea Culture with new translation strategies. However, such a new method of interpreting and construction has not captured much attention among the social science circle, especially scholars of tea culture translating studies. This article proposes "Cross-culture Intersemiotic Translation (CIT)" to construct the strategic approach of international communications of Fujian Tea Culture on the dimensions of the culture domains, and of pathways to communications, based on "translating shift of cultural studies", and the concept of "iconographical writing texts". In addition, the paper attempts to test what would be of its significance of international communications while scopes of knowledge are broadened in cross-cultural studies of Fujian Tea Culture and new dimension of its translation are taken. To this end, Fujian Tea Folk Culture, international Fujian tea trade and Fuzhou lacquering art of tea caddy in modern times are presented in the paper to showcase the efficiency of the CIT.

Key Words: Fujian Tea Culture Translation; Cross-culture Communications; Cross-culture Intersemiotic Translation

作者简介： 檀东榕，闽江学院教师，主要研究方向：翻译。

王阳明福建诗歌英译与研究

吴文南

(闽江学院，福州 350108)

【摘　要】 福建是王阳明建立军功第一站，他一生"两次半"入闽，平寇漳南，设立了平和县。他在闽留下了 10 首诗歌，2 篇散文，为了解其在福建的事功，以及他的内心世界全貌提供了可靠的依据。王阳明志不在军功，他用心学来教化民众，体现其仁政、善政、爱民的大儒思想和情怀，民胞物与的"一体之忧"，以及无力回天的"吏隐"心境。笔者试译了王阳明 10 首福建诗歌，有助于开拓王阳明诗歌外传的新视角，成为阳明心学传播的一个重要部分，也是闽文化对外传播的一个视角。

【关键词】 王阳明；福建；诗歌；英译；研究

1 引言

王阳明（1472—1529），浙江余姚人，名守仁，字伯安，号阳明山人、阳明子，世称阳明先生，谥文成。王阳明是立德、立功、立言"真三不朽"的硕儒，陆王心学之集大成者。王阳明自幼豪迈不羁，喜任侠，善骑射，"出游居庸三关，即慨然有经营四方之志"（王阳明 a，2014：005），他的文治武功在诗歌中可见一斑。王阳明一生"两次半"入闽，遁迹武夷、进军汀州、驻节上杭、平寇漳南：一次是 36 岁时，正德二年（1507），他被宦官刘瑾矫诏贬谪到贵州龙场驿，"远遁"入闽，"因附商船游舟山，偶遇飓风大作，一日夜至闽界"（王阳明 a，2014：012）；另一次是 45 岁时，正德十一年（1516）九月至十二年（1517）六月，王阳明在兵部尚书王琼的特别举荐下，以都察院左佥都御史身份巡抚"八府一州"的南赣汀漳；半次是正德十四年（1519）六月，福州三卫军人进贵等人胁迫兵士谋叛，他"奉敕勘处福建叛军"，但行至江西丰城，听闻宁王朱宸濠造反，折返吉安，起义兵平叛，没能到达福建。他在闽留下了 10 首诗歌以及《时雨堂记》（王阳明 b，2014：101）和《书察院行台壁》（王阳明 b，2014：101）2 篇散文，大多收集在王阳明全集，也在福建地方志中有记录，但两者之间存在着一些误差（赵广军，2007：35-38）。王阳明诗文自成一家，书法也很有造诣，其《回军上杭》一诗的行草书法作品被收藏在上海博物馆。像《闽书》（何乔远，1994）这样的史料文献中对王阳明在福建的履历和讲学记载都比较匮乏（张克伟，2012：66-72），阳明学进入福建的路径大致有三条：一条是王阳明本人从海上经舟山至福建福州府，又从福州经建宁府，过武夷山、崇安县、广信府、衢州府、严州府至杭州；一条是从江西赣州进入福建汀州府和漳州府；还有一条是从广东潮州府经海阳县凤城驿站至饶平县，再经冈马驿至福建漳州府（陆路），再经泉州府、兴化府至福州府（水路）（钱明 b，2017：67-72）。在福建的阳明学弟子代表有马明衡（莆田）、邱养浩（泉州）、郑善夫（福州）、王慎中和林希元（晋江）以及阳明后学李贽（泉州）等 20 余人，主要分布在福州、泉州地区，马明衡是福建阳明学的开创者之一（钱明 a，2007：60-66），正如王阳明在《与马子莘》书中所言："莆中故多贤，国英及志道二三同志之外，相与切磋砥砺者，亦复何人？良知之外，更无知；致知之外，更无学。"（王阳明 c，2014：218），但根据黄宗羲《闽儒学案》中的《粤闽王门学案》记载："闽中自子莘以外无著者焉。明衡子莘，莆人也。父思聪，死宸濠之乱。子莘荔枝勇猛，与郑善夫为古文。"（黄宗曦，1985：

656）史料文献中没有王阳明在福建讲学的明确记载，但福建师从王阳明的士人不乏其人，有典籍可循，《明儒学案》记述粗略（郑礼炬，2015：35-45）。嘉靖三年（1524）秋，王阳明在浙江绍兴，好友莆田人林应骢寄来二诗，阳明先生次其韵复作《林汝桓以二诗寄次韵为别》二诗寄别，并为其诗集《梦槎奇游集》二卷作序《题梦槎奇游诗卷乙酉》。阳明学在福建的传播次于朱子理学，"王阳明及其阳明之学，是继南宋朱熹及其朱子学之后，对闽南文化的形成和发展产生了重大作用的核心元素之一。换言之，朱子学和阳明学，已经演化成闽南文化的一个重要思想源泉和组成部分"。（陈支平，2018：114）阳明同乡、后学施邦曜曾任漳州知府，在隆庆谢廷杰刻本《王文成公全书》的基础上，按照理学、文章、经济三大类别，授梓于平和知县王立准督刻《阳明先生集要》，崇祯七年（1634）成书，而美国亨克（Frederick Goodrich Henke）1916 年出版的《王阳明哲学》（Wang，1916）就是参照其中的《理学篇》来英译的，那也是其英文译本书名 The Philosophy of Wang Yangming 中的"哲学"（Philosophy）之意。

2 王阳明福建诗歌

王阳明关于福建的诗歌共有 10 首，按照其入闽时间可以分为两种。一是赴谪诗 2 首：《泛海》和《武夷次壁间韵》；二是汀州诗 8 首：《丁丑二月征漳寇进兵长汀道中有感》《回军上杭》《喜雨三首》《闻日仁买田雪上携同志待予归二首》和《茶寮纪事》。这些诗歌在王阳明全集（王阳明 d，2014）、汀州府志（李拔等，1967：627）和上杭县志（上杭县地方志编纂委员会，2014：371-373）中的记录有所不同：1. 除了《茶寮纪事》在三种古籍中篇名一致，其他各不相同：全集的《丁丑二月征漳寇进兵长汀道中有感》在府志是《征寇经永定道中》，在县志是《在上杭行台时往漳寇》；全集的《回军上杭》在府志是《上杭南泉庵》，在县志是《题南泉庵》；全集的《喜雨三首》在府志是《上杭喜雨》（2 首）与《岩前剿寇班师纪事》；全集的《闻日仁买田雪上携同志待予归二首》，在县志分别是《再过行台有怀》与《行台夜坐怀友》。2.《上杭喜雨》（2 首）、《上杭南泉庵》《征寇经永定道中》和《茶寮纪事》5 首诗歌在三种古籍中内容一致，其他诗歌内容有所不同，比如全集的《喜雨三首·其三》"吹角峰头晓散军，横空万骑下氤氲"，在府志的《岩前剿寇班师纪事》是"吹角峰头晓散军，春回万马下氤氲"；全集的《闻日仁买田雪上携同志待予归二首·其一》"见说相携雪上耕，……饷馀堤树合闲行。山人久有归农兴，犹向千峰夜度兵"，在县志的《再过行台有怀》是"再说相期雪上耕，连襄应已出乌程。……雨后湖船兼学钓，饭余堤树合闲行。古人久辩归农具，犹向千峰夜庆兵"；全集的《闻日仁买田雪上携同志待予归二首·其二》"月色高林坐夜沉，此时何限故园心！山中古洞阴萝合，江上孤舟春水深。……归期久负云门伴，独向幽溪雪后寻"，在县志的《行台夜坐怀友》是"月色虚堂坐夜沉，慈善无限故园心。山中茅屋烟萝合，江上衡扉香水深。……归期久负黄徐辈，独向幽寒雪后寻"。

武夷山是王阳明在福建的第一站。赴贵州龙场驿谪所时，他曾经在武夷山隐遁月余，在明儒徐表然的《武夷志略》中记录有王阳明的《武夷次壁间韵》一诗（徐表然，1619）。正德十五年（1520）庚辰，王阳明奉旨巡抚江西，再访武夷山，并在武夷佑观进行了讲学活动。福建先后在武夷山、长汀、上杭、平和等地共立祠 11 座（张山梁，2020：79-88）。武夷山一曲和五曲王文成公祠两处，现祠堂建筑皆已无存，只留下遗址：一曲的是大王峰下武夷宫左侧的幔亭山西禅岩之麓，阳明高徒邹守益撰有《武夷第一曲精舍记》，后移址冲佑观前，崇安县令王梓撰有《重建王文成公祠记》；五曲的是在接笋峰西壁岩下的云窝，原宋代著名女真人刘妙清构筑的"棘稳庵"旧址，原为理学家葛寅亮建，但他坚辞不允，尊其义改祀王阳明，并撰有《王文成公祠记》。

泛海

Seafaring

作者：王阳明　英译：吴文南

险夷原不滞胸中，

Neither danger nor safety bothers my heartmind.

何异浮云过太空？
Like the cloud fleets across the sky line.
夜静海涛三万里，
At quiet night, far away are the waves expanding.
月明飞锡下天风。（王阳明d，2014：040）
In bright moonlight, I fly with the wind like a monk roving.

　　王阳明把此流亡期间创作的大量诗歌编为《游海诗》，大多已经佚失，现仍存有《泛海》《武夷次壁间韵》《大中祥符禅寺》《题兰溪圣寿教寺壁》和《舍利寺》等诗。这首七绝归属于王阳明赴谪诗，他乘商船从舟山亡命南下，在闽北武夷山登陆。他在寺庙中遇到了江西南昌铁柱宫的老道，他们曾约二十年后相见海上，故有"二十年前曾见君，今来消息我先闻"之诗句。老道劝其为了家人安危，勿远遁，此前王阳明还写有绝命归隐遁世之作《告终辞》和《归隐》，"汝有亲在，万一瑾怒逮尔父，诬以北走胡，南走粤，何以应之？"（王阳明a，2014：012）王阳明卜得《易经》中的"明夷"卦，卦辞为"利艰贞"，然后题诗于武夷山寺院壁间。诗歌融儒释道于一体，上联的"险夷原不滞胸中，何异浮云过太空？"用比喻和反问的修辞手法，表达其万物一体的宇宙观，抒发了浩然正气，英译"滞"为"bothers"是为化译；下联的"三万里"是虚指，英译为"expanding"，而"飞锡"用典是佛教语，谓僧人执锡杖飞空云游四方，《释氏要览校注》中说："今僧游行，嘉称飞锡。此因高僧隐峰游五台，出淮西，掷锡飞空而往也。若西天得道僧，往来多是飞锡。"（道诚，2018：366）英译"月明飞锡下天风"为"In bright moonlight, I fly with the wind like a monk roving"，直接点明了飞锡的内涵，显示出四海为家的气度。

武夷次壁间韵
An Echoing Wall Poem for Bohea Hills
作者：王阳明　英译：吴文南
肩舆飞度万峰云，
Over the misty hills, the sedan chairs are fleeting.

回首沧波月下闻。
Somewhere under the moon, the dark green seas are roaring.
海上真为沧水使,
I cross the ocean like a god of sea.
山中又遇武夷君。
In the hills, I encounter Lord Bohea.
溪流九曲初谙路,
The meandering river is just known.
精舍千年始及门。
The ancient temple is home of soul.
归去高堂慰垂白,
Returning home to visit my parents aging,
细探更拟在春分。(王阳明 d,2014:040)
In spring I am supposed to come for further exploring.

在《罪惟录》卷十《理学诸臣列传》之王守仁,查继佐记载了王阳明遇风泛海落难福建的经过:"守仁佯置衣履江岸,题诗其处,若投江死者,得以免,附海舟舟山,为飓风漂闽,有道士收之,故铁树宫与语大悦者也。"(查继佐,1986:1594)有人讹传《武夷次壁间韵》为《登鼓山之诗》,如湛若水在《阳明先生墓志铭》中说人或告曰:"阳明公至浙,沉于江矣,至福建始起矣。登鼓山之诗曰:'海上曾为沧水使,山中又拜武夷君。'有征矣。"并赋诗说:"佯狂欲浮海,说梦痴人前。"(王阳明 a,2014:197)所谓的《登鼓山之诗》中"曾"与"拜"两字是《武夷次壁间韵》中的"真"与"遇"之误。此诗歌为王阳明最擅长的七律,与《泛海》相呼应,首联"肩舆飞度万峰云,回首沧波月下闻"产生了"飞度万峰云"与"飞锡下天风"山海共鸣。颔联"海上真为沧水使,山中又遇武夷君",颇有何处不相逢,"山重水复疑无路,柳暗花明又一村"之感觉,正如《论语·里仁》所云"德不孤,必有邻"。"沧水使"和"武夷君"分别英译为"god of sea"和"Lord Bohea"。Bohea 是英国人对武夷这个地名的译音,可以特指武夷红茶,以别于绿茶。颈联"溪流九曲初谙路，精舍千年始及门"中的"初"和"始"表达了王阳明的归隐之情，英译为"home of soul"便是此意。尾联"归去高堂慰垂白，细探更拟在春分"道出其世俗责任所在，如孔子在《论语·里仁》所云："父母在，不远游，游必有方。"于是，王阳明"因取间道，由武夷而归。时龙山公官南京吏部尚书，从鄱阳往省。十二月返钱塘，赴龙场驿"。（王阳明a，2014：013）

漳州是王阳明的过化之地，素有"八县通衢"的平和县被称为"王阳明立功第一站"和"成就王阳明文治武功的一个重要转折点"。在平定山贼动乱时，王阳明明白"破山中贼易，破心中贼难"，采用剿抚并用、攻心为上的办法，推行"十家牌法""团练民兵"、《谕俗四条》和《南赣乡约》，在"漳南战役"中平息了以漳州南靖大帽山詹师富为首的山贼势力。马明衡在《平和县碑记》中说，王阳明在正德十三年（1518）采"寇平而民和"之意奏设了平和县，倡明政教，立校讲学移风易俗，"在这里推行牌法、添设县治、力举乡约、大兴社学，成为其立功的第一站"。（林晓峰，张山梁，2019：50）平和县的设置具有加强控制、发展经济、振兴文教等重大作用和历史意义（吴光，2017：1-3）。而"平和"县名也是当时县治所在地名"平河"的谐音。平和九峰文庙是王阳明亲自规划、设计的县级文庙，位于九峰镇西街的中心位置，现在平和二中校园内（杨征，2014：60-64）。王阳明被称为"平和之父"，在儒学西南隅建有"阳明祠"，后移建于县城东郊，改名为"文成公祠"，清康熙二十八年（1689），知县林翘重修祠宇，自撰《重修王文成祠碑记》。"阳明"和"文成"还被用来命名当地的学校和地方。2015年平和县成立了"王阳明文化研究会"，创刊了《阳明平和》。2018年，平和县举办了"首届海峡两岸（福建平和）阳明心学峰会"，纪念王阳明建县500周年。

丁丑二月征漳寇进兵长汀道中有感
Thoughts on the Expedition to Prefecture Ting to Subjugate the Bandits of Prefecture Zhang in February, Year of Dingchou, 1517
作者：王阳明　英译：吴文南
将略平生非所长，

It is not my cup of tea to lead the army.
也提戎马入汀漳。
But to Prefectures Ting and Zhang, I have to lead the military.
数峰斜日旌旗远,
Banners and flags extend among the mountains with the sunshine slanting.
一道春风鼓角扬。
Drums and bugles spread in the spring breezing.
莫依贰师能出塞,
General Ershi might fight on the boundary stronghold.
极知充国善平羌。
General Chongguo was good at pacifying Qiang of old.
疮痍到处曾无补,
Ruins and damages remain everywhere in vain.
翻忆钟山旧草堂。(王阳明 d, 2014:123)
In my memory the old cottage on Zhongshan Mountains remains.

这是首七律军旅征战诗,王阳明涉及战争的诗歌约有19首。王阳明儿时就十分喜欢玩军事游戏,15岁时单骑出游居庸三关,慨然有经略四方之志,东汉开国功勋伏波将军马援是他的偶像。清人张廷玉评价王阳明,"终明之世,文臣用兵制胜,未有如守仁者也"。明代学者薛侃品评王阳明:"具文武之全才,阐圣贤之绝学。"(王阳明 a, 2014:291)王阳明在首联"将略平生非所长,也提戎马入汀漳"一开始就点明带兵打仗不是自己的特长,因为他认为"人生第一等事是读书做圣贤",英译"也"为"have to"表达了他的无奈之情。颔联"数峰斜日旌旗远,一道春风鼓角扬"是状景,但是在此情此景中,"旌旗"和"鼓角"与"数峰斜日"和"一道春风"格格不入,因为这是战场而不是风景,空气中弥漫着肃杀,虽然此时是春天时分。王阳明谙熟《武经七书》,尤其是《孙子兵法》,颈联"莫依贰师能出塞,极知充国善平羌"体现了王阳明攻心为上的用兵之道,"苟能制侵陵,岂在多杀伤",他在《绥柔流贼》

中说:"盖用兵之法,伐谋为先;处夷之道,攻心为上;……凭借兵力以威劫把持,谓为可久之计,则亦未矣。"(王阳明 e,2014:353)诗中用典西汉"贰师将军"李广利和名将赵充国,讽刺前者出征西域无获而归、徒有虚名,赞扬后者骁勇善战,平定匈奴和武都氐族叛乱。尾联"疮痍到处曾无补,翻忆钟山旧草堂"用对比的手法说明战争只会造成疮痍满地。英译"翻忆"为"In my memory...remains",体现了诗人不贪恋军功,而是时刻怀念在南京钟山旧草堂中的讲学时光,体现了儒者之仁,强调"教育"应该成为国家长治久安的"第一要务","灭山中贼易,灭心中贼难"。

上杭县是王阳明以都察院左佥都御史身份巡抚"八府一州"的南赣汀漳时的驻地。在上杭期间,他搭建了浮桥,当地百姓为了纪念他,命桥名为"阳明桥",县城南门为"阳明门"。他为百姓祈雨,这在王阳明诗文《喜雨三首》《祈雨二首》和《时雨堂记》中有记载。为了纪念王阳明的"仁政",阳明学三传弟子王时槐在县城主持修建了"文成公祠",后改为"功德祠",祠内置有王阳明手书石刻《时雨堂记》碑,而原来的都察院行台(即时雨堂)在清康熙五十七年(1718)改为"阳明书院",后又改为"四乡阳明祠",并在遗址背后建有"阳明别业"。2009年3月28日,上杭县举办了"王阳明与上杭"学术研讨会。

回军上杭

The Army Returning to Shanghang

作者:王阳明 英译:吴文南

山城经月驻旌戈,

For months in the mountainous city, the army has been camped.

亦复幽寻到薜萝。

The trailing paths are again traced .

南国已忻回甲马,

Happily the army returns from the battle in the south.

东田初喜出农蓑。

Joyfully the farmer resumes the agriculture to feed the mouth.

溪云晓度千峰雨，
Over the river, the morning cloud overshadows the peak rainy.
江涨新生两岸波。
The river has newly flown to kiss both banks wavy.
暮倚七星瞻北极，
Seven Stars brighten the Arctic Pole in the evening.
绝怜苍翠晚来多。（王阳明d，2014：124）
The dark blue horizon is bountifully adorable with daylight leaving.

《丁丑二月征漳寇进兵长汀道中有感》是写于王阳明进兵漳州的长汀途中，而《回军上杭》则是凯旋，班师回上杭驻地，两首七律战争诗歌体现的心境不同。首联"山城经月驻旌戈，亦复幽寻到薜萝"点明了诗歌的写作背景，前后两个诗句产生对比，英译"幽寻"为"traced"，点明了王阳明充分利用带兵打仗的闲暇时间去探幽，体现了他的"吏隐"情结。颔联"南国已忻回甲马，东田初喜出农蓑"进一步用对仗，战争结束、恢复农耕生活的喜悦之情跃然纸上，英译用"Happily"和"Joyfully"点明了战争结束、恢复农耕生活的喜悦之情跃然纸上。颈联和尾联"溪云晓度千峰雨，江涨新生两岸波。暮倚七星瞻北极，绝怜苍翠晚来多"是状景，描写和平的可贵和江山风景如画。尾联的"绝怜"和颔联的"初喜"前后呼应，而英译前者为"bountifully adorable"，体现了诗人的"仁爱"思想。

喜雨三首·其一
Adorable Rain, Part I
作者：王阳明　英译：吴文南
即看一雨洗兵戈，
Once the arms washed in the rain come into sight.
便觉光风转石萝。
I feel the after-rain breeze across the Chinese Usnea right.
顺水飞樯来买舶，

Villagers fare in the boat down the river.
绝江喧浪舞渔蓑。
On the current, fishermen's straw capes waver.
片云东望怀梁国,
The wisp of wind carries my attachment to the Court eastward.
五月南征想伏波。
I miss Invincible General Ma Yuan on the May expedition southward.
长拟归耕犹未得,
My reclusive plan has always been a guess.
云门初伴渐无多。(王阳明 d, 2014: 124)
The idyllic days are becoming less and less.

喜雨三首·其二

Adorable Rain, Part II

作者:王阳明　英译:吴文南

辕门春尽犹多事,
At the camp gate, spring is over with troubles plentiful.
竹院空闲未得过。
The bamboo courtyard sees no leisure hopeful.
特放小舟乘急浪,
Purposefully I sail the boat on the torrential river.
始闻幽碧出层萝。
I can smell the deepest green of the trailing plants ever.
山田旱久兼逢雨,
The hillside plots enjoy rains after a drought long.
野老欢腾且纵歌。
The aged rustics jump with the joy and song.
莫谓可塘终据险,
The natural barriers are unreliable.

地形原不胜人和。(王阳明 d, 2014 : 124)
In comparison, people's support is more trustable.

喜雨三首·其三
Adorable Rain, Part III

作者：王阳明　英译：吴文南

吹角峰头晓散军，
The peak bugle announces the withdrawal of the army in the morning.

横空万骑下氤氲。
Across the sky the torrential cloud is enshrouding.

前旌已带洗兵雨，
The pioneer army is showered by the rain.

飞鸟犹惊卷阵云。
The turbulent cloud triggers birds' strain.

南亩渐忻农事动，
The farming is resumed happily.

东山休共凯歌闻。
The army is returned joyfully.

正思锋镝堪挥泪，
Tears are shed over the battle.

一战功成未足云。(王阳明 d, 2014 : 124)
Such a victory is not worth a tattle.

　　宋有苏轼凤翔求雨，明有王阳明上杭祈雨，《年谱》中记载："时三月不雨。至于四月，先生方驻军上杭，祷于行台，得雨，以为未足。及班师，一日三雨，民大悦。有司请名行台之堂，曰'时雨堂'，取王师若时雨之义也；先生乃为记。"（王阳明 a, 2014 : 027）王阳明的"万物一体"和"天人合一"的思想传承了张载《西铭》中的"民胞物与"之说："民吾同胞，物吾与也。"这三首诗歌和《回军上杭》都描绘出王阳明"凯旋而归"但虽胜犹哀的矛盾心情，诗中用了大半的笔墨描写云

177

雨变化，体现了农业乃国计民生之根本，民众因下雨的喜悦。其一的首联"即看一雨洗兵戈，便觉光风转石萝"英译"Once the arms washed in the rain come into sight. I feel the after-rain breeze across the Chinese Usnea right"体现了原诗中移步换境的手法"即看……便觉……"，一雨洗兵戈为石萝，战场转换成了风景。其二的尾联"莫谓可塘终据险，地形原不胜人和"英译"The natural barriers are unreliable. In comparison, people's support is more trustable"，使用对比的手法，说明战争的成败在于是否天时地利人和，尤其是人和，人才是关键。其三的尾联"正思锋镝堪挥泪，一战功成未足云"英译"Tears are shed over the battle. Such a victory is not worth a tattle."把王阳明对战争的厌恶，毫无征战的成就感，而是"堪挥泪"和"未足云"，英译用"battle"和"tattle"押完全韵来体现"未足云"。

闻日仁买田雪上携同志待予归二首·其一
Two Poems for Riren Buying the Field at Zhashang and Comrades Awaiting My Returning, Part I
作者：王阳明　英译：吴文南

见说相携雪上耕，
Riren met and invited me to plow at Zhashang together.
连蓑应已出乌程。
You must have left Wuchen with straw capes however.
荒畲初垦功须倍，
It needs double work to reclaim the land blight.
秋熟虽微税亦轻。
The autumn harvest is little but tax slight.
雨后湖舠兼学钓，
We will learn to angle in the lake by boat after shower.
饷馀堤树合闲行。
We will stroll among the bank trees after supper.
山人久有归农兴，

I, a recluse, have longed for farming as ever.
犹向千峰夜度兵。(王阳明 d, 2014：125)
I am on the night expedition among mountains however.

闻曰仁买田雪上携同志待予归二首·其二
Two Poems for Riren Buying the Field at Zhashang and Comrades Awaiting My Returning, Part II

作者：王阳明　英译：吴文南

月夜高林坐夜沉，
I sit late into night with moon hovering over the forest.
此时何限故园心！
Hereby I miss my hometown without rest.
山中古洞阴萝合，
The ancient mountain grotto is enclosed by trailing plants steep.
江上孤舟春水深。
A lonely boat sails on the river with spring water deep.
百战自知非旧学，
My old learnings are not for the purpose of battles surely.
三驱犹愧失前禽。
The animals are to be let go with three-side beseigement purposefully.
归期久负云门伴，
My reclusive plan has failed the company of temples for long.
独向幽溪雪后寻。(王阳明 d, 2014：125)
Only to seek it from the ravine after snow is gone.

年谱一上记载："又闻曰仁在告买田雪上，为诸友久聚之计，遗二诗慰之。"(王阳明 a, 2014：028) 曰仁是王阳明早期入室弟子之一，也是其妹夫，徐爱的字，可惜的是后来徐爱 31 岁就英年早逝了。这两首七律诗虚实相生，夹叙夹议，核心内容还是王阳明难以释怀的"弃戎从农"思想感情。其一的尾联"山人久有归农兴，犹向千峰夜度兵"英译"I, a recluse, have longed for farming as ever. I am on the night expedition among mountains however"，因为王阳明自号"阳明山人""a recluse"点明其"吏隐"的心态，"however"揭示了梦想和现实的落差，其二的颈联"百战自知非旧学，三驱犹愧失前禽"英译"My old learnings are not for the purpose of battles surely.The animals are to be let go with three-side beseigement purposefully"进一步深化了王阳明带兵作战的无奈心情，诗句用打猎时要网开一面典故为喻，体现其仁心，以及来者不拒，去者不追的宽宏无私的态度，《易·比》："九五：显比，王用三驱，失前禽，邑人不诫，吉。""surely"和"purposefully"点明圣贤之道才是正学，而战场杀戮有违仁爱之道。

茶寮纪事
A Recording of Chaliao
作者：王阳明　英译：吴文南

万壑风泉秋正哀，

The ravines and springs are immersed in autumnal wind miserably.

四山云雾晚初开。

In the evening the mountainous cloud and mist clear up newly.

不因王事兼程入，

My hurried trip is just for official business indeed.

安得闲行向北来？

Otherwise to come northward, I am not free.

登陟未妨安石兴，

By official business, Anshi's travelling passion is not disrupted．

纵擒徒羡孔明才。

Kong Ming's talent of catching and letting go can not be imitated.

乞身已拟全师日，

I have begged for resignation after the expedition returning.
归扫溪边旧钓台。(王阳明 d, 2014: 130)
To clean the old riverside platform for fishing.

这首七律是王阳明 10 首福建诗歌在《王阳明全集》、汀州府志和上杭县志中诗名和内容完全相同的一首，从写作地点来说，归属赣州诗，可以称作王阳明南赣汀漳平寇的总结，此诗的中心思想也是厌战盼隐。首联"万壑风泉秋正哀，四山云雾晚初开"点明诗歌写作时间是秋天，其中"正哀"与"初开"英译"miserably"和"newly"体现了战争结束后的喜悦。颔联和颈联"不因王事兼程人，安得闲行向北来？登陟未妨安石兴，纵擒徒羡孔明才"点明王阳明军务繁忙，但这不妨碍他和王安石一样在闲暇之余寄情于山水间，只是遗憾没有孔明三擒三纵孟获的军事才能，体现其仁爱之心。尾联"乞身已拟全师日，归扫溪边旧钓台"再次表明其归隐的决心，英译"returning"和"clean"，具有双关之意，前者既指班师回朝，也可以指归隐，后者既可是清扫旧钓台，也可以是清心、正心，体现了王阳明心学诗歌的灵魂所在，一切从心开始。

3 结语

建功与成圣是王阳明"内圣外王"儒家思想的两个方面。福建是王阳明军事才能"知行合一"之实践基地，他后来的军事活动还经常征调福建官兵参加，比如汀州知府唐淳跟随其前往江西南安府征剿横水桶冈（廖小波，2012：101–103）。诗歌文学实践是王阳明心学思想形成中的重要一环，而王阳明在福建的诗文创作，为我们了解其在福建的事功，以及他的内心世界全貌提供了可靠的依据。王阳明志不在军功，而在"灭心中贼"，用他的心学思想来教化民众，体现其仁政、善政、爱民的大儒思想和情怀，民胞物与的"一体之忧"，以及无力回天的"吏隐"心境。

【参考文献】

查继佐,1986.罪惟录(第五册)[M].杭州:浙江古籍出版社.

陈支平,2018.闽南文化普及的有益尝试:张山梁的《王阳明读本——"三字经"解读本》[J].闽台文化研究(3):114-115.

道诚,2018.释氏要览校注[M].富世平,校注.北京:中华书局.

何乔远,1994.闽书[M].福州:福建人民出版社.

黄宗羲,1985.明儒学案(上下册)[M].沈芝盈,点校.北京:中华书局.

李拔等,1967.汀州府志[Z].台湾:成文出版社.

廖小波,2012.王阳明事功与福建事辑[J].福建论坛(人文社会科学版)(2):101-103.

林晓峰,张山梁,2019.传承阳明心学弘扬漳州文化[J].闽台文化研究(3):50-57.

钱明a,2007.闽中王门考略[J].福建论坛(人文社会科学版)(1):60-66.

钱明b,2017.阳明学传入福建的路径、时间及影响[J].赣南师范大学学报(1):67-72.

上杭县地方志编纂委员会,2014.上杭县志[Z].厦门:庐江出版社.

王阳明a,2014.王阳明全集:年谱·世德纪[M].陈明等,注释.武汉:华中科技大学出版社.

王阳明b,2014.王阳明全集:序记说·杂著[M].陈明等,注释.武汉:华中科技大学出版社.

王阳明c,2014.王阳明全集:传习录·书信[M].陈明等,注释.武汉:华中科技大学出版社.

王阳明d,2014.王阳明全集:诗赋·墓志·祭文[M].陈明等,注释.武汉:华中科技大学出版社.

王阳明e,2014.王阳明全集:奏疏·公移[M].陈明等,注释.武汉:华中科技大学出版社.

吴光，2017．王阳明奏设和平、平和、崇义三县的缘由与历史意义[J].贵州文史丛刊（2）：1-3.

徐表然，1619．武夷志略[M]．明万历四十年己未孙世昌刻本．

杨征，2014．平和县文庙的建筑特色[J]．福建文博（3）：60-64.

张克伟，2012．王阳明粤、闽遗存遗墨考述[J]．华夏文化论坛（6）：66-72.

张山梁，2020．闽地祠祀阳明考[J]．福建江夏学院学报，10（1）：79-88.

赵广军，2007．方志对文化史料的补充：以王阳明在福建遗留诗文为例[J]．中国地方志（5）：35-38.

郑礼炬，2015．《明儒学案·粤闽相传学案》王守仁福建门人考[J]．中国典籍与文化（1）：35-45.

Wang Yangming. 1916. *The Philosophy of Wang Yangming* [M]. Frederick Goodrich Henke, translated. Chicago: Open Court.

The English Translation and Research of Wang Yangming's Poems in Fujian

Wu Wennan

(Minjiang University, Fuzhou 350108)

Abstract: Fujian is the first post of Wang Yangming's military achievements, where he came almost three times, conquering the bandit upheaval and establishing Pinghe County. He writes 10 poems and 2 essays about Fujian, from which we can get to know his military achievements in Fujian and his comprehensive mentality and character as well. Military achievements are never Wang Yangming's ambition, while he uses Theory of Mind to cultivate the masses, which embodies his great Confucian ideology and compassion of benevolent and kind administration and love, universal concerns and helpless mindset of seclusion from office. The writer has tentatively rendered 10 pieces of Wang Yangming's poems of Fujian, which will be inductive to tapping a new perspective of overseas dissemination of Wang Yangming's poems, and become an integral part of the transmission of Wang Yangming Studies and Fujian culture as well.

Key Words: Wang Yangming; Fujian; Poems; English Translation; Research

作者简介：吴文南（1973— ），男，福建永定人，副教授，博士，主要从事文学翻译研究。

多元系统论视域下的中国典籍英译研究

杨晓茹

（西安文理学院，西安 710021）

【摘　要】 20 世纪 70 年代，以色列学者埃文－佐哈尔提出的多元系统论，为翻译研究开拓了更广阔的视野，使得翻译研究不再局限于文本内的批评或不同文本间的比较，而是将历史观、系统观、动态观引入了翻译研究，将翻译纳入一个宏大的历史文化语境中进行考察。本文以多元系统论为指导，从历史文化的宏观角度分析中国典籍英译的传播之路和翻译策略，以期在构建人类命运共同体、中国传统文化走出去的大语境下，寻求更好地翻译中国典籍的策略、方法以及传播之路。

【关键词】 多元系统论；中国典籍英译；翻译策略

1　引言

　　中国典籍中蕴含着中国传统优秀文化的精髓。在人类历史发展到今天，在世界面临新的发展格局的时候，中国典籍中博大精深的思想，仍然表现出极大的指导作用及催生力量。儒家的"天人合一"、道家的"道法自然"、佛家的"众生平等"相结合，指出了人类和自然界的关系，提倡人类发展应该顺应自然规律，倡导"和平""和谐""大同"等理念。由此而推及大到人类社会的发展模式、小到个人的处世模式等。在后疫情时代的今天，显得尤为珍贵。让中国典籍走向世界，对我国及后疫情时代的世界都有重大意义。

本文以多元系统论为指导，梳理中国典籍英译传播之路和翻译策略，以期在构建人类命运共同体，中国传统文化走出去的大语境下，寻求更好的翻译中国典籍的策略、方法以及传播途径。

2 多元系统论

2.1 多元系统论简介

多元系统论是以色列学者埃文－佐哈尔在20世纪70年代初首次提出的，该理论一经提出便在西方的文学领域、文化领域，继而在翻译领域引起了极大的反响。多元系统论是指某一特定文化里各种文学系统的聚合，从诗这样"高级的"，或者说"经典的"形式（如具有革新意义的诗），到"低级的"，或者说"非经典的"形式（如儿童文学、通俗小说等）（佐哈尔/张南峰，2002：20）此处的"高级的""经典的"是指被所处文化中的主导群体所认可和接受的，并认为是合法和规范的作品。而"低级的""非经典的"是指被所处文化中的主导群体认为是不规范甚至是不合法的形式。多元系统论的核心内容是把各种社会符号现象，具体地说是由各种符号支配的人类交际形式，如语言、文学、经济、政治、意识形态视作一个系统而不是由各个不相干的元素组成的混合体。这个系统也不是单一的系统，而是由不同成分组成的，开放的结构，即由若干不同系统组成的多元系统。在这个多元系统里，各系统是不平等的，有的处于边缘，有的处于中心。各个系统的地位也不是一成不变的，而是处于运动中。简言之，佐哈尔的多元系统论为我们描述了一幅大到世界文化，小到民族文化的活动图。可以说，多元系统论中提到翻译的地方并不多，但是它却被成功地应用到了翻译研究中，"为描述翻译学、

翻译操纵学派和翻译研究的文化学派等提供了有力的借鉴"。(刘云虹，2018：94)

2.2 多元系统论对翻译研究的贡献

（1）多元系统论从宏观、历史的角度看翻译及翻译研究，促进了翻译研究的文化转向。我国文学历史上翻译文学盛行的几个时期，如汉唐的佛经翻译时期，晚清的文学翻译浪潮，五四运动时期翻译文学的盛行，白话文运动的兴起，等等。多元系统论对这些现象和翻译实践具有良好的诠释功能。

（2）多元系统论提出了"批评"与"研究"之间的区别，使得我国传统翻译研究一直以来重"批评"轻"研究"现象有所改观。多元系统论所说的研究，则指的是描述性的研究，更注重对翻译实践的描述、揭示和认识。这就使得翻译研究从文本层次的批评转向了更深刻的审视和理解翻译，结合翻译行为发生的社会与文化的语境，让我们看到译介的过程。

（3）研究翻译文学在多元系统中的地位。多元系统论一改传统研究把主流文学当作中心的局面，把以前被忽略或排斥的事物纳入研究范围，是充分了解任何多元系统的先决条件。也就是说，就翻译文学系统来讲，其内部各子系统并没有高低、优劣之分，其相互地位是平等的。也存在这样的可能，一些被忽视的边缘系统，在适当的时候，也会取代中心系统的位置。这样的话，我们在翻译或翻译研究时，就会"更加客观，更加全面，而不是戴着有色眼镜去评判非主流的文学或甚至直接忽视它们的存在"。(李楠芳，2011：153)美国20世纪六七十年代寒山诗的流行就是一个很好的例证。

（4）考察不同时期翻译文学经典的建构及其意识形态和诗学功能。"翻译文学作品在译入语系统中有着不同的地位，多元系统论有助于我们探讨为什么某些翻译文学作品处于中心位置，而另一些作品处于边缘，甚至被排斥在翻译选择范围之外"。(查明建，2015：137)

对于用多元系统论解释我国文化环境下的翻译现象，我们应该从宏观的角度看待，灵活处理，并将其视为多元系统理论中不可缺少的组成部分，不断地丰富、拓展、完善，使其更加灵活地运用于翻译研究。 正如佐哈尔所解释的：" 我从未想过将多元系统论视为翻译研究的专门理论，尽管翻译研究的确有助于从不同视角理解文化中的异质成分……无论如何对于使用这种理论作这样或是那样的翻译解释，我概不承担责任。此外，一个理论不属于任何一个人的财产，人们可以自由地运用它服务于自己的目的，并希望能进一步发展和扩充，使它更加具体和多样化 。"（黄德先，2006：58）

3　中国典籍的概念

广义的中国典籍一般泛指图书。例如汉荀悦《汉纪·成帝纪》中的"光禄大夫刘向校中秘书，谒者陈农，使使求遗书於天下，故典籍益博矣"，唐封演《封氏闻见记·典籍》的"开元中，定四部目录，大凡五万一千八百五十二卷。此自汉以来，典籍之大数也"，《尚书序》称："及秦始皇灭先代典籍。"《后汉书·崔寔传》说寔"少沈静，好典籍"。以上古籍中的"典籍"均指图书。狭义的典籍指重要的法典和制度。如《孟子·告子下》说："诸侯之地方百里；不百里，不足以守宗庙之典籍。"《辞海》里"典籍"的释义是国家重要文献。

典籍在今天的主要含义是历史上重要的文献名录之总称。在不同的领域，有不同的代表性典籍。为了便于研究，本文所指的典籍指清代以前（含清代）的重要文献和书籍。

4　中国典籍英译的历史意义

首先，就中国典籍的载体——语言本身而言，对其研究和翻译，对维持全球语言生态总体平衡就有着重大的意义。在世界语言的庞大系统中，每一种语言都应该是平等的。现实情况是，真正实现语言平等是一件非常不容易的事，会受到语言使民族在人口数量上、经济上、政治和文化发展方面的限制。但是我们也应该认识到，任何一种语言使用者，都有权利也有义务通过自身的努力，促使各种语言在世界语言之林的良性竞争中发展完善，维持世界语言的生态总体平衡。

其次，中国典籍是中华民族灿烂文明的结晶，是中国古人智慧的结晶，是人类历史思想和文化宝库中的璀璨明珠。中国典籍是中国的，也是世界的，作为人类历史发展长河中思想和文化的智慧结晶，直到今天仍然在为世界文化提供丰富的养分。研究中国典籍英译，有利于传播中国文化，丰富世界文化。中国文化的核心精神蕴含在儒家思想中，也蕴含在"儒释道"三教合一的大胆尝试与探索中。在今天看来，其进步意义非常明显。儒家的"天人合一"，道家的"道法自然""回归自然""无为而治"，佛家的"众生平等"，这些思想相结合，充满了对自然界的敬畏和对自然界的关怀。

最后，在"一带一路"倡议的新时期，在后疫情时代，我国的国际地位与角色愈加重要。习总书记自党的十八大倡导的"人类命运共同体"，是符合历史发展规律，符合世界人民利益的。2013年10月，在"一带一路"倡议中，习总书记明确指出"以文明交流超越文明冲突，以文明互鉴超越文明隔阂，以文明共存超越文明优越"。中国典籍中蕴含的天人合一的宇宙观，万邦和谐、和而不同的社会观，人心向善的道德观，在当下的国际社会显得尤其可贵，我国为世界的和平发展提供了中国方案、中国智慧与中国力量。中国典籍为此提供了滋养，中国典籍英译的研究是国际文化交流的需要，是让世界了解中国、让中国文化参与全球文化交流的一个极好途径。中外交流的第一步就是翻译，因此，中国典籍的英译是我国翻译研究者应当承担的历史使命。

5 多元系统论视域下的中国典籍英译

多元系统论跳出了翻译文本的束缚，从更宏大的视野去研究翻译。

多元系统论认为，各种社会符号现象（佐哈尔/张南峰，2002：19）在西方语境之下，在社会发展的不同时期，中国典籍英译作为翻译文学的一部分，也在多元系统中经历着动态的变化。根据多元系统论的观点，主体文学的发展状况决定了翻译文学在多元系统中或处于边缘或处于中心的地位，而翻译文学在多元系统中或边缘或中心的地位又会决定译者翻译主题和翻译策略的选择，或归化或异化，或直译或意译。

佐哈尔认为：如果一个民族的文化处于强势地位，属强势文化，翻译文学就处于弱势地位，这时译者多采用归化式的翻译方法；如果民族文化处于弱势地位，属弱势文化，翻译文学则位于主要地位，这时译者多采用异化式的翻译策略。当民族文化的地位发生变化，由弱渐强或由强渐弱的时候，其多元系统内的平衡就会被打破，译者也会重新选择翻译策略。"在目的语文学系统中，如果该文学系统自身发展比较完善，影响比较大，从而使翻译文学在该系统中处于从属地位，那么译者在该文学系统环境下从事翻译活动时，往往会采取归化式翻译，尽量来满足该文学系统的标准；相反，翻译文学的影响高于目的语文学在目的语文学多元系统中占据中心位置，这时译者往往会采取异化翻译。然而，译者自身的主观文化心理对于文学多元系统中主体文学和翻译文学的地位界定带有极大的主观性，从而导致翻译文学译介过程中出现两种翻译策略并存的现象。例如，20世纪二三十年代，中国译界就存在归化、异化两种翻译策略并存的现象。"（王东风，2000）

纵观我国典籍英译的历史，有史料记载，13世纪意大利人马可·波罗等人到过中国，有游历传世。但当时那些人是否翻译过中国典籍，尚无明确史料可考。1590年西班牙天主教教士高母羡（Juan Coco）翻译的《明心宝鉴》（*Precious Mirror of the Clear Heart*），被认为是中国文学译成欧洲文字的第一本书。由于语种的限制，笔者尚没有考察本书的具体翻译策略，但据研究，高母羡为研读汉语及了解中国文化，将明朝初年开始刊行的通俗读物《明心宝鉴》译成了西班牙文。高母羡翻译的《明心宝鉴》是一个手抄本双语作品。该手抄本于1595年被带回西班牙献给王子斐利三世，现收藏于马德里西班牙国立图书馆。成书后的《明心宝鉴》不只在中国盛行，而且迅速向东亚、东南亚中国周边各国传播，长期广泛流传于日本、越南、菲律宾等地。

明清时期，欧亚新航路的发现，西方的贸易扩张、殖民扩张和宗教改革等促使中西方文化进行了一次比较大规模的交流与碰撞。西方的宗教改革使得天主教徒走出欧洲，掀起了世界范围的传教运动，因此传教士来到了中国。修行团耶稣会的活动多种多样，他们的武器不是枪弹，而是口才。一手拿圣经、一手拿学术，可以说是当时传教士的写照。他们在华办了不少教会学校，借以宣传他们的教义。而当时中国社会也在处于转型时期，工商业的发展、资本主义开始萌芽，程朱理学的观点也开始发生变化，当时的有识之士提倡学习西方先进的科学技术。在这些条件的促使下，中西学术思想的交流有了一定的规模。

西方天主教传教士陆续来华，虽然这些传教士是以传教为目的的，但是中国典籍中博大精深的文化对他们也产生了一定的影响。耶稣会士利玛窦和明坚将《四书》翻译成拉丁文，之后的传教士理雅各又将《道德经》《四书》《五经》等翻译成英文。中国佛学经典也曾被苏慧廉、李提摩太等翻译成英文。他们对于中国典籍的翻译：或是为了进行中西方哲学、社会观、道德观、人生价值的对比；或是为了区别基督教的"自我"与中国宗教文化的"他者"；或是从佛教流传的历史中寻求启示，寻求他们的传教之道。译什么？如何译？用什么翻译策略？根据王东风教授的观点，在目的语文学系统中，如果该文学系统自身发展比较完善，影响比较大，从而使翻译文学在该系统中处于从属地位，那么译者在该文学系统环境下从事翻译活动时，往往会采取归化式翻译，尽量来满足该文学系统的标准。而此时的翻译策略，也明显倾向于归化。因为当时的中国典籍在多元系统中尚处于边缘地位，西方传教士传教的目的并未改变，这从他们翻译策略的选择就可以看出来。比如理雅各将中国典籍中的"帝"翻译成 God。在《论语》英译中把"孝"字都译为 Filial Piety，显示出强烈的宗教意味。理雅各翻译和评注《论语》时经常与《圣经》和基督信仰类比。苏慧廉英译《论语》时也常常显示出强烈的宗教立场，添加了许多基督教成分。他同样地把"天"译成 Heaven，"帝"或者"神"译成 God，"孝"译成 filial piety（duty）。他还把"兄弟""夫子""圣人"分别翻译成 brethren、sage、Sage，把"天命"译成

the Divine Will。其明显的归化翻译策略的选择，显示出当时中国典籍在西方语境下的多元系统中尚处于边缘地位，传教士翻译只是想借中国典籍达到传教的目的。

20世纪五六十年代，以美国为代表的西方国家社会迅速发展，进入后工业社会，经济繁荣，科技发达，军事强盛，但这种高度工业文明的发展使人产生了异化感的危机。人们精神上的苦痛和自我的贫乏、政治迫害、种族歧视、女权运动、原子恐怖、环境恶化等各种各样的问题接踵而来。一些敏感的知识分子开始思索着拯救沉沦，救赎自我的可能的方式。而此时中国典籍中蕴含的人与自然，人与自我，人与他人和谐相处的大境界对当时的西方是很有吸引力的，汉学热在那一时期兴起。中国典籍在此期间流传于西方学者中。一些西方汉学家如亚瑟·韦利、戴维·霍克斯、宇文所安、白之等将大批的中国典籍翻译成中文。英美之外，还有加拿大、菲律宾、新西兰、新加坡、圣卢西亚、爱尔兰、澳大利亚、南非等均有中国文学典籍英译本问世。在这一历史时期，西方译者对中国典籍的翻译策略体现出归化和异化相结合的方式，例如，当时寒山诗的翻译就很大程度保留了原诗的意象。

时人见寒山，各谓是疯颠。
貌不起人目，身唯布裘缠。
我语他不会，他语我不言。
为报往来者，可来向寒山。

When men see Han-shan
They all say he's crazy
And not much to look at—
Dressed in rags and hides,
They don't get what I say
I don't talk their language.
All I can say to those I meet:
"Try and make it to Cold Mountain."

我国实行改革开放政策后，特别是《大中华文库》的出版使得中国文化对外传播得以长足发展，中国典籍的英译也受到重视。

从多元系统论的视角看，20世纪是中国典籍翻译由系统边缘逐渐向中心移动的重要时期。译者在翻译典籍的策略方面也逐渐发生了变化。从典籍翻译中华文化专有项如 Yin、Yang、Tao、Jiaozi、Kongfu、Taichi 等音译中可见端倪。

21世纪，我国综合国力全面提升。中西方的交流也在各个领域向纵深发展。近二十年中国典籍英译长足发展。国内研究典籍翻译的学者日益增多，国际上对中国典籍感兴趣的汉学家、留学生也越来越多。译者已经不是主要采用归化策略去翻译了，也不是简单地采用异化策略，而是更尊重中国文化，更注重中西方文化的差异，采取了多种翻译策略。最明显的一点就是添加大量的注解，当然形式不太一样，或在引言，或在译文中，有时还会在书后的附录中。

网络资源对中国典籍英译起到了很大的促进作用。研究者可以通过网络获得海量的文献，比如从汉学史、互联网档案馆、典籍英译的电子期刊、其他国家学者研究中国典籍的文献、慕课等里面看到丰富的前网络时代不易获取的文献。在人工智能、大数据飞速发展的今天，中国典籍的传播渠道不仅局限于书籍、文章等传统的媒介，而是有多种媒介。我国政府大力支持中华学术外译项目，组织专家学者对中国经典文学文化读本进行翻译。《大中华文库》由新闻出版总署立项支持、中国出版集团公司组织出版，堪称我国历史上第一次系统而全面地向世界推出中国文化典籍的国家重大出版工程，这套书从我国先秦至近代文化、历史、哲学、经济、军事、科技等领域最具代表性的经典著作中选出100种，几乎涵盖了中华五千年文化的精华，包括：《论语》《孟子》《老子》《庄子》《荀子》《楚辞》《墨子》《牡丹亭》《儒林外史》《西厢记》《陶渊明集》等。对所选的图书，组织专家对选题和版本详细校勘、整理，再由古文译成现代汉语，再从现代汉语翻译成英文。除此之外，一些外国学者、留学生等也对汉语言和中国典籍有着浓厚的兴趣。一些留学生在经过一段时间的汉语学习之后，在小红书、抖音等软件上朗诵、讲解中国诗词。虽然这种渠道是非官方的，这些国外汉语学习者的讲解不一定完全正确，但是也值得关注，可以从中去研究非汉语母语的学习者学习汉语的特点，发掘典籍翻译的难点，找到目标语读者阅读理解中国典籍的难点，在今后的翻译中，有针对性地解决问题，从而使得中国典籍英译更加忠实通顺，更好地讲好中国故事、中国智慧，让世界了解中国。

除了正规的图书、官方平台、汉语学习者自媒体之外，简单易懂的漫画方式也是世界了解中国的一个渠道。众所周知，中国典籍中文化负载量极大，要完全用英语译出，极为不易。（王宏，张其海，2019：52）需要精湛的翻译技术，也需要巧妙的艺术手法。为了让外国读者易于接受，译者会采取选译、编译、改写等手法，待时间和条件成熟，再过渡至大批量、大规模的全译本。如蔡志忠《中国传统文化经典》漫画系列，由现代出版社翻译出版。汉英对照"中华传统文化精粹"系列丛书，由中国对外翻译出版公司出版，这两套书均没有全译，而是采取了选译的形式，删除了原作中晦涩难懂的部分，增加了现代汉语翻译、中文注释、汉语拼音、经典名句翻译等栏目，取得了不错的传播效果，可以为今后的典籍翻译提供参考和借鉴。最后与权威出版社合作，也有利于中国典籍英译作品为广大国外读者所接受，进而使中华优秀传统文化得以传播。

2019年底，新冠疫情开始在世界范围暴发。受这场新冠病毒疫情的影响，世界格局在慢慢发生变化，我国由于政府卓越的领导力与执政能力，将疫情的影响降到最低。整个世界都聚焦于中国力量、中国方案，这无形中助推中国文化在世界范围的传播，同时也让世界上更多的人关注中国价值、中国思想与中国哲学，而典籍作为其载体，必然会受到世界更广泛的关注。如此，在多元系统中，中国典籍又向系统中心移动了一大步。

中国典籍中折射的人类智慧是中国的，更是世界的。早在20世纪20年代，西方学者卫礼贤在北大演讲《中国哲学与西洋哲学之关系》，就曾主张将中国哲学的人道、实用与西洋哲学的秩序、批评、历史相结合，形成最完善的世界人类哲学。（桑兵，2010：58）中西文化的合作与交流，才是今后世界发展的主旋律。目前在世界范围内，学习和研究中国典籍的人越来越多，笔者所处的城市西安，在疫情之前每年都会接待大量的国际游客，政府、高校也组织各种形式的大学生夏令营，来我国的外国游客和学生对中国典籍显示出浓厚的兴趣。当下，中国典籍翻译面临新的环境与机遇。典籍翻译的一大难点就是源语文本的不确定性。（将坚松，彭利元，2006：72）中国古典作品的原意到底是什么？不同的译者有不同的解读，不光外国人，中国人自己也一直在争论不休。从某种程度上来说，"跨语言的古本今译是处在不同历史阶段的两种语言的转换，这里有空间上的置换，而且有时间上的跨越。事实上，古文本在经历了横向和的越之后，已经成为新的文本"（葛校琴，2002：36）。既是新的文本，是否忠实的问题就很难去深究，更重要的是，要搞清楚译者的动机是什么，他的翻译是如何进行的，翻译所产生的效果怎样？在目前的新形势下，中外译者合作翻译中国典籍是一种新的趋势，在这一过程中，中西译者可以互相协商翻译策略，找到行之有效的翻译方法，中国典籍中蕴含的人类智慧就会被挖掘，从而服务于世界。

6 结语

中国典籍是中国的，也是世界的，中国典籍蕴含的人类智慧直到今天仍然在为世界文化提供丰富的养分。研究中国典籍英译，有利于传播中国文化，丰富世界文化。依据多元系统论的观点，各种社会符号现象，如语言、文学、经济、政治、意识形态视作一个系统而不是由各个不相干的元素组成的混合体。中国典籍在当下世界经济，政治和人类所共同面对的困境之下，必将显示出它的价值。在全世界的大语境下，正如我国的国际地位在日益提升一样，在世界的多元系统中，中国典籍会慢慢地走向中心，而不只是处于边缘地位。随着中外交流的纵深发展，中国典籍的翻译活动必将越来越受到翻译界文化界的重视，不光是我国翻译界，其他国家的翻译研究者研究中国典籍的兴趣也在不断提升，中外译者合作研究中国典籍的翻译问题也是一种新路径，随着研究的深入，中西文化中精华的部分可以相互借鉴，共同致力于人类的福祉，服务于人类命运共同体。

【参考文献】

伊塔马, 2002. 埃文-佐哈尔. 多元系统论 [J]. 张南峰, 译. 中国翻译 (4).

郝文荣, 2020. 多元系统论在中国: 涅槃重生 [J]. 文化创意 (16).

桑兵, 2010. 国学与汉学 [M]. 北京: 中国人民大学出版社.

将坚松, 彭利元, 2006. 文化语境与中国典籍翻译 [J]. 中国外语 (3).

王宏, 张其海, 2019. 试论中华民族典籍传播的翻译学途径 [J]. 民族翻译 (1).

葛校琴, 2002. 当前归化/异化策略讨论的后殖民视阈——对国内归化/异化论者的一个提醒 [J]. 中国翻译 (5): 32-35.

查明建, 2015. 多元系统理论的整合与翻译文学史研究的拓展 [J]. 上海大学学报 (社会科学版) (3): 126-140.

刘云虹, 2018. 翻译定位与翻译成长性: 中国文学外译语境下的多元系统论再思考 [J]. 外国语 (7).

黄德先, 2006. 多元系统论释疑: 佐哈尔访谈录 [J]. 中国翻译 (2).

王东风, 2000. 翻译文学的文化地位与译者的文化态度 [J]. 中国翻译 (4): 2-8.

耿小超, 何魏魏, 2015. 悖论还是拓展: 多元系统论在国内的发展研究 [J]. 北华大学学报 (社会科学版) (4).

A Study on C-E Translation of Chinese Classics Under the Perspective of Polysystem Theory

Yang Xiaoru

(Xi'an University, Xi'an 710021)

Abstract: In 1970s, the Polysystem theory put forward by Itamar

Even-Zohar opened up a broader vision for translation studies, which made translation studies no longer limited to criticism within texts or comparison between different texts, but introduced historical view, systematic view and dynamic view into translation studies, and brought translation into a grand historical and cultural context. Guided by Polysystem theory, this paper analyzes the dissemination and translation strategies of English translation of Chinese classics from the macro perspective of history and culture, with the aim of seeking better strategies, methods and dissemination of Chinese classics in the context of building a community with a shared future for mankind.

Key Words: Polysystem Theory; C-E Translation of Chinese Classics; Translation Strategies

作者简介：杨晓茹（1980—　），女，陕西凤翔人，西安文理学院外国语学院讲师，研究方向为翻译学。

《小谢尔顿》字幕翻译中译者身份：草根性与社群性

——以第五季为例

李稳敏　王雪纯

（陕西科技大学，西安 710021）

【摘　要】网络字幕翻译因互联网媒介的发展在国内引起关注，在青年网络亚文化的影响下，青年译者成为网络字幕翻译的主力军，他们对原文进行解构重组，注入自己的思想，充分发挥自己的能动性对原文进行再创造，表达自己的情感需求和价值需要。在这个"创作"过程中，青年网络译者身份中的草根性与社群性得到了充分展现。本文以美国家庭喜剧《小谢尔顿》第五季为例，探究在青年网络亚文化影响下的译者身份中的两个属性。

【关键词】网络字幕翻译；译者身份；青年网络亚文化；草根性；社群性

1　引言

随着数字化信息技术的全球化发展，虚拟网络空间为世界各国之间的政治、经济、文化等交流提供了更多可能，也催生了网络影视剧的诞生。网络影视字幕翻译因此成为新的关注热点。现如今，人们的英语水平不断提高，任何译者都有一定的自由度，对国外影视剧进行翻译并进行发布。相较于传统院线的字幕翻译，网络字幕翻译中更能体现译者主体性，即其身份的草根性与社群性。同时，在青年网络亚文化的影响下，网络字幕翻译中译者的语言特点的青年化现象愈加显著，国内字幕翻译呈现出青年化时代的特点。

2 网络时代字幕翻译

随着我国经济全球化及互联网技术的迅猛发展，互联网外语视频大量涌入，国内对字幕翻译的需求也空前增长，民间字幕组应运而生。近年来，民间与官方合作的众包字幕翻译模式也屡见不鲜（曹艺馨，2015：78-82）。与以传统纸质媒介为载体的翻译实践不同，字幕翻译实践是人类信息传播借助电子媒介达到信息数字化的活动过程。网络字幕翻译是近二十年全球范围内兴起的文化现象。近十年，国内对网络字幕翻译研究热度持续上升，吸引众多学者对这一领域发展及研究的关注。

中国学者高兰云（1998）首次对"中文字幕译制片翻译"即英汉字幕翻译提出明确要求：译者要努力揣摩原作者心态，深刻理解原文本内容。李运兴（2001）从时空制约、信息功能以及文化因素三个方面分析了字幕翻译的特点，并提出了相应的字幕翻译策略。麻争旗（2005）聚焦我国影视字幕翻译理论及其翻译人才培养等研究。字幕翻译应该遵循刘重德先生"信达切"中的"切"原则，即"切合原文风格"（高红，2015；刘重德，1983）。曹艺馨（2017）聚焦影视字幕翻译的研究范围、对象和文本，同时探索其跨学科研究方法。王华树、李莹（2020）认为，字幕翻译技术呈现出集成化、自动化、智能化、众包化的发展趋势。李燕、麻争旗（2021）认为，字幕翻译是构建国家形象，传播中国文化的重要媒介，应在学理、能力、实践、把关等方面提升中国电影外译的理念。

网络字幕翻译大多由草根译者自发进行。随着信息传播技术的发展，许多国外影视剧在当地上线六七个小时之后，在互联网上就会出现带有目的语字幕翻译的视频，供世界范围内的受众观看。传统院线译配的译者大多出身有资格审核的职业译者，他们遵循所学的翻译理论，结合语境、意识形态、接受人群等因素对译本进行翻译。而草根译者相较而言多为青年人，翻译更加随心所欲，拥有非主流的语言特点：本着娱乐至死的态度，用戏谑、搞怪的语言风格融入译者自己的态度、情绪、语言表达嗜好等来解构原语文本，再现原语内容，其译语文本新颖独特。

2.1 青年网络亚文化

根据《中长期青年发展规划（2016—2025年）》的定义，青年指14～35周岁的人群。又据2022年发布的《第50次中国互联网络发展状况统计报告》：我国30～39岁网民占比20.3%；20～29岁网民占比17.2%；10～19岁网民占比13.9%。可见，青年群体在互联网中占据较大比例。

美国社会学家Milton M. Gordon（1947）首次提出亚文化概念：亚文化是基于种族、经济、宗教和地区等不同社会要素而产生的与同时代主流文化有显著差异的文化。根据英国伯明翰大学当代文化研究中心学者的研究：抵抗、协商、风格、收编等成为青年亚文化研究的关键词（黄蓓，张红霞，2017：82）。另有伯明翰学派学者认为亚文化是阶级文化的一部分，代表着次级群体和边缘群体，如工人阶级、女性等对于主流文化和霸权的抵抗（周敏，杨富春，2011：24）。王曙光（1985）认为，外来文化在青年一代身上的烙印形成一种社会清流，属于亚文化范畴。张世昌（2019）认为，亚文化是青年群体价值观念和行为特征的突出表征。

青年网络亚文化作为青年亚文化的子集，自网络空间形成伊始便在潜移默化地形成（敖成兵，2019：8）。国内青年网络亚文化研究有标志性的两个事件：其一，《网上生活》（Internet & Intranet）杂志开启了中国互联网生活方式的探索，研究者与研究对象主要为青年群体；其二，相关早期研究成果的陆续发表和出版：既有西方黑客亚文化（Hacker-Subculture）、网络文化新语言（BF；BTW）等的引介，又有如国内学者卜卫（1997）对"瀛海威时空"网络用户实证调查。1998年之后，亚文化研究者关注网络文化对青少年群体的负面影响。虚拟社区"迷"文化研究（葛涛，2005）、恶搞亚文化（蔡骐，2007）、语言亚文化（董长弟，2008；马川，付莹，2021）、粉丝亚文化（陆嘉宁，2015；杨洋，2019）、耽美亚文化（张翼，董小玉，2013）以及青春写作亚文化（蔡朝辉，2007；郭艳，2011）等成为青年网络亚文化研究的主要主题。凡是嵌入、植入、融入网络空间场域里的，以特殊的流行风潮、行为范式、风格趣味、意念情态进行价值重塑、精神打磨、文化再造的青年亚文化，皆可纳入青年网络亚文化的范畴，青年群体在移动互联网的帮助下，以网络空间为"巢"，形成了自己的特点和风潮（敖成兵，2019：78）。随着青年一代的话语、行动表达在网络空间凸显主体地位，其文化样态与社会主流文化日渐相当的影响力将成为助推网络文化发展壮大的主力军。

在青年网络亚文化的影响下，译者主体性在网络字幕翻译中表现得尤为突出，普通译者借助网络平台，彰显个人价值观念，表达个人情感诉求。Neil Postman（1985）提出文化已经成为娱乐至死的舞台。日新月异的网络技术也使得青年群体在网络空间中的狂欢程度变得更加激烈。鉴于青年一代对于新媒体的接受度和包容度更高，青年普通译者借助新媒体，用特殊的词汇、表情包语构方式，构建具有独特性和社群性的言语特征和话语体系，形成独具风格的青年网络亚文化，显著区别于社会主流文化。在新媒体改革走向成熟的今天，普通译者虽然追求自由表达，但需在网络监管和意识形态的边界内活动，这种妥协体现出温和抵抗的特征，如"Follow your heart"译为"怂"，将对日常生活中的不满以更显温和的方式表达。又如歌名"Because you love me"译为"你是我的优乐美"既音译又巧妙选词，将异化和归化翻译完美结合，创新赋予译语新表达、新概念及新的文化形式，且调皮嬉戏溢于言表，凸显戏谑狂欢、自我赋权等青年网络亚文化特征。他们收敛了作为非主流文化的情绪表达，但仍延续了象征性、臆造性符号的群态狂欢和整蛊风潮（敖成兵，2019：82）。由此可见，普通译者的价值诉求、意愿需求、情感表达、情绪传播等往往会通过温和、隐喻但又不失个性的方式进行表达和传递。

2.2 亚文化译者身份中的草根性与社群性

身份一词揭示的是生活在社会中的个体与社会的关系。作为身份概念中的重要一环，身份认同主要关注差异与相似的关系，即个体对自我身份的确认、对所归属群体的认识以及所伴随的情感体验和对行为模式进行整合的心理过程（张淑华等，2012：22）。普通译者在社会学领域被赋予基层民众的内涵，普通译者也被称谓草根译者。1987年左右，草根一词进入汉语语用圈：与政府或者决策者相对的势力，如民间组织和非政府组织被称作草根组织；与主流的或是精英文化、阶层相比相对弱势阶层的力量，如民间习俗文化等被称为草根文化（梁静璧，2010：143）。网络时代非职业译者被称作草根译者，他们自发合作而成的字幕组被称作草根字幕组：具有非官方、非主流、非权威但在网络监控下自由彰显鲜明个性的亚文化特征。

Rheingold（1993）最早提出网络社群概念，认为当有足够的人长时间地共同参与一个公共讨论，投入足够多的情感，并在网络空间中构成一个由个人关系组成的网，就会形成网络社群这种网络上产生的社会群聚现象。Armstrong和Hagel（1996）将网络社群分为四类：兴趣社群、关系社群、幻想社群和交易社群。网络社群的组成则较为特殊，社群成员可自由邀请人员，或朋友或爱好相近者，交往互动中慢慢发觉互相之间想法、语用习惯、思想观念等同属一个社群，由此产生了身份认同，组成一个个网络社群。当然在交流互动过程中，若有"志向不投者"也可自由退群。由草根译者自由组合而成的草根字幕组也是由此而来，因为拥有共同平台和共同兴趣而彼此间产生一定的关系，不仅是进行文字翻译，而且还进行信息筛选，将自己认同的内容传递给认同自己的受众，因此该类人群会更多关注自我感受而忽略受众关照。

草根译者大多从事与翻译无关的工作，出于其兴趣、自身思想与情感传达及文化担当等考虑，自愿担任文化搬运工的角色。他们的翻译速度和质量有着不可控、不确定的状态，体现出随感、随性、随意、自由的草根性特征。值得关注的是，网络时代下的青年草根译者相较于传统的职业译者，更加关注网络动态和技术发展新动向，紧跟时代风向标，因此他们更能把握时代风潮，了解当代互联网用户的倾向，对于自己的译者身份有着清晰的认知。草根译者的网络字幕翻译有着自我赋权后更具个性灵活的特点，所产出的译文大多更轻松活泼，关联当下，易于引起当代网友的共鸣，其译文也有显著的社群性特征。但同样，草根译者的不可控和非科班出身也有其局限性，有时也会产生负面效应，因此须有网络监控。

因追求时效性，网络字幕翻译往往不是由单人完成，译者成员之间分工合作，虽然个人特色不同但因其相似的语言特点及共同爱好，由此组成字幕翻译的社群即字幕翻译组。他们深度融入网络话语体系，期待其创造性的译文能够引发读者的关注和共鸣，从而获取更多的认同。

草根译者有着双重身份：受众和译者，他们大多是因对原语影视剧的喜爱，渴望分享其观看体验感，而对影视字幕翻译产生了浓厚兴趣，成了网络字幕组的兼职译者成员。正因喜爱，这些受众译者能在翻译过程中注入独特的想法与创意，对原语文本进行再诠释。也因其拥有受众身份，他们对于译本的解构重组也更易被喜爱影视剧的社群受众所接受和认同，并会通过流量、点击率、弹幕及评论对自身能力进行反思及提升，如此环环相扣，形成社群性极强的草根群体特征。

3 草根性与社群性在《小谢尔顿》第五季中的体现

《小谢尔顿》是一部美国家庭连续喜剧及教育片，2022年更新至第五季，从第一季9岁即将读高中的谢尔顿到第五季11岁的谢尔顿步入大学，每一季的故事内容都围绕谢尔顿及其家人的日常生活展开，让观众能够直观感受到谢尔顿的家庭氛围和成长过程。这部剧的剧情亮点之一在于旁白，旁白念词演员为《小谢尔顿》的主线剧《生活大爆炸》中成年谢尔顿的扮演者，可以让观众感受到似乎是谢尔顿在亲口讲述自己的成长故事。2022年第五季的《小谢尔顿》时效性较强，其字幕翻译对于研究当下青年草根译者身份及其字幕组的译文特点很有帮助。翻译本部影视剧的"人人视频"字幕组由青年草根译者组成。草根二字并不是形容译者翻译水平低下，而是指其并未受过翻译专业训练或并非职业译员。从《小谢尔顿》译文可以看出，该字幕翻译组成员不仅拥有较高水平的英文理解能力，同时也拥有较高的文化素养，熟练掌握中华优秀传统文化和汉语表达能力，其译文充分彰显了青年亚文化群体的自由性、自主性及创新性，语言也具有青年网络亚文化特质，他们是大数据时代网络技术的先锋，文化创新的先行者。具体体现为如下几个方面的特性。

3.1 中国特色化

字幕翻译过程中通常涉及英汉两种语言及文化之间的差异，因此译者在翻译过程中须考虑这些差异，努力再现原语信息。而网络字幕翻译中，译者则更加从心所欲、自我赋权，形式上灵活借用中国文化特色的表达方式如特色词汇、成语、俗语、谚语、古语、诗词歌赋等，构建再语境化的富含特殊感情色彩的特殊语义，不仅简短精辟，而且兼具意韵神情，满足译者自我传情达意的意图，吸引同类社群受众。

例1

原文："**What do you want**?"

译文：你想干吗？

原文："Is that any way to greet an officer of the law?"

译文：这就是你跟执法人员打招呼的态度吗？

原文："Sorry. **What do you want**?"

译文：对不起。**阁下有何贵干**？

原文："I hear you're back in business."

译文：我听说你重操旧业了。

原文："We're **not breaking any laws**."

译文：我们都是**良民**啊。

分析：原语是由五句对话组成的语篇，是谢尔顿的姥姥（以下简称姥姥）和执法人员之间的交流对话，不论是从原语句子的语义，还是从姥姥和执法人员对话时的语调语气和表情，姥姥对执法人员的反感与抵触情绪，及两者的对立情绪尽展受众眼前。对于同样的原语询问，译者的译文从冷漠的"你想干吗"转向略带讽刺的"阁下有何贵干"。同样语义，不同蕴含。"阁下"和"贵干"为古语，前者泛指对人的尊称敬称，后者则为称人所作之事的敬词。译者在创造幽默的讽刺话语的同时展示自身丰厚的中华文化底蕴，将古语再语境后呈现，恰切地表达了言后之义及言外之情。该对话语篇中，执法人员也是针锋相对，直入主题，尽显权威，但姥姥并未直接回应，而是用"not breaking any laws"睿智回应。美国公民自诩拥有十分牢固的法治社会观念，与执法人员对峙时也会将法律条文挂在嘴边。译者巧妙选择"良民"一词，用肯定句表达形式深入解读原语否定句的内涵语义。"良民"出自战国时期《韩非子》："夫惜草茅者耗禾穗，惠盗贼者伤良民。"古时指遵纪守法的善良百姓。抗战时期，日寇通过发放"良民证"拉拢当地百姓为其效力，良民证从此被赋予贬义内涵。2010年，江苏睢宁县实行"良民评级"，将公民生活各个方面纳入评级范围，引起社会褒贬不一的评论。译者此处选用带有具有超脱时代的中国传统词语，借用古时含义"遵纪守法之人"，从字面意义看，忠实表达原文语义，但从蕴含语义看，译者以嬉戏调侃的态度表达了内心的不屑，充分体现了译者的主体性及其民族文化立场与身份。

例2

原文：**You never get any glory without a little pain.**
译文：不经一番寒彻骨，哪来梅花扑鼻香。

分析：原语句法采用"never...without"双重否定的句法结构，揭示了"pain""glory"之间的关联度，强调了"glory"得之不易。译文改写自唐代七言绝句《上堂开示颂》"不经一番寒彻骨,怎得梅花扑鼻香"。用梅花顶风冒雪开放、发出芳香,比喻经过艰苦摸索、禅机顿悟的境地。译者借用中国经典诗句,采用比喻的修辞手法和反问句的句法结构,深刻地揭示了梅花香与寒彻骨的关系,用形象的比喻阐释了获荣誉与痛苦磨难的内在关系,这样的译文内涵丰富,体现了译者良好的文学素养,读起来也朗朗上口,同时又颇具中国文化特色,引人深思,发人深省,从句法结构、情感表达、韵律节奏等方面都增强了受众阅读和审美体验感。

例 3

原文:"I take it from their reaction that was a good **dig**?"
译文:从他们的反应来看这句话杀伤力很强咯?
原文:"**Solid**."
译文:杀到六亲不认。

分析:原语中"dig"一词有挖掘、搜寻、寻找之意。谢尔顿的朋友与他人发生争执,在争吵过程中朋友大获全胜,谢尔顿从失败那方的反应中询问朋友刚刚的话是否挖掘到对方的痛点,即是否杀伤力很强,"dig"在此为隐喻。"solid"原意为"坚固的;相当好的"等。"solid"在此体现了"dig"的杀伤程度。"六亲不认"为四字格,出于张天翼的《万仞约》:"那名堂一立,就六亲不认了。"形容狠心到不同情、不重情的程度或做某事发挥出超高水平,与"solid"原意中"相当好的"所蕴含的程度相近。译者充分发挥其主体性,自我赋权,用带有富含中华文化且颇具中国特色的四字格忠实再现原语内涵,且上下文中的"杀伤力"和"杀到"也相互呼应,将原本平淡的表达更加戏剧化、形象化,吸引受众的同时增强其观看体验。

3.2 混杂性与诙谐性

诙谐性是指译者在翻译过程中语言表达往往更加幽默俏皮,有时会通过篡改俗语或日常用语来创新表达文本内容。混杂性则是译者在翻译时会借用青年群体周知的两种语言间的相似含义对译文进行灵活处理，营造轻松愉悦的氛围，产生幽默效果，易于与受众互动，产生共鸣。

例4

  原文："So, how do you relate to young people?"
  译文：所以你和年轻人的关系如何？
  原文："**Bad**. Which is what kids these days say when they mean good. It's a **Michael Jackson song**."
  译文：不好。但是这个词在孩子里就是好的意思。这还是**迈克尔·杰克逊的歌名**。
  建议译文：不好，但孩子们说"bad"时，意思是"好"。"bad"还是迈克尔·杰克逊的歌名呢。
  原文："Here's another Michael Jackson song：Beat it."
  译文：拿另一首迈克尔·杰克逊的歌名送给你：滚蛋。

分析：剧情中校方在招聘老师时，询问应聘人员与孩子们的关系如何，应聘者以漫不经心的语气回答"bad"，并解释说孩子们认为"bad"就是好的意思。汉语有句话"男人不坏女人不爱"，这里的"坏"，对女人来说，并非真正意义上的坏。应聘者想要以调侃诙谐的方式，增加轻松感并给对方以幽默且有亲和力的感觉，但根据下文语义，应聘者这样的幽默诙谐方式却用错了场合，没有准确把握求职应聘是一个比较严肃的场合。第二句阅读起来因语义不清晰而导致幽默感和诙谐感有所减弱。建议将原语"bad"一词置放在后续所指之处，语义表达清晰的同时更加凸显了混杂性、诙谐性和创新性。让观众在有限的时间里更能以轻松愉悦的心情理解原文。

例5

  原文："But I want you to know that I'm trying to **change**."
  译文：因为我想让你知道我在努力**改变**。

原文："Cause that's **what people do—they change**."

译文：因为常言道，"狗改得了吃屎"。

分析：这段对话出现在因吵架后分手的姥姥前男友上门求和的场景中。男方说自己在努力做出改变，而姥姥则并不相信，并用讽刺的话语做出回应。在中国俗语中，"狗改不了吃屎"为贬义，常用来比喻本性难改，在这里，译者将"they change"即"人们会做出改变"用"狗改得了吃屎"这句改写后的俗语进行表达，保留俗语部分语言符号的同时结合英文原意，创造出新的话语文本与话语意义，使用诙谐且讽刺的语言忠实传达原文内容，展现译者自身及角色意图，译者所具有的戏谑狂欢的亚文化特质也得以体现，译文达到幽默的效果，使受众留下更加深刻的观看体验。

例6

原文："And remember, no **parties**."
译文：记住，不准开趴体。
原文："**S-s-sorry**"
译文：嘶–嘶–斯米马赛

分析：这两个简单的英文对白的翻译都采用了"仿译"，即根据原文中词或短语的意义仿造出一个在目标语言中不存在的、新的词或短语（董砾，2021：187）。"趴体"是"party"音译得来的。"斯米马赛"则是日语"ありません"即"对不起"的发音，同时"嘶–嘶–斯米马赛"与"S-s-sorry"在表达形式上完全统一，借助英文发音的同时借用日语含义进行融合表达。翻译存在的意义成了两种语言文字的互文，让译者的行为带上了表演性质（郑熙青，2020：116）。译者受外来文化影响较深，所具有的自我赋权亚文化特质也在其译文中有所体现。他们借助译文表达，以期吸引同类社群受众。但同时，这类表达缺少汉语字面信息，"趴体"单从字面意义容易引起歧义，而以日语发音进行表达则易引导观众进行日语学习，与中华民族身份认同及树立文化自信的观念有所脱节。

3.3 创新性与流变性

创新性与流变性是指译者在翻译时使用的语言会带有当今时代特色，更关注到流行趋势，语言使用方面会加入一些网络及生活流行话语，青年群体在互联网中占据较大比例，具有流行色彩的语言容易引起青年受众的共鸣。虽然流行语不一定符合现今语法规则，甚至一段时间后会不再流行，但它们丰富了词库，同时也能反映社会文化。流行语中的言外之意也可以将一些不方便表达出的内涵点到即止。美国青年人所主演的美剧颇受中国青年群体偏爱，将字幕翻译成当下流行语，满足青年观众追求时尚的心理，从而获得这一群体的认同。

例 7

原文：If you get scared, I'm here.
译文：别害怕，有我在。
原文：**Terrific**.
译文：呵呵。

分析："terrific"一词意指"极好的、了不起的"。此处场景为谢尔顿的小姐姐米希和邻居比利的交谈，比利喜欢米希，但米希对比利却无好感，"terrific"在此语境下蕴含敷衍。因此，在剧情中，"terrific"并不是字面上的意思，有着言外之意。"呵呵"一开始是表示人开心的心情，后因互联网的发展被越来越多地用在网络蕴含无奈之意，表明话不投机或者聊天无法进行下去。"terrific"背后的隐喻和网络用词中的"呵呵"不谋而合，表示出对对方话语的不信任、不感兴趣并要结束聊天的敷衍。译者充分发挥自主性，用较为温和的"呵呵"作为译文隐喻表达说话者的敷衍态度和无奈之情，传递自身意图的同时想要与同类受众创建联系，这一译文也更贴近青年亚文化心理。

例 8

  原文：That is the most damn **depressing** thing I have ever heard.
  译文：这是我听过的最**致郁**的言论。

  分析：原语为酒吧老板听完教授讲述打电话救助濒死的犰狳的心路历程后所说的话语。"depressing"意为"令人忧郁的，沮丧的"，译者充分发挥主体性，创造性地选择诞生于互联网时代的网络流行语"致郁"来对应"depressing"，"致"为致使，"郁"为忧郁，意思是令人情绪低落，与更多人熟悉的"治愈"同音反义。译者将"最令人抑郁的"译为"最致郁的"，表达了原语对应词语义的同时也将句意要点落到了"言论"上，强调了致郁诱因，增强了受众的阅读感染力。该译文既契合原语语义，同时该词在汉语中又具有创造性，符合网络流行趋势的同时也符合字幕翻译瞬时简短的特点。

3.4　简明化与形象化

  简明是字幕翻译的硬性要求，而形象则是判断译文质量及译者能力的审美标准，译者在翻译时依旧顺应字幕翻译简明的特点，与此同时，他们会更加灵活地使用语言。语言本身不具有形象性，但却有引起形象感的能力，草根译者充分利用这一能力，加入自己的联想，进行遣词造句，由此创造出的翻译也能令观众想象到文本背后的画面，引起观众联想并产生概括和抽象的形象感。

例 9

  原文：This little talk you were planning on is causing quite the tizzy.
  译文：你准备的那个小小的谈话好像引起了不小的骚乱啊！
  ……
  原文：You know who wasn't afraid of causing a tizzy?
  译文：你知道谁不怕引起骚乱吗？

原文：Yeah, yeah, Jesus.

译文：知道，耶稣。

原文：But he didn't get **14 messages** from **angry parents on his answering machine**.

译文：但他可没被 14 个发怒的父母**夺命连环呼**。

建议译文：他可没（像我一样）接到发怒父母的 14 条夺命连环呼。

分析：根据原语上下文语境可知：新入职的教师在课堂上言语不当引起了愤怒的家长们一拨又一拨的投诉，校长与其讨论此事时，新教师不以为意。从原语第四句校长所说的话可以得出本句言内之意：校长接到了投诉信息。还有言外之情：家长们愤怒情绪致使校长内心惶恐；校长对新教师毫不在乎的态度极为不满。译者在第四句译文中选用生动形象的夺命连环呼，说明投诉数量之多，时态之紧急。但前半句的字对字翻译却有待商榷，"14 个"置放位置会引起误解，是指父母人数还是指信息的数量？建议译文修改为：他可没（像我一样）接到发怒父母的 14 条夺命连环呼。增补括号里的像我一样，会使语义更加明了，逻辑更加清晰，上下文关联度更加密切，同时也更具有感染力。

例 10

原文："Cause I'm the one who **egged your store** last night."

译文：因为昨晚**蛋洗你店**的人就是我。

分析：原语为小谢尔顿的哥哥（以下简称哥哥）和商店老板的对话。根据牛津词典："egg"常作名词，意为"鸡蛋"。原语"egged your store"短语中创造性地使用了名词鸡蛋的动词涵义，在这样的语境下，语义为"用很多鸡蛋砸……"使得原语语义极具动态感和创新性。译者采用仿写，借用杜甫的《悲陈陶》诗句"群胡归来血洗箭"中的"血洗"一词，生成"蛋洗"一词，既能准确表达所用鸡蛋数量之多，同时也能生动形象地传达原语言内之意和言外之情。充分地体现了译者深厚的汉英双语功底和文化传播能力。符合字幕话语简明特点的同时，更富有生动性。译者发挥主体性的同时，其翻译也不再贫弱、苍白，更具有生机与活力，激发观众的想象。

3.5 轻松化和口语化

译者在进行翻译时更强调自由与轻松，他们更注重翻译时的自由主义，认为译文应是与观众进行一场朋友间的对话。轻松化的语言简化了对话间的复杂性，弱化了许多严肃而沉重的冲突和话题，将这些话题以一种轻松、从容的形式进行展现。译者与大多数观众年龄阶段相似，有着共同的兴趣爱好，而选择口语化的译文更能展现译者自身的表达习惯，充分发挥译者主体性，同时拉近和社群受众的距离。

例 11

原文：You might be overthinking this.
译文：你有点小题大做了。
原文：I'm **not**.
译文：没有耶。

分析：原语为小谢尔顿与他的爸爸（以下简称爸爸）对话时所说的一句话，语言凝练。译者英译时通过省略主语"我"保留了语言凝练的风格，同时通过增补"耶"这类句尾语气词来营造轻松愉快、自由惬意的交流氛围，勾勒出对话角色之间的亲密关系及其身份特征的同时也彰显译者的亚文化草根特质。又如本剧中爸爸和邻居道别时的"bye"，译者将其译为"没有哈"，此处的"哈"也具有同样功效。

例 12

原文：I got candles, I'm gonna get some takeout. I'm good.
译文：我有蜡烛，我打算叫外卖吃。谢邀。
原文：Ohh, well, I could come over, we could...
译文：那我可以过来啊，我俩……

原文：**No**, byebye.

译文：别介，拜拜。

分析：爸爸和姥姥在停电时进行了上述对话。"别介"为京津方言，重点在于"别"，"介"为虚字眼，表示制止，不要这么做，京津方言的语音语调又本身自带幽默感，"别介"相对于"别""不要"的表达语气更为客气。姥姥这里更倾向于独自在家，想要拒绝爸爸的提议，使用"别介"相较于生硬的语气让人感觉言者更为谦和，彰显角色关系的同时忠实传达角色意图。译者熟悉中文方言，其自由随性的译文也将方言独有的语调和幽默感带给观众，用轻松的话语避免对话间的复杂程度，拉近译者、观众和角色三者之间的距离，观众可以拥有更好的体验感。

职业译者在翻译时会受到社会意识形态和主流诗学等诸多限制，如果使用过多粗俗话语，译文很有可能出现不过审或下架的情况，但草根译者却因网络空间的包容性强而更加不受限。因此在网络平台中，粗鲁化的、低俗化的译文屡见不鲜。当青年草根译者在网络上生产并传播这些译文时，翻译变成了群体互动、网友参与、大众狂欢的途径。草根译者获得了更大的权利，随心传播好恶，确立自身身份，并吸引同类社群受众。但这种权力的滥用却极易产生不利影响，成为传播不良信息的途径，应予以摈弃。

4 结语

由于青年草根译者职业的非单一化，他们在对于某些题材的翻译上会更加得心应手，比如科幻、推理、网络小说等。网络平台的包容性较强，译者自由度高，他们在网络字幕翻译中更能发挥自己的优势，甚至独辟蹊径，各种各样出人意料的网络字幕译文层出不穷。同时，由于青年草根译者受到青年亚文化的影响，在其字幕翻译中会展现青年网络亚文化特征：草根性和社群性。草根性体现译者的自主性和自由性，社群性则能让他们寻找到同类社群。译者会借助网络平台进行个人情感宣泄，表达情感诉求，但也有可能在网络中过度沉迷。

青年草根译者已经逐渐成为网络时代的主力军，但其译文接受度却高低不一，他们在译文中所体现出的受外来文化影响及粗鲁化、低俗化是否合适也值得商榷。同时，网络影视剧即字幕组翻译的版权问题也一直存在争议。对此，网络监管部门及政府相关部门也应对青年草根译者正确引导，合理约束，帮助译者树立正确人生观、价值观，充分发挥其在网络世界中的影响力，让他们能够在推进中外文化交流互鉴，帮助中国文化"走出去"的同时，提升我国文化软实力方面充当积极向上的角色。

【参考文献】

敖成兵，2019. 青年网络亚文化的温和抵抗：特质、缘由及审视 [J]. 当代青年研究（2）：78-84.

卜卫，1997. 百姓、青年与网络 [J]. 青年研究（4）.

曹艺馨，2017. 网络时代字幕翻译研究方法：现状、反思与展望 [J]. 上海翻译（5）：27-31.

曹艺馨，2015. 互联网大众翻译模式微探：历史、现时、未来 [J]. 中国翻译，36（5）：78-82.

杜明曦，曹艳，2020. 我国青年亚文化研究二十年（1999—2019）：基于CSSCI 期刊论文的观察 [J]. 青年探索（5）：93-102.

董踪，2021. 翻译技巧与翻译方法、翻译策略的区别及其分类 [J]. 湘潭大学学报（哲学社会科学版），45（2）：186-189.

樊亚茹，杨慧民，2021. 网络青年亚文化的内在规定性 [J]. 学习与实践（7）：125-131.

葛校琴，2002. 当前归化异化策略讨论的后殖民视阈：对国内归化异化论者的一个提醒 [J]. 中国翻译（5）：32-35.

高红，2015. 中国电影字幕翻译之"切"的原则 [J]. 上海翻译（2）：28-33.

高兰云，1998. 略论影视剧本翻译 [J]. 中国广播电视学刊（S2）：66-67.

黄蓓，张红霞，2017．国内外青年亚文化研究述评［J］．中国成人教育（12）：81-83．

梁静璧，2010．《功夫熊猫》港版配音翻译的草根化倾向［J］．电影文学（3）：142-144．

李燕，麻争旗，2021．中国电影海外传播的字幕困境及其外译理念的革新［J］．电影评介，No.657（7）：20-25．

李运兴，2001．字幕翻译的策略［J］．中国翻译（4）：38-40．

李国鹏，2014．译者身份今昔论［J］．山西师大学报（社会科学版），41（S4）：120-121．

李晗佶，陈海庆，2020．翻译技术时代的译者身份认同探析［J］．上海翻译（6）：35-39．

王东风，2007．帝国的翻译暴力与翻译的文化抵抗：韦努蒂抵抗式翻译观解读［J］．中国比较文学（4）：69-85．

王楠，2018．从"玩家"到"专家"：跨文化语境下字幕组的历史溯源与传播实践［J］．电影评介（18）：10-15．

王堃，2018．游戏网络社群中的互动仪式链传播模型探究［J］．视听（2）：96-97．

王曙光，1985．青年亚文化社会功能浅析［J］．社会（1）：14-15．

许家群，2011．"翻译新语言"在电影翻译中的运用［J］．电影文学（1）：152-153．

张淑华，李海莹，刘芳，2012．身份认同研究综述［J］．心理研究，5（1）：21-27．

张世昌，2019．网络语境中青年亚文化话语探赜［J］．福建论坛（人文社会科学版）（8）：48-54．

邹常勇，朱湘军，2021．网络翻译传播中的"改造式翻译"：青年网络亚文化的视角［J］．上海翻译（3）：34-38．

周敏，杨富春，2011．新媒介环境与网络青年亚文化现象［J］．新闻爱好者，No.391（19）：24-25．

郑雯，陈李伟，桂勇，2022．网络青年亚文化的"中心化"：认知、行动与结构——基于"中国青年网民社会心态调查（2009—2021）"的研究［J］．社会科学辑刊（5）：199-207.

郑熙青，2020. 影视作品字幕翻译中的译者可见度与社群性 [J]. 文艺研究（3）：109-121.

Armstrong, A. & J. Hagel. 1996. The real value of on-line communities. *Harvard Business Review* 74(3), 134-141.

Howard Rheingold. 2008. Virtual communities—exchanging ideals through computer bullet in boards [J]. *Journal of Virtual World Research*, 1(1): 1-5.

Hagel, Armstrong. 1999. Net gain: Expanding markets through virtual communities [J]. *Journal of Interactive Marketing*(1): 55-65.

Translator Identity in Subtitle Translation: Grassroots and Communality: A Case Study of Young Sheldon (Season 5)

Li Wenmin   Wang Xuechun

(Shaanxi University of Science and Technology, Xi'an 710021)

Abstract: Online subtitle translation has attracted attention in China due to the development of the Internet. Under the influence of the youth network subculture, young translators have become the main force of online subtitle translation. They deconstruct and reorganize the source text, infuse their own ideas, and give full play to their initiative to recreate the source text to meet their emotional needs and value needs. In this "creation" process, the grassroots and communality of young online translators are fully displayed. In this paper, the American family comedy Young Sheldon (Season 5) is taken as a case study to explore the grassroots and communality of the translator identity under the influence of youth network subculture.

Key Words: Online Subtitle Translation; Translator Identity; Youth Network Subculture; Grassroots; Communality

众包翻译：概念辨析与特征分析

张 洁 石雨曼

（西安理工大学，西安 710048）

【摘 要】利用文献调研法，对众包翻译的缘起、发展脉络进行了梳理，分析了与相关概念的联系、区别和特征。研究表明：众包翻译是组织化、规模化、商业化程度最高的翻译模式；协作翻译包含众包翻译，是众包翻译的上位词；社区翻译原指志愿者为移民、难民等社区群体提供公益性翻译服务，后指网络社区群体自发、自愿地合作完成翻译任务；粉丝翻译指粉丝或爱好者在线参与翻译，内在驱动力影响较大；不依靠专业译员完成的翻译均可称为用户生成翻译，众包翻译是用户生成翻译新的发展阶段。众包翻译在商业模式视角下具有方便、快捷、时效性强、互动性强等特点，在技术突破和国家战略视角下具有交叉性、前瞻性、突破性、新颖性等特征。本研究可为网络大众协同翻译现象更加深入的研究提供借鉴和参考。

【关键词】众包翻译；概念辨析；特征

1 引言

翻译有助于推动中外文明交流互鉴，有利于提高中华文化软实力，促进人类文明繁荣发展。随着互联网技术的快速发展和网络沟通的普及，市场对内容翻译的需求急速增长，传统的翻译模式已经无法满足市场的需求，基于互联网的大众参与协作翻译模式应运而生，为翻译产业注入了活力。学界对这种新型翻译模式的术语界定因人而异，有用户生成翻译（User-Generated Translation）、协作翻译（Collaborative Translation）、社区翻译（Community Translation）、粉丝翻译（Funsubbing）、众包翻译（Crowdsourcing Translation）等，其中"众包翻译"是最常用的表达方式。至今，国内外学者围绕众包翻译展开了较为丰富的研究，主要涉及翻译模式（Mesipuu，2012；贾立平，2015；胡安江，2017）、译文质量控制（Persaud，2019）、译者参与动机（陆艳，2020）等。个别学者对众包翻译概念、特征进行了探讨（Dolmaya，2012；曹艺馨，2015），但局限于与传统翻译模式、用户生成翻译进行对比分析，未追溯众包翻译的缘起、发展历程，以及同相似概念群进行对比分析，难以形成系统性术语体系，不能精准界定众包翻译的概念和特征。

　　本文利用文献调研法，对众包翻译的缘起、发展脉络进行梳理，并将其与协作翻译、粉丝翻译、社区翻译、用户生成翻译等相似概念进行对比分析，厘清众包翻译与各术语之间的区别，最后，从商业模式、技术突破和国家战略两个视角归纳总结众包翻译的特征。本研究可为后续对网络大众协同翻译现象进行更加深入的研究提供借鉴和参考。

2　众包翻译的缘起

　　"众包"一词最早出现在 Jeff Howe 2006 年发表于美国杂志《连线》上的文章《众包的兴起》中，他指出，众包（Crowdsourcing）是指传统上由指定员工完成的任务，通过公开发布将其外包给一个不确定的，通常是较大群体的行为（Anastasiou et al.，2011）。Brabham（2008）认为，众包是一种企业经营战略模式，旨在吸引一群有兴趣、有动力的个体参与工作，他们能够提供比传统商业模式更高质量、更多数量的解决方案。

众包由传统的外包模式衍生而来，是网络社会中的社会化生产模式。但是其不同于外包所强调的专业化分工，众包的参与者是来自不同领域、不同背景的广大业余爱好者。众包具有低成本、高资源调配力、高生产效率、个性化生成等特点。翻译行业中的众包，称为"众包翻译"，是在外包的基础上发展而来的。以往的翻译外包是将翻译任务外包给专业的翻译团队，注重专业化的分工。随着全球国际化的不断深化，市场对翻译需求量急剧增加，对翻译产品的需求也日趋个性化，传统的翻译模式逐渐难以应对新时代的挑战。在众包翻译模式下，翻译任务可以借助广大的网络群体去完成，大大提高了翻译效率，缓解了语言服务商的困境。可以说，众包翻译是翻译任务外包的商业模式，与社会经济发展密切相关，它不是一个单纯的翻译学概念，而是一个具有多重视角的复杂概念。

3 众包翻译的发展

众包翻译紧密依托于互联网 Web2.0 的发展。2006 年前后，众包翻译开始出现，到了 2010 年，众包翻译已经发展成为主流翻译模式之一，其涉及的领域非常广泛，如百科翻译、社交网站翻译、国际会议翻译、软件本地化翻译、非营利性组织翻译、灾害公益翻译、视听资源翻译等，这些翻译活动有一个共同特征，即是由某组织或者机构发起，自上而下的翻译活动。众包翻译继承了"众包"的特点，呈现规模化协作、开放式的工作流程、译员非职业化、译员即读者四个特征（陆艳，2012）。至今，众包翻译经历了初级模式和综合服务模式两个阶段。

初级模式基于用户生成内容（User-generated content）的理念，用户生成内容即由业余人士通过各种方式创作的可在网络上公开发布的内容，这些内容往往具有一定的原创性。用户在脸书、推特、博客等网络社交媒体上发表观点、交流经验，他们发布、生成的内容都属于用户生成内容。众包翻译的初级模式是通过网络平台将翻译任务发布给网络大众，基本都是人工翻译。由于参与者众多，需要平台进行有效管理，并采取一定的激励措施。Facebook和译言网是众包翻译初级模式的代表性案例。初级模式主要涉及发包方和译员两个群体，基本运营理念是依靠网络用户主动参与，完成翻译任务。由于参与翻译的网络群体庞大，翻译任务可以被低成本、高效率地完成。然而，对于发包方来说，翻译质量难以保证，风格难以统一，增加了译文后期处理的压力和成本。对于译员来说，参与众包翻译难以体现其个体创造的价值。此外，若发包方知识产权保护意识薄弱，还会损害译员的合法权益。

近年，出现了专业化的翻译众包综合服务提供商，其在发包方和译员之间搭建了一个翻译业务对接平台，大幅度降低了客户寻找译员、译员寻找翻译任务的时间和金钱成本，并为译员之间开展远程协同工作提供技术支持。这种模式的发展基于Web3.0的网络集成化思想，注重译员的劳动价值，除了一些简单的翻译功能模块可以免费为客户提供之外，复杂的翻译任务将有偿为客户提供。该模式大大提高了译员参与的积极性，也提高了翻译速度和质量。与此同时，人工智能技术迅猛发展，人们利用大数据和神经网络技术，创造出更加智能化的翻译辅助工具，在译前、译中和译后三个阶段都能够提供更加智能化的技术支持，如译前可以通过光学字符识别技术和自动语音识别技术获取难以解码的源文本，译中可以通过计算机辅助翻译，简化烦琐的人工翻译流程，译后通过自然语言处理技术来检验译文的逻辑性、语法正确性等。总体来说，AI时代的到来为众包翻译带来了新的发展机遇和动力。

4 众包翻译的相近概念辨析

在众包翻译的产生和发展的历程中，有很多与之相似的翻译现象，这些翻译现象与众包翻译存在相似点和不同点，不同的研究者基于各自的研究角度，对这些翻译现象进行了定义，由此形成了与众包翻译相近的概念群，见表1。

表1 众包翻译及相近概念

翻译模式	定义	核心特征	组织形式	目标用户	主要案例
众包翻译	广大用户基于虚拟网络平台，同时参与、短时间内完成海量翻译任务的技术应用模式，是典型的网络技术平台设计架构下的翻译组织模式（刘满芸，2016）[11]	规模化协作、开放式的工作流程、译员非职业化、译员即读者、市场驱动（陆艳，2012）[10]	自上而下	互联网用户（包括专业译员和非专业译员）	Facebook、译言网
协作翻译	自发组织的在线社区发起的网络协作翻译，参与者的动机不以获取报酬为主（Crespo，2016）[12]	参与式文化、自发组织、依托网络、以用户为中心	自下而上	互联网社区用户（包括专业译员和非专业译员）	网站翻译、博客翻译、粉丝字幕、扫描翻译、游戏本地化翻译
粉丝翻译	粉丝将他们喜爱的影视作品翻译成本国语言，目的是让世界各地的非粉丝群体接触到这些作品。可以专门指动漫粉丝的翻译行为（Costales，2013）[13]	二次创作空间较大、以粉丝字幕为主、内在动机驱动力大	自下而上	有翻译能力的影视作品粉丝或业余翻译者（包括专业译员和非专业译员）	ViKi影视字幕翻译平台
社区翻译	原指志愿者为移民、难民等社区群体提供公益性翻译服务（Ozolins，2016）[14]，后指网络社区群体自发、自愿地合作完成翻译任务（Costales，2012）[15]	自发组织、免费服务、翻译与权利的平等、翻译与语言的不平等、服务群体的多样性（O'Hagan，2011；李洋 等2018）[16；17]	自下而上	互联网社区用户（包括专业译员和非专业译员）	非营利性公益翻译、粉丝字幕、扫描翻译、游戏本地化翻译
用户生成翻译	网民自发组织的大规模翻译活动（曹艺馨，2015）[7]	涵盖性高，涉及范围广	自下而上	互联网社区用户（包括专业译员和非专业译员）	维基百科、推特、知乎、智慧袋、粉丝字幕

4.1 众包翻译与协作翻译的关系

"协作翻译"源于"参与式文化（Participatory culture）"，"参与式文化"又称"参与文化"，由美国传播学家 Henry Jenkins 于 1992 年提出的概念。该概念指在 Web2.0 网络平台上，全体网络用户以身份认同为前提，在自由、平等、公开、包容、共享的网络文化氛围下积极地创作和传播网络文本内容。协作翻译模式的出现打破了传统的专业译员一家独大的现状，全球范围专业和非专业译员都可以在线参与到翻译活动中来，进行即时对话和交流。"协作翻译"和"众包翻译"之间的共同点有：翻译活动主要依靠网络用户协作完成；参与翻译的不只有志愿者，还有专业译员；翻译过程必须依托网络平台；作为回报，译员可以获得适当的报酬。不同之处主要体现在组织形式和驱动力两方面。

首先，组织形式方面。Estellés 等（2015）提出，众包翻译的发起者是一个组织，并由组织内部的译员或外部的自由译员参与翻译任务，而协作翻译的很多任务是通过众包形式来完成的。一般情况下，众包翻译是由公司、组织、机构等有组织、有目的地向社区募集译员，以完成特定的翻译任务，如 Facebook、译言网，以及非政府组织发起的公益性翻译活动等。协作翻译是由组织内部的译员集体承担一项翻译任务，其他自由译员也可以通过网络自愿参与，如网站翻译、博客翻译、粉丝字幕、扫描翻译、游戏本地化翻译等。相似地，Crespo（2016）也提出，"众包翻译"可以定义为通过公司或者组织发起的，在网络平台进行的众多译员合作完成翻译任务的活动，而"协作翻译"是网络社区自发组织的，在网络平台完成的协作翻译活动。其次，在驱动力方面。Costales（2013）认为，众包翻译的商业性明显，是"市场驱动"的翻译现象，而"协作翻译"是"以用户为中心的过程"。众包翻译以市场的翻译需求为主要驱动力，依靠发包方、接包方与译员之间的联动完成，该模式存在明显的等级结构关系。而协作翻译是让负责不同任务的多个译员共同参与到一项任务中，从而节约翻译时间，打破交流壁垒，使管理趋于高效的扁平化模式，各译员之间的关系是平等的，因此协作翻译更多的是以用户为中心。

一般而言,"协作翻译"可以包含"众包翻译",因为几乎所有的"众包翻译"都是需要人与人协作完成。因此协作翻译涵盖的范围更广泛,众包翻译是协作翻译中的一种子类型(Zwischenberger,2022),可以将"协作翻译"视为"众包翻译"的上位词,两者的关系如图1所示。

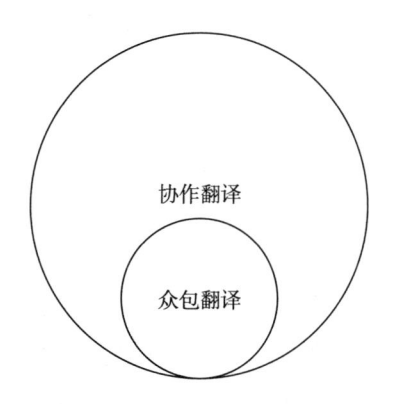

图 1 众包翻译与协作翻译的关系

4.2 众包翻译与粉丝翻译的关系

"粉丝翻译"也称为"业余爱好者翻译"(Dwyer,2012)。翻译界对"粉丝翻译"的研究始于字幕翻译,也称粉丝字幕。20世纪80年代中期,粉丝、志愿者以及业余爱好者开始自发地对日本动漫字幕进行在线翻译。粉丝翻译中译员可以选择自己喜欢的翻译方式,只要大意不偏离原文即可,并在网络上分享自己翻译的内容,不同译员对字幕的理解不同,因此会产生不同的翻译版本。粉丝翻译中代表性的案例是ViKi,一个由社区驱动的影视字幕翻译平台。该平台秉持"使任何人用自己的语言发现并分享好的影视作品"的理念,"粉丝译员"在观看影视作品时可以输入自己翻译的字幕,并且即时共享,其他译员可以在线修改前面翻译过的字幕,最多允许500个字幕译员同时在线工作。目前,该平台已经为世界上157种语言提供了超过1.25亿个字幕,这一庞大的工程之所以能够实现,得益于平台上大规模的志愿者译员群体的支持。

如今，粉丝字幕的参与者有专业译员，也有影视作品的粉丝。两类译员参与字幕翻译的动机不同，前者更在意是否能够获得劳动报酬，是否有新的工作机会等，同时，他们也希望加入这个翻译群体，通过与其他译员的交流，提升自己的翻译能力。而后者更在意自己是否能够为影视作品的广泛传播作出贡献，他们大多是凭借自己对影视作品的热爱完成翻译工作的（Dwyer，2012）。值得一提的是，是否是影视作品的粉丝并不影响翻译活动，专业译员和业余译员之间的交流和思想的碰撞给予字幕翻译更多的可能性，大大提高了字幕翻译质量。粉丝翻译自出现到普及，经常与众包翻译一起被提及。作为依靠粉丝的力量自发完成翻译任务的模式，粉丝翻译在发起方式上与众包翻译有显著不同，但在后期的发展方面，二者都走向了商业化的发展路径，可以说这两种差别明显的翻译模式相辅相成，又互相区别，在各自的翻译领域发挥着重要作用，两者的关系如图2所示。

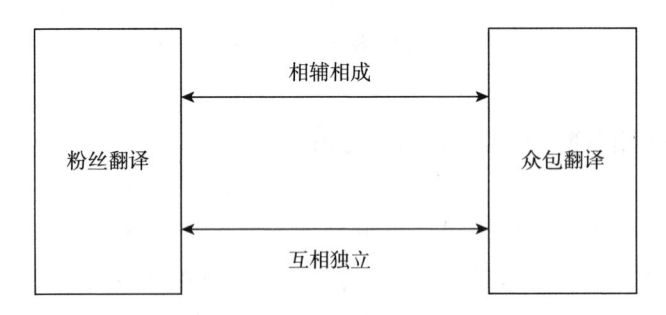

图 2　众包翻译与粉丝翻译的关系

4.3　众包翻译与社区翻译的关系

传统意义上的"社区"是指居民集中居住的地区，后来衍生出"来自某些国家或地区的移民群体"。移民群体来到一个新的语言环境，由于语言不通，日常交流和生活都很困难，社区志愿者开始针对移民群体开展翻译服务，最早关于"社区翻译"研究中的社区大多是指移民社区。最初的社区翻译主要是志愿者为少数民族或外语能力较弱的群体提供翻译，帮助他们融入主流的语言群体（Ozolins，2016），服务方式包括社区口译和社区笔译两种。其中社区笔译的服务项目主要有出生证明、驾驶证件、入职证明等各种证件、文本文件的翻译；社区口译主要包括与法庭、医疗机构、学校等机构之间的对话交流，也称为"公共服务口译"（张威，2016）。随着互联网的发展，"社区"一词的含义逐渐扩大到"线下或网络上具有共同目标或兴趣爱好，志同道合的群体"。在翻译界也催生出由社区群体合作完成翻译任务的"社区翻译"模式。为了避免与原来社区翻译的歧义，这种借助互联网完成的翻译活动通常以"网络""虚拟"等词语加以限定和区分，因此"社区翻译"也称为"网络社区翻译"。

　　传统的翻译模式一般由专业译员单独完成，花费时间长，产出率低。译员在获得原文之后，依靠自己的理解对原文进行翻译和再创作，若与原作者缺乏沟通和交流，译文的正确性难以保证。随着互联网技术的出现，译员可以通过邮件等电子化的交流途径，与原作者针对原文内容进行远程交流，确保译文的内容正确。随着Web2.0时代的到来，人们可以通过网络实现即时沟通，"社区翻译"也随之出现。Costales（2012）对社区翻译和众包翻译进行了区分，他指出众包翻译一般由公司、企业或组织发起，将特定的翻译任务外包给其他译员，而社区翻译通常由网络用户自发、自愿地完成，如粉丝字幕、扫描翻译和游戏本地化翻译。从传统的翻译模式到"社区翻译"，越来越多的网络个体参与进来，翻译的质量与效率都得到了提升。O'Hagan（2011）认为，社区翻译是社区译员自发且免费提供翻译服务的活动，而众包翻译中译员可以获得相应的报酬，因此众包翻译与社区翻译的关系为交叉关系，如图3所示。

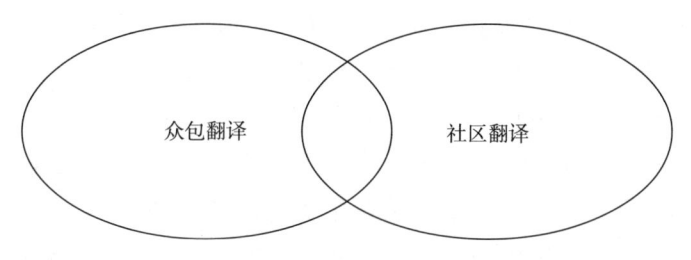

图3 众包翻译与社区翻译的关系

4.4 众包翻译与用户生成翻译的关系

"用户生成翻译"这个术语由 Perrino 提出（Anastasiou，2011），简称 UGT，它的产生源于"用户生成内容"的概念。他认为，用户生成翻译是用来定义翻译实践的，具有高度涵盖性的术语。其涵盖了目前网络上存在的大多数协作翻译实践，如用户生成双语词典、在线字幕翻译和网站本地化翻译等。但是，不包含非营利性公益翻译活动，那是因为此类翻译实践并不是通过网络用户完成的，而是在活动组织方的协调下，志愿者对接受帮助者提供翻译服务。O'Hagan（2009）认为，用户生成翻译指由不确定的个人和网络用户自愿参与的翻译与本地化活动，可以包含众包翻译和网络协作翻译。但是，根据 Anastasiou（2011）的观点，用户生成翻译与众包翻译、协作翻译等术语同义。曹艺馨（2015）指出，"用户生成翻译"的来源是"用户生成内容"，强调了该项翻译活动的主要内容是在互联网平台上，由网络用户生成的网页、视频、音频、日志等，如维基百科、推特、知乎、智慧袋等。他认为，"用户生成翻译"与"众包翻译"之间最明显的区别在于两者的发起者不同。前者由网络用户自发组织，并由他们自愿参与完成。后者主要由一个机构或组织通过网络发起号召，征集网络用户参与翻译实践。此外，两个概念之间还存在一些难以界定的共同现象。如，近年发展势头迅猛的网络课程，其字幕翻译既可以由热心网民自愿参与，也可以由正规的机构或组织发起，那么网络课程的字幕翻译究竟属于"用户生成翻译"的范畴，还是"众包翻译"的范畴呢？

实际上，两个概念在很多学者的研究中并没有进行严格的区分。如果从词源的视角看，"众包"来源于"群众"和"外包"两个词，这说明承接翻译任务的是非特定的群体，可以是专业译员，也可以是有能力、有兴趣的普通网络用户。此外，学界并没有严格规定进行"外包"活动的必须是"组织或机构"，也就是说任何个体或团体都可以发起"外包"。因此，不需要将两者看作对立的两个概念，"用户生成翻译"先于"众包"概念一年，于 2005 年出现，两者之间的关系更接近于网络大众翻译的不同发展阶段（曹艺馨，2015），两者之间的关系如图 4 所示。

```
用户生成内容
   ↓
用户生成翻译（2005）
   ↓
众包翻译（2006）
```

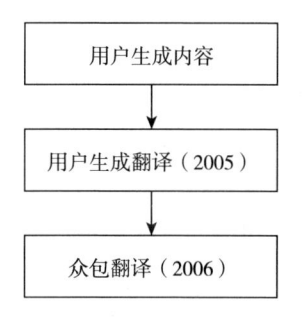

图 4　众包翻译与用户生成翻译的关系

5　众包翻译的特征

5.1　商业模式视角

在商业模式视角下，众包翻译最突出的特点是方便、快捷、时效性强、互动性强。传统翻译大多由少数的语言专家或专业译员完成，不需要通过网络平台分发任务，因此译文的风格统一度较高，译文质量能够得到保证，然而翻译速度较低。众包翻译通过网络平台募集译员，不受空间和时间的限制，将翻译任务分割成许多小任务，分发给网络志愿者，译员之间协同工作，短时间内译文就可以完成，但译文风格难以统一，译文质量也参差不齐，对后期编辑和校对的要求较高。同时，专业译员对工作报酬要求较高，而众包翻译抓住了广大网络用户这一群体，只需要给志愿者译员提供较少的报酬，甚至不用提供报酬，翻译人工成本大大降低，这也是众包翻译从最初的萌芽状态发展到高度商业化的重要原因之一。但是，众包翻译必须对"群体智慧"进行有效管理，以确保该模式的长期稳定运行，这也对众包翻译的管理提出了更高的要求。

5.2　技术突破和国家战略视角

在技术突破视角下，众包翻译具有交叉性、前瞻性、突破性、新颖性等特点。互联网 Web2.0 技术的出现，催生了众包翻译模式，解决了翻译的效率与成本问题，除了专业译员，广大网络用户也可以参与翻译活动，极大地提高了翻译的效率和译员劳动成果转化率，降低了翻译成本。随着互联网技术的发展，更加智能化的辅助翻译技术层出不穷，这些创新伴随着大量的技术转移、技术集成和二次创新，涵盖了众多交叉学科领域，可以说众包翻译的发展与互联网技术的创新与进步密切相关。在国家战略视角下，众包翻译凭借独特的优势，为我国文学、文化作品外译与国际传播开拓了一条宽广的道路。在中华文化"走出去"的大背景下，众包翻译积极的发展前景和强大的语言服务功能能够给中华文化的对外传播提供支撑，提高我国文化的全球影响力。

6 结语

本文利用文献调研法，对众包翻译的缘起、发展脉络进行了梳理，分析了与相关概念的联系、区别和特征。研究发现：众包翻译的组织形式是自上而下的，是组织化、规模化、商业化程度最深的翻译模式；协作翻译由于一些任务也需要依靠众包的方式完成，并且包含的翻译活动要广于众包翻译，因此可以看作众包翻译的上位词；社区翻译原指志愿者为移民、难民等社区群体提供公益性翻译服务，后指网络社区群体自发、自愿地合作完成翻译任务；粉丝翻译最突出的特点就是依靠粉丝或爱好者的热爱进行翻译活动，内在驱动力，如想与其他爱好者共享翻译成果、为翻译社区做出贡献、满足自己的兴趣爱好等的内在动机影响较大；用户生成翻译涵盖的翻译范围更加广泛，几乎所有不依靠专业译员完成的翻译都可以称为用户生成翻译，它与众包翻译之间最明显的区别在于发起者不同，前者由网络用户自发组织，后者由机构或组织发起。用户生成翻译先于众包翻译一年出现，因此可以将众包翻译看作用户生成翻译新的发展阶段。众包翻译在不同的研究视角下具有不同的特征，在商业模式视角下具有方便、快捷、时效性强、互动性强等特点，在技术突破和国家战略视角下具有交叉性、前瞻性、突破性、新颖性等特征。本研究可为后续更深入的相关研究提供借鉴和参考。

【参考文献】

贾立平，2016．众包翻译模式下的群体智慧：以译言网为例［J］．中国科技翻译，29（3）：36-38．

胡安江，2017．数字化时代的"众包"翻译模式及其相关问题探讨［J］．外语教学，38（3）：86-90．

陆艳，2020．基于质性研究的众包翻译译者参与动机分析［J］．翻译界（1）：87-99．

曹艺馨，2015．互联网大众翻译模式微探：历史、现时、未来［J］．中国翻译，36（5）：78-82．

陆艳，2012．众包翻译模式研究［J］．上海翻译（3）：74-78．

刘满芸，2016．翻译技术时代翻译模式的裂变与重构［J］．中国科技翻译，29（4）：17-20．

李洋，徐莲，2018．社区翻译研究的新里程：《社区翻译》评介［J］．东方翻译（5）：80-82．

张威，2016．翻译教学与研究的新热点：社区口译研究述评［J］．中国外语，13（2）：20-31．

Mesipuu M. 2012. Translation crowdsourcing and user-translator motivation at Facebook and Skype[J]. *Translation Spaces*, 1(1): 33-53.

Persaud, Ajax, Steven O'Brien. 2017. Quality and acceptance of crowdsourced translation of web content[J]. *International Journal of Technology and Human Interaction*, 13(1): 100-115.

Dolmaya J. M. D. 2012. Analyzing the crowdsourcing model and its impact on public perceptions of translation[J]. *The Translator*, 18(2): 167-191.

Anastasiou D., Gupta R. 2011. Comparison of crowdsourcing translation with

Machine Translation[J]. *Journal of Information Science*, 37(6): 637-659.

Brabham D. C. 2008. Crowdsourcing as a model for problem solving: An introduction and cases[J]. *Convergence*, 14(1): 75-90.

Crespo M. Á. J. 2016. Mobile apps and translation crowdsourcing: The next frontier in the evolution of translation[J]. Tradumàtica: traducció i tecnologies de la informació i la comunicació (14): 75-84.

Fernández Costales A. 2013. Crowdsourcing and collaborative translation: Mass phenomena or silent threat to translation studies?[J]. Hermeneus: Revista de la Facultad de Traducción e Interpretación de Soria (15): 85-110.

Taibi M., Ozolins U. 2016. *Community Translation*[M]. Bloomsbury Publishing.

Costales A. F. 2012. Collaborative Translation Revisited: Exploring the Rationale and the Motivation for Volunteer Translation1[C]//FORUM. Revue internationale d'interprétation et de traduction/International Journal of Interpretation and Translation. John Benjamins, 10(1): 115-142.

O'Hagan M. 2011. Community translation: Translation as a social activity and its possible consequences in the advent of Web 2.0 and beyond[J]. *Linguistica Antverpiensia, New Series—Themes in Translation Studies* (10): 11-23.

Estellés-Arolas E, Navarro-Giner R, González-Ladrón-de-Guevara F. 2015. Crowdsourcing fundamentals: Definition and typology[M]. *Advances in* crowdsourcing. Springer, Cham: 33-48.

Zwischenberger C. 2022. Online collaborative translation: Its ethical, social, and conceptual conditions and consequences[J]. *Perspectives*, 30(1): 1-18.

Dwyer T. 2012. Fansub Dreaming on ViKi: "Don't just watch but help when you are free" [J]. *The Translator*, 18(2): 217-243.

O'Hagan M. 2009. Evolution of user-generated translation: Fansubs, translation hacking and crowdsourcing[J]. *The Journal of Internationalization and Localization*, 1(1): 94-121.

Discrimination of Concepts and Characteristic Analysis on Crowdsourcing Translation

Zhang Jie   Shi Yuman

(*Xi'an University of Technology, Xi'an 710048*)

Abstract: Using the method of literature research, this paper combs the origin and development of crowdsourcing translation, and analyzes the relationship, difference and characteristics with related concepts. Research shows that crowdsourcing translation is the most organized, large-scale and commercialized translation model. Collaborative translation is the super ordinate words of crowdsourcing translation, including crowdsourcing translation. Community translation originally refers that the volunteers who offer public translation services for immigrants, refugees and other community groups; whereafter, community translation turns into a cooperative translation task with and between network community groups spontaneously and voluntarily. Fansubbing, an online participation of translation from fans and amateurs, has a greater impact on internal driving force. Translation, not depending on professional translators, can be called user-generated translation. Crowdsourcing translation is a new development stage of user-generated translation. From the perspective of business model, crowdsourcing translation has the characteristics of conveniency, quickness, timeliness and interactivity. Meanwhile, a perspective on technological breakthrough and national strategy offers new features of intersectionality、perceptiveness, breakthrough and novelty for crowdsourcing translation. This study provides references for more in-depth research on the phenomenon of internet public collaborative translation.

Key Words: Crowdsourcing Translation; Discrimination of Concepts; Characteristic

作者简介： 张洁（1975— ），女，陕西西安人，博士，西安理工大学人文与外国语学院副教授，研究方向：翻译学、语言经济学。

石雨曼（1999— ），女，河北保定人，西安理工大学人文与外国语学院研究生，研究方向：翻译学。

基金项目： 教育部人文社会科学研究规划基金项目"网络众包翻译模式下译者参与行为发生机制研究"（项目编号：18XJA740002）；陕西省社会科学基金项目"众包翻译模式下译者参与行为影响因素研究"（项目编号：2022K022）。

学术动态与学界之声

ChatGPT 支持下的国际中文教育口译教学实践与启示

李晓东　辛衍君

（中国政法大学，北京 102249）

【摘　要】ChatGPT 人工智能聊天机器人应用软件通过文本生成学习算法，并依靠强大的算力，实现自然语言处理的任务。其在翻译领域的功能也不遑多让，凭借其"理解源语言—筛选译文—输出目的语"的人工智能翻译能力，为国际中文教育中的口译教学提供了前所未有的发展机遇，为实现《国际中文教育中文水平等级标准》中对翻译教学的新要求提供了技术基础。无论是作为口译练习后订正答案的工具，抑或是练习纠错后复译的参考，ChatGPT 都为国际中文教育口译教学提供了新的教学工具与发展视角，对教学实践产生了深远的的影响。本文围绕 ChatGPT 在国际中文教育口译课程中的教学实践，分析了其在教学过程中的应用方式及优缺点，并为未来开展相关教学提供参考建议。

【关键词】人工智能；ChatGPT；口译教学；《等级标准》

1 引言

2022年11月,美国人工智能实验室OpenAI发布了ChatGPT人工智能聊天机器人应用软件(以下简称ChatGPT)。该应用软件上架后得到了海量关注,在数月的时间内创造了新的下载纪录。随后,OpenAI公布了多个升级版本,其中GPT-4版本加强了软件在多模态大模型方面的能力,支持图像和文本的输入及输出[①]。在数字互联网的信息洪流下,传统教学模式受到了新技术引入的影响,国际中文教育也位列其中。

2 ChatGPT的翻译能力

ChatGPT借助其文本生成学习算法与强大的算力,在短时间内完成数以千万亿计的运算,实现对源语言内容的信息处理,并输出符合使用者需求的内容。其强大的信息处理与信息筛选能力在翻译领域中可谓是如鱼得水。通过对互联网中公共爬虫数据进行深度挖掘与大规模预训练,ChatGPT能够完成"理解源语言—筛选译文—输出目的语"的任务(何晶,2023),实现翻译的目标。因此,ChatGPT作为人工智能软件,能以超越人脑的记忆与稳定的处理速度实现从源语言到目标语言的翻译任务,满足日常生活中对翻译的基本需求。

但ChatGPT在翻译上也显示出了无能为力的地方。首先,ChatGPT的翻译能力依托于其自身对互联网资源的爬虫挖掘,但目前因版权与费用等方面的限制,其能够使用的网络资源有限,部分偏门、冷门、成文时间较早的内容也尚未实现电子化,因此软件在专业化程度较高、开源程度较低、历史较久远的内容上翻译能力不足;其次,ChatGPT对人类的情感理解不足,对文学修饰较多的内容,如诗歌、散文、隐喻段落及

[①] 对ChatGPT的定义存在着多种解释,本文仅参考许林艳和李万晨曦于《证券日报》所述概念。

笑话等，翻译能力较差，很难准确表达源语言文段背后所蕴含的深层含义；最后，ChatGPT 作为新兴的人工智能翻译手段，其在翻译成果的法律责任认定上未有明确的规定，相关法律案例也不足，在责权划分上存在一定的风险（李宝贵等，2023）。因此，目前 ChatGPT 尚不能完全代替人工翻译，培养翻译人才仍然是国际中文教育的任务之一。

3 《等级标准》对国际中文教育口译教学的要求

随着国际中文教育的蓬勃发展，2021 年 3 月 24 日，中华人民共和国教育部国家语言文字工作委员会发布了《国际中文教育中文水平等级标准》（以下简称《等级标准》）。

相较之前施行的中文水平等级标准，《等级标准》制定了"三等九级"的中文技能等级标准，而中等四级之后，增加了"译"，对中高等级中文学习者应具备的口笔译技能作出了详细的规定与描述。在中等阶段，学生应掌握基本的专业口译技能，能够较为顺利地完成非正式场合的陪同口译、交替传译与同声传译。而进入高级阶段，《等级标准》对学生的要求也明显提升，规定学生应能顺利、准确地完成正式场合的口译任务，并具有较强的跨文化交际意识。

《等级标准》中翻译技能标准的重新加入与细化，为国际中文教育发展指明了新方向，对培养国际中文教育人才提出了新要求。在不同等级教学中，培养学生在不同口译场合、口译形式、表达要求的口译能力成为教学的重中之重，对教师的教学实施和学生的自我学习都提出了更高的要求。因此，作为人工智能软件，ChatGPT 的出现为国际中文教育口译教学的发展带来了全新视角，通过教学工具的进步带动教学模式的发展。

4 应用 ChatGPT 的国际中文教育口译教学模式

通过前文分析，ChatGPT 作为新的教学工具，其应用于国际中文教育口译课堂前景广阔。笔者结合现有主流的口译课程的设置，结合教学实际经验，分析了在笔记学习阶段、结构学习阶段和表达学习阶段中，ChatGPT是如何为口译教学赋能、提升口译教学的效果的。同时，ChatGPT也能助力学生的课后自主学习。

4.1 笔记学习阶段

口译教学的第一阶段一般为笔记学习阶段，即通过实例语段讲授一般的口译笔记方法与技巧，引导学生完成合格的口译笔记，并能够使用目的语完成内容的复述与语段概括。此阶段的主要目标在于锻炼学生在有限的语段朗读时间内梳理语段内容，把握内容间的逻辑，并记录下来，为后一阶段练习交替传译做好准备。

在此阶段的教学中，ChatGPT能够实现对翻译材料的内容整理与提炼，完成从语音到文字的转换，供教师备课参考，能够提供大量便利。学生可将练习的语音文件上传至ChatGPT客户端并进行语言信息处理，自动生成语段的文字全文，甚至可提供主要内容概括。同时，在课堂上，ChatGPT能够成为学生在口译学习过程中的听记练习、听判练习中自我订正答案的工具，实现学生的自我反思提升。学生使用ChatGPT生成文字版原文或译文，对照练习答案正确与否，以减少教师订正的工作量，提升课堂效率。

4.2 结构学习阶段

在结构学习阶段，学生通过大量的练习与反思，强化输出语言结构的整体完整性，能够完成一段完整发言的交替传译与同声传译任务。在此阶段的教学过程中，教师需要提供大量的不同话题、不同类型的录音材料，从整体翻译结构和重点信息两个维度上修改指正学生的译文。

ChatGPT能够通过自身的翻译能力，在极短时间内生成训练材料的目的语翻译，并以文字的形式展现出来。学生以此作为练习的参考答案，对照ChatGPT提供的参考翻译修改自己的练习译文，补充错漏信息，调整译文语句间逻辑，之后再提交教师打磨细节。由于本阶段教学的重点为结构与主要信息的表达，ChatGPT 能够在此阶段完成大部分教师的订正工作，极大程度降低教师批改作业的工作压力，提升教学效率与效果。学生也可在完成练习后较快得到反馈，提高效率，并利用 ChatGPT 的笔记功能及时记录在练习中展现的问题。另外，CPT-4 对于图片场面的描述能力，也能够对学生掌握会议场面、及时调整译文方面有一定的帮助（许林艳，李万晨曦，2023），并在一些核心信息的多模态输入与输出上提供材料支持。

4.3 表达学习阶段

在具备了完成基本口译任务的能力后，教师开展的第三阶段课程重点在学生的译文表达上，即准确性与跨文化交际意识的提升。教师对学生的译文进行细致的梳理，从用词、语句、用典、文化情感、语气等多个因素提出修改建议，引导学生在译文的细节上不断趋向"信达雅"的目标。在此阶段，学生练习的语段数量减少，但源语言难度、话题专业性、语段结构复杂程度与目的语表达难度上都有所提升，需要学生较高的耐心与毅力。

在此阶段，ChatGPT 的快速反应能力和自动纠错功能，能够及时、准确地找到译文中出现的翻译问题与目的语语言问题，提供参考建议，助力学生的复译纠错。软件也可在初步修改之后，针对某一词汇或语句提供具体的翻译建议。对于一些生僻词或因学生词汇量不足而出现偏误的词，ChatGPT 也能通过其信息检索与多模态展示技术，为学生提供对应内容的解释，并在跨文化交际方面提供必要的信息支撑。ChatGPT 强大的语言翻译能力减少了学生查阅资料、咨询教师的时间，提升了口译学习效率。

4.4 课堂外学习

除了在课堂教学上，ChatGPT 在学生的课后学习和终身学习上也能提供大量帮助，延伸口译课程的辐射力。学生在完成作业的过程中，可利用ChatGPT先行完成信息准确性的检查，对出现的语言错误先自行学习，如有解决不了的问题再求助教师。同时，学生在课后为提高翻译能力，可借助ChatGPT，自选语段，完成口译练习后，通过人工智能生成翻译，对照生成语段修改译文，自主发现并解决问题。

而对有志于成为专业译员的学生，在有限的课堂时间之外完成更为广泛话题、难度、口音的口译训练与译文订正是尤为必要的。ChatGPT的出现改变了传统教学模式中"教师角色不可缺失"这一难题，用强大的翻译能力带动学生参与到课外拓展学习中，充分利用互联网资源拓展联系的话题广度，为培养相关翻译人才提供了便利，也降低了学生在走向职业道路上所需的经济成本与时间成本。

5 应用ChatGPT在口译教学的优势与缺陷

ChatGPT为国际中文教育口译教学带来了新的教学思路，也弥补了传统教学模式中的若干不足，在教学的各个环节都可发挥重要作用。但同时，ChatGPT也在教学过程中展现了不足之处。笔者通过总结教学实践成果，对ChatGPT应用在口译教学的优势与缺陷总结如下。

5.1 优势

ChatGPT作为基于语言学底层理论和信息爬虫（crawler）理论下的、功能极为强大的语言模型训练与产出软件，其在大数据时代收集信息与产出结果方面具有无可比拟的优越性。而将其利用在口译教学中，可以有效提高课堂教学效率和效果，降低教师压力和工作量，也能在提升学生的学习积极性和自学能力上有所裨益。

5.1.1 提升课堂教学效率和效果

传统的口译教学模式中，教师在教学环节中起到了举足轻重的作用，是整个口译教学活动的监控者与质量评估者。但是受到课堂规模与教师精力的限制，每名学生得到的关注与纠错机会较为有限，不利于学生口译实力的提升。而 ChatGPT 的引入，让学生利用人工智能软件就可以实现信息更正与语言纠错，每名学生都可以得到更为充足的纠正机会。ChatGPT 改变了传统课堂上同一时间教师只能为一名学生指导的局面，可同时为全班同学提供必要的译文建议，教师仅在必要时修正点拨，显著提升了教学效率。传统课堂上只能完成一段演讲口译练习的时间，应用 ChatGPT 后可完成两至三篇类似长度的练习，并且学生的个别问题也能够通过软件得到部分解答，可以说是效率与效果的"双丰收"。

5.1.2 降低教师压力与工作量

应用 ChatGPT 于国际中文教育口译课程中，满足了学生课堂上和课后作业中对订正译文的需求，改变了由教师完成全部订正工作的模式。学生在各个环节中均可求助 ChatGPT，而不需等待教师逐一完成译文修正。教师仅针对本课重点内容和作业中出现的共性问题作出讲解。教师在备课过程中也可利用软件制作课堂练习的参考答案，仅需调整部分 ChatGPT 出现失误的内容，极大程度降低了备课压力与工作量。同时，ChatGPT 也可助力教师进行教学评估，利用人工智能软件的翻译功能进行初步译文比对后，教师再进行细节的评价，可以有效减少教师在课程评估中存在的同一问题反复订正、前后标准差异以及评价工作量大等问题。

5.1.3 提升学生的自主性和积极性

传统的口译课堂以学生课上练习和教师讲评为主，在讲练过程中穿插对口译技巧的讲解。此教学模式实现了"讲练结合、在练中学"的目标，但也存在着讲评过程中只能照顾到某一学生的练习成果，而其他学生只能从他人的练习中寻找自身错误的问题。学生没办法在课上及时得到自身翻译的准确反馈，收获来自教师的关注有限，教学内容的针对性时高时低，且教学节奏较慢。而随着 ChatGPT 的引入，学生可以在课堂上使用软件完成对自身译文中一些显而易见的问题的修正，且全班可同时使用，课堂教学的节奏加快，减少学生注意力流失的可能。在课后，ChatGPT 能够满足学生自学的需求，为拓展练习与终身学习提供工具保证，有利于提高学生口译专业化水平，拓宽学生的就业选择。因此，应用 ChatGPT 可以保证学生课堂学习的效率，拓展就业发展方向，提升学生的自主性与积极性。

5.2 缺陷

正如前文分析，ChatGPT 虽然具有极强的翻译能力，可轻松应对非正式场合的简单口译需求，也可以助力口译教学的课堂，但不可避免地，其自身在翻译与支持翻译教学上也具有明显的缺陷与局限性。

5.2.1 语段翻译能力有限

ChatGPT 虽具有强大的翻译功能，但其翻译功能实现基于充足的训练语料，而训练语料源自公共网络资源的爬虫数据。正如前文所述，受限于版权与电子化程度，ChatGPT 对专业程度较深、文化背景较复杂、公共爬虫数据较少的语段翻译能力不足。口译训练的重点之一就是拓展翻译材料的多元性，帮助学生实现对不同专业领域话题、不同文化背景的语段进行较为准确的口头翻译。因此，ChatGPT 虽可在非专业话题领域翻译阶段提供较大的帮助，但当学习专业话题领域翻译时，其辅助教学的能力显著降低。就目前的教学效果来看，ChatGPT 尚无法完全替代教师进行译文的评价与修改。

5.2.2 非言语交际行为理解能力不足

虽然口译行为是以语言翻译作为基础的，实现口头信息在不同语言之间传达的翻译活动（苑锡群，1988），但人类信息的传达并非仅通过语言传递。手势、语气、自然停顿、面部表情、非语言声音等非言语交际行为同样是传递信息的重要途径。在口译的信息传达过程中，此类非言语交际行为是重要的信息参考,在必要时也需加入目的语译文[①]。因此,非言语交际行为对口译的影响是口译教学的重点之一。但由于功能所限,ChatGPT 不能理解、还原人类说话的语气、自然停顿与面部表情等信息,非言语交际行为认知水平较低,对此方面的口译指导能力不足。

5.2.3 翻译准确性不足

ChatGPT 虽利用公共数据建立语言训练模型,在语言的正确性上能够做出一定保证,但其输出的译文经常在用词、逻辑和语体上存在一定问题,偶有前后文不连贯、一词多译不一致的情况。同时,ChatGPT 输出的语段在内容上也会出现文不对题、常识性错误等问题,不能保证口译信息的如实传达,降低其助力口译教学的效果。

6 教学启示

ChatGPT 在国际中文教育口译教学中的运用是时代的选择,也是深化教学改革、满足中文教学发展需求大势所趋。ChatGPT 作为人工智能教学工具的代表,打破了传统口译教学模式,特别是其强大的翻译能力与多端口同时工作的能力。教师在进行口译教学时不可再固执地沿用以往的教学模式,而需要扬长避短,发挥新工具的优势,提升教学效果与效率。

6.1 提高学生的学习主动权

相较其他中文语言技能课程,国际中文教育视角下的口译教学以《等级标准》为大纲,更为注重技能教学,强调口译技能的应用能力及使用口译技能完成口译任务,锻炼学生亲自解决问题的能力,并鼓励有

[①] 不同的口译研究流派间就是否需要、是否可以将非言语交际行为加入口译译文中存在一定争议。笔者结合口译工作经验与口译教学经验,同时参考国内外重大会议的口译译文,认为非言语交际行为在实践中应作为口译工作的重要参考,在必要时可加入译文,并非不可加入或全盘加入,需视情况而定。

志于从事相关译者工作的学生达到专业翻译的水平。因此，口译课程的课堂应以学生为主体和中心，由学生掌握学习的主动权，从而实现提升学生自主完成口译任务的能力。ChatGPT 给予学生独立完成"练习—订正—提高"这一流程的机会，由过去的被动接受答案转向主动寻找答案。在这一过程中，学生是完成任务的主体，ChatGPT 是完成任务的工具，教师仅解决部分共性问题与人工智能无法回答问题。同时，ChatGPT 能够全天候帮助学生订正译文，提供译文建议，而这是以往教师做不到的。学生在软件的帮助下，不需要课堂上完成练习，或作为作业增加教师负担，而是自主完成订正与提升，使学生真正成为学习的"主人"。

因此，随着 ChatGPT 的引入，学生的自主学习成了教学流程的重要部分。教师在教学中应注意将教学内容发放给学生自主解决，课堂上主要讲授口译技巧和练习中的共性问题，而逐句分析与信息拾遗等可交给 ChatGPT 来辅助完成。学习主动权的转移，提高了学生学习的积极性的同时，也使教学对象与教学目标相统一。

6.2 加强自动生成语言与内容的筛选

ChatGPT 虽可在教学活动中辅助学生译文订正，帮助教师完成教学任务，但由于自身在生成语言上的局限，其通过预训练生成的语句存在着语言错误、信息错误与逻辑错误的可能。学生利用 ChatGPT 辅助订正口译练习，却不可全盘相信其输出的结果，仅可作为修改译文的参考。学生需注意其生成的译文是否存在着错误、信息是否存在着遗漏。教师也应注意学生对照使用的参考译文是否存在着错误，加强对练习过程的监控，及时交流并解决学生使用 ChatGPT 修改译文后仍存在的问题，纠正因软件不足产生的译文错误，减少语言学习负迁移的产生。同时，教师也应在备课过程中注意软件生产的教学参考文本是否正确翻译。

6.3 课程中增添工具教学

ChatGPT 展现了在口译课程中强大的辅助能力，教师可通过师资培训和在线视频课程等方式学习掌握软件的使用方法，并应用于教学中。但并非课堂中的每一位学生都能熟练使用 ChatGPT 客户端完成指定任务。部分留学生来自欠发达地区，受经济发展水平影响，对人工智能软件的了解程度不高。如果教师直接要求使用软件完成学习任务，部分学生没有办法顺利通过 ChatGPT 得到想要的译文，不仅没有办法发挥其强大的辅助学习能力，甚至会让学生产生畏难和失落情绪，阻碍口译学习。因此，教师应在授课之初或前序课程中就完成对 ChatGPT 基本用法和完成既定任务的教学，也可依托各院校开设的计算机通识课程完成相应教学，确保学生在使用软件开展自我订正之前已充分学习其使用方法。

7 结语

ChatGPT 的出现为国际中文教育的发展提出了新的要求。作为新兴的教学工具，传统的教学模式必将发生改变，教师在课堂中所扮演的角色也将随着新工具的应用而产生变化。与其固守传统，不如主动接纳人工智能软件，并通过扬长避短，使其成为教学的助手。与此同时，ChatGPT 不停迭代，新的功能出现，加之其他人工智能软件研发公司乘此东风也发布了新产品，相关教学研究也应与时俱进，促进中文教学研究与实践的发展，满足更广大学习者的需求，与科技发展形成良性互动。

【参考文献】

冯雨奂，2023．ChatGPT 在教育领域的应用价值、潜在伦理风险与治理路径［J］．思想理论教育，No.528（4）：26-32．

何晶．ChatGPT 时代，翻译如何创造新的语言和新的文学？［N］．文学报，2023-03-30（003）．

李宝贵，马瑞祾，徐娟，等，2023．"ChatGPT 来了：国际中文教育的新机遇与新挑战"大家谈（下）［J］．语言教学与研究（4）：1-12．

沈超，2023．ChatGPT：助力高等教育变革与创新型人才培养［J］．国家教育行政学院学报，No.303（03）：13-16．

王华树，刘世界，2023．智慧翻译教育研究：理念、路径与趋势［J］．上海翻译，No.170（03）：47-51+95．

许林艳，李万晨曦．OpenAI正式推出GPT-4 AI产业变革迎更多机会［N］．证券日报，2023-03-16．

苑锡群，1988．谈谈留学生的翻译课教学［J］．世界汉语教学（4）：244-248．

张震宇，洪化清，2023．ChatGPT支持的外语教学：赋能、问题与策略［J］．外语界，No.215（2）：38．

The Practice and Insights of TCSL Interpretation Teaching Under the Support of ChatGPT

Li Xiaodong　Xin Yanjun

(China University of Political Science and Law, Beijing 102249)

Abstract: ChatGPT, an artificial intelligence chatbot application, utilizes text generation learning algorithms and powerful computational capabilities to perform natural language processing tasks. Its translation capabilities are also impressive, as it employs an AI translation approach of "understanding the source language, filtering the translation, and outputting the target language". This provides unprecedented development opportunities for interpreting teaching in Teaching Chinese as Second Language, serving as a technological foundation for achieving the new requirements for translation teaching in the "International Chinese Education Chinese Level Standards". Whether as a tool for correcting answers after interpreting exercises or as a reference for error correction and retranslation exercises, ChatGPT has provided a new teaching tool and development perspective for interpreting teaching in international Chinese education, and its impact on teaching practice is profound. This article focuses on the teaching practice of ChatGPT in international Chinese education interpretation courses, analyzes its application methods, advantages and disadvantages in the teaching process, and provides reference suggestions for future related teaching.

Key Words: Artificial Intelligence; ChatGPT; Interpretation Teaching; Grading Standard

作者简介： 李晓东，中国政法大学讲师，在读博士研究生，研究方向：国际中文教育、社会语言学、汉语句法学。邮箱：lixiaodong@cupl.edu.cn。

辛衍君，中国政法大学教授，博士，主要研究方向：翻译。邮箱：xinyanjun59@sina.com。

基金项目： 本文系"教育部中外语言交流合作中心 2022 年国际中文教育研究课题青年项目"（项目编号：22YH48D）、2021 年国家语言文字推广基地（同济大学）"双强项目"一般项目（项目编号：TJSQ22YB37）的研究成果。

新时代语言服务新征程，国际化语言服务新发展

——语言服务研究专业委员会第四届全国学术研讨会暨语言服务研究国际学术论坛综述

李稳敏　孟家未

（陕西科技大学，西安 710021）

【摘　要】中国英汉语比较研究会语言服务研究专业委员会第四届全国学术研讨会暨语言服务研究国际学术论坛于 2023 年 5 月 26 日至 28 日在陕西省西安市举行，会议分为主论坛、四场分论坛和一场翻译技术沙龙。主论坛围绕国家语言服务能力建设、国际语言服务品牌建设、语言经济与语言经济学、中华经典外译与国际传播、机器学习与翻译等开展学术研讨；分论坛就语言服务学科建设、高端语言服务人才培养、国际语言环境与景观研究、口笔译研究等展开讨论；翻译技术沙龙围绕"AIGC 时代技术赋能语言服务"供与会者交流探讨，本文就此做出综述。

【关键词】语言服务；国际会议；会议综述

1 引言

为了促进我国语言服务领域国际化高质量发展，加强与国际语言服务（翻译）组织机构的联系与合作，推动我国语言服务学科建设与行业发展，培养培育高质量专业型的语言服务人才，为当前语言服务领域中的热点问题提供研讨平台，中国英汉语比较研究会语言服务研究专业委员会第四届全国学术研讨会暨语言服务研究国际学术论坛于 2023 年 5 月 26 日至 28 日在陕西省西安市陕西科技大学举行。

陕西科技大学党委委员、副校长黄剑锋代表陕西科技大学出席开幕式并致开幕词，预祝会议顺利召开并期许西北地区语言服务行业的未来发展。陕西省社科联社会组织管理部部长张金高在致辞中充分肯定了语言服务行业的重要价值，预祝会议取得圆满成功。陕西省翻译协会会长胡宗锋对会议的召开表示祝贺并对与会专家学者如何解决当前语言服务行业面临的问题提出期待。中国英汉语比较研究会副会长、语言服务研究专业委员会会长司显柱教授在致辞中总结了国内语言服务领域研究的发展历程，对未来语言服务领域的发展提出要求和希望。开幕式由陕西科技大学文理学院院长刘建科主持。

在过去，语言服务的概念范围比较狭隘，一般是指语言翻译，主要为翻译界所关注。近几年，由于计算机和网络技术的不断发展，全球化和信息化进程的加速推进，语言服务正以前所未有的态势得以强化和拓展，成为促进科技、经济、文化和社会发展的重要动力之一。众多行业领域和社会大众对语言服务寄予了很高的期待，不断提出新的需求，因此，语言服务等领域随之得以不断拓展，语言服务的内容和发布方式日益丰富多彩，语言服务政产学研呈现出高度发展态势。

为了促进我国语言服务行业健康发展，提高国家语言服务能力，推动我国语言服务学科建设，对接国际语言服务翻译研究前沿，国内外知名专家学者齐聚西安，通过大会主旨报告、小组发言讨论等方式，深入探讨语言服务当前研究领域的热点和难点，为语言服务理论研究，促进行业发展，学科建设和人才培养尽职尽责。

本次论坛由中国英汉语比较研究会语言服务研究专业委员会主办，陕西科技大学文理学院承办，上海外语教育出版社、外语教学与研究出版社、译国译民集团（西安）、西安迪佳悟信息技术有限公司、深圳云译科技有限公司、科大讯飞股份有限公司协办。本次会议的27日上午场在中国外文局翻译院智能翻译实验室、语言服务行业、翻译圈、翻译技术教育与研究、国际翻译动态平台进行直播。会议结束后，凤凰网、北青网、西安新闻在线、陕西人文网、西北陕西网、西安网进行了新闻转播。本次论坛共有来自俄罗斯、加拿大、英国、美国等近10个国家、全国五十多所高校、十余家企业的一百多位专家学者参加。

本次研讨会通过主旨报告、平行论坛发言讨论及公益沙龙等方式对语言服务研究进行深入探讨。中国英汉语比较研究会语言服务研究专业委员会会长司显柱教授、副会长王立非教授、任东升教授、韩子满教授以及承办方梁红涛副教授做了主旨报告，会议还特邀国际专家学者 Ilya Mishchenko、Robin Gilbank、Alan K. Melby 及 Wang Peng 等做主旨报告，主旨报告共计9场。平行论坛分四组，共计36篇宣读论文。论文宣讲者包括关注语言服务专业研究的教师研究者和翻译硕士学生研究者，他们来自北京外国语大学、中国政法大学北京第二外国语学院、上海外国语大学、西安国外语大学、中国海洋大学、西北工业大学、陕西科技大学等50多所省内外兄弟院校。

2 主旨报告概述

全球语言服务行业近些年来发展迅速，来自不同国家对语言服务不同视角的理论研究、应用研究及开发研究呈迅猛发展态势。本次论坛共有九名专家进行主旨报告发言，在国家服务能力建设、国际语言服务品牌建设、语言经济与语言经济学、中华经典外译与国际传播、机器学习与翻译等方面集思广益、建言献策，为语言服务及相关研究开阔思路，提出建议。

围绕"换经济学眼光看语言",语言服务研究专业委员会会长、北京第二外国语学院司显柱教授指出语言具有经济特性,且语言经济的社会意义巨大,以此为线索对语言资源、语言价值、语言经济、语言产业、语言职业、语言行业、语言基业以及语言经济学和语言产业经济学等与语言经济属性关联的概念进行分析。他认为,语言作为社会交往与沟通的符号体系,具有地域传承性、可利用的无限性、可再生性、可习得性、累积性等特征,同时具有经济特性,即价值(Value)、效用(Utility)、费用(Cost)和收益(Benefit)。他从两个维度梳理语言价值,即市场价值(经济价值)和非市场价值(文化价值)、个人价值和社会价值,并在报告中将语言服务行业进一步细分为语言服务四业:语言服务产业、语言服务职业、语言服务行业和语言服务基业,强调语言服务基业是语言服务发展的基础事业,且从三个方面界定了语言服务产业,即语言翻译服务、语言教育服务和语言支持服务。

作为国内一种特殊的语言服务新形式,军事翻译社会化逐渐受到学界关注。语言服务研究专业委员会副会长、上海外国语大学韩子满教授的"军事翻译社会化与语言服务基础设施建设"通过对比美、英、中三国军事翻译社会化情况聚焦国内军事翻译社会化现状,提出我国的军事翻译社会化程度还不高,社会化可依托的基础设施严重缺乏,主要表现为军事翻译社会化的实施机制、实施平台和保障政策等几个方面。他认为,基础设施是推进军事翻译社会化的重要保证;军事翻译社会化基础设施应借鉴应急语言服务的做法;军事翻译社会化基础设施建设可助推语言服务行业发展;语言服务基础设施的建设也会助推军事翻译社会化的基础设施建设;社会化是应对现实及未来军事翻译需求的唯一途径。他建议通过借鉴美国的做法,完善军事翻译领域的语言服务基础设施,并加强其他形式及领域的语言服务基础设施,为语言服务行业的发展创造良好条件。

今日西安,千年长安。西安自古以来便与翻译结下了不解之缘,早在唐朝贞观时期,西安便已成为中国翻译世界的重要场所,佛经翻译家玄奘西行求佛,为中华文明的历史长河注入了新鲜的活力。在"贞观时期的国家翻译实践"报告中,副会长、中国海洋大学任东升教授认为:

国家翻译实践古已有之，其表现形态、实施模式和治理之用在不同政治历史时期表现出不同特征。他回溯唐代的译史、译述、译论，提出贞观时期许多有重大影响的对内、对外翻译实践体现出国家翻译实践特征。他认为，国家是翻译活动的主体，通过五种手段将翻译上升为国家行为，即翻译机构国家化、资源配备集约化、翻译流程协同化、译者身份制度化、翻译产品经典化，来发挥其维护皇权统治、稳定社会秩序、构建国家形象的治理功能。鉴于此，任东升教授指出，贞观时期在中国翻译史上具有重要地位，对这一时期国家翻译实践的类型、特征和功能进行考察，有助于揭示中国古代制度化翻译与翻译治理的形态和模式，可为当今国家实施翻译治理提供可资借鉴的经验和方案。

新中国成立后，陕西文学在中国文坛上占据重要地位，柳青、路遥、陈忠实、贾平凹等"文学陕军"深耕三秦大地，推开中国之窗。陕西科技大学梁红涛副教授在《"文学陕军"小说英译研究：现状、问题与建议》报告中提出，"文学陕军"小说英译历时长、译作丰富、主体类型和组合模式多元、出版机构多样、译作载体丰富，很大程度勾勒出中国当代小说英译的整体脉络和发展面貌，是中国当代文学翻译研究总体进程中的重要组成部分。通过梳理国内外对"文学陕军"小说英译的研究，他提出当前英译研究中存在的问题，并建议应从中国地域文学翻译服务国家文化战略出发，以"多种理论融会贯通；译前、译中、译后动态呼应；主体、文本、语境相互参照"为研究框架，既要重视双语文本的语言转换，又要关照语言维度之外相关翻译环节和要素并将其置于动态的系统中进行观察，才能系统探索出符合中国文化战略需求、精准应对中西文化交流态势、有效提升翻译与接受效度的中国地域文学翻译路径、策略和方法。

如今，在中国文化"走出去"战略背景下，大量优秀陕西文学翻译作品在陕西这片土地上产出，走向世界。同样关注文学作品英译研究，在"Translating Shaanxi Literature, Introducing China to the World"主题报告中，西北大学英籍 Robin Gilbank 教授分享了自己十多年来与陕西省翻译协会会长胡宗锋教授合作，对陕西作家文学作品的英译实践经验，阐述在翻译过程中遇到最大的挑战，即方言习语的翻译和文化差异。他认为，保持真实性和连贯性是翻译陕西文学作品的重要法则，强调遵循原作者的意图。在译文接受度方面，他指出，译文质量、译者处理技巧、译者对中国文化的敏感度是决定译文能否被国外受众所接受的重要因素。

翻译的"质量"在整个翻译过程中的重要性不言而喻。翻译质量评价针对三个不同维度：提供者、过程和产品。国际译联副主席、美国杨百翰大学 Alan K. Melby 在"ASTM F2575 as a Framework for Translation Service Levels: A New Opportunity for Professional Translators"报告中探讨翻译质量保证标准是如何发展的，以及它是如何与该领域的 ISO 标准相联系的。他介绍了 2023 年发布的翻译质量保证标准指南（ASTM F 2575—2023）第三版，并强调该标准已经涵盖传统翻译、本地化和创译，新版翻译质量保证标准指南为创建和评估翻译提供参数规范。他主张，我们应接纳并妥善利用正在快速发展的各项翻译工具和技术，重点考虑受众的感受，为输出高水平服务而努力。

数字全球化时代，以 ChatGPT 为代表的新型智能化自然语言处理工具的发展将大大推动人工智能技术与语言服务行业的多样交融及并行发展。加拿大渥太华大学本地化研究所 Wang Peng 教授的"Machine Learning in Translation"从人类角度出发介绍了机器学习理论和技术，从符号法、向量空间等角度探讨计算机如何模拟或实现人类的学习行为，强调机器学习及其相关技术只是人类的工具。她认为，通过案例分析探索人类和机器学习之间的共同点并探究新维度下翻译的本质，可以发现人类和机器在包括词嵌入、分割意义单元和基于语境的翻译预测等方面处理翻译的不同表现形式。同时，她还强调通过与机器学习用户、开发者、程序员沟通以及不断训练学习给译者赋能机器学习信息的必要性。

俄罗斯翻译协会理事会成员、LITERRA 翻译公司常务董事 Ilya Mishchenko 教授在"Role of National Associations in Shaping Language Service Industry: Models, Goals and Value"报告中阐述了当前国际协会如国际译联的运行模式及其在塑造语言服务产业方面所创造的价值，提出协会已经成为语言服务产业的重要部分，是连接学术界和商业界的桥梁。他指出当前协会所存在的问题，探讨当前经济和政治形式下协会的未来发展道路，并建议协会应在多样化、专业管理、行业标准、监管等方面改革创新。

2022 年,语言服务产业列入《鼓励外商投资产业目录》(2022 版),一批特色服务出口基地(语言服务)获批,国家积极培育语言服务出口新动能为语言服务产业发展带来新机遇。副会长北京语言大学王立非教授在"我国语言服务出口评价指标体系构建与竞争力现状评价"报告中提出语言服务产业发展面临的几个重大问题:我国语言服务企业出口规模和服务质量参差不齐,影响服务"走出去"的效率;我国语言服务行业缺乏完善的出口质量标准与体系,影响国际竞争力;我国语言服务技术水平仍需提高;我国缺乏能够管理和运营出口事物的语言服务人才。基于对以上问题的思考,他从产业建设、市场需求、人才培养、政府政策、营销建设、用户体验等方面提出建议。

3 平行论坛概述

除主论坛外,本次研讨会还包括四场平行论坛和一场公益沙龙,与会者的发言涉及语言服务学科建设、高端语言服务人才培养、国际语言环境与景观研究、口笔译研究、中华经典外译、机器学习与翻译等方面。发言报告严谨、创新,以实践为基础,关注社会问题及其解决方案与策略的实际效果,具有国际化的视野和认知,学术氛围浓郁。

平行论坛一聚焦"国家语言服务能力建设及人才培养"。语言服务能力既是国家综合语言能力的重要组成部分,同时也是国家应急治理体系和治理能力的重要表现。与会代表从语言服务体系建设(曹进;阿卜杜吾普尔·热合曼;马永强、李雪雁)、语言服务技术能力建设(陈义华)、高端语言服务人才培养及其校本特色路径研究(徐彬;谢燕娟;程海东;高霄)等方面对该主题进行深入探讨。西北师范大学曹进教授指出应急语言服务需要广大语言志愿者的参与。他认为,打造一支专业的语言服务队伍,就需要建设科学的培训体系、评估体系,在大量实践中锤炼志愿者毅力,提升业务能力与服务水平。华北电力大学(保定)高霄教授指出语言服务学科校本特色可探索两条路径:对内,服务所在院校定位发展，研究用国际语言如何构建和传播所服务学科或领域的知识；对外，服务政校企合作。他认为，语言服务学科建设与发展一旦与校本特色同向同行，便会有更大发展空间。

平行论坛二聚焦中华经典外译与国际传播。与会者就中国文学作品外译（黄远鹏，杨陇，杨晓茹）、外宣翻译与非遗文化传播（谢旭升，侯雪刚，付楠楠，崔丽）以及经典影视字幕翻译（李婷婷，王雪纯，徐涛）展开研讨。山西师范大学黄远鹏教授以汉学家富勒译介的两首苏诗为例，论证新批评译介方法对中国古典诗歌的适用性探究，他认为，"新批评"只有结合中国传统文论的方法，才能有效地传递中国诗词文化的价值。河北科技大学崔丽副教授创造性地将口述史研究方法应用于非遗源语文本编纂阶段，并采用译介学研究范式，探索有效的译介策略和传播途径，以期讲好中国非遗故事，促进不同文明交流互鉴，助推"构建人类命运共同体"。

平行论坛三主要聚焦机器学习与翻译研究。与会者从技术赋能翻译研究（蒙永业，贺爱军）、企业翻译使用研究（中国政法大学徐珺）、情感词典研究（李学宁）、技术及翻译相关概念研究（张洁，李海亭）、翻译与语言研究（麻秀芝，乜子豪，王雅茹，宋鑫鑫）等方面开启讨论。北京悦尔信息技术有限公司董事长蒙永业通过相关译例分析 ChatGPT 进行人机互动性英汉翻译的优势与不足，总结机器翻译译后编辑所能采用的策略，结合 ISO 18587—2017 机器翻译译后编辑服务要求，提出批量替换、导入术语库、注意上下文衔接（指代词、被动句）、按照日常逻辑进行判断、用 Xbench 来校验译文等具体译后编辑策略。中国政法大学徐珺教授以企业外宣翻译作为切入点，探索基于语料库的外宣翻译与国际传播能力建设研究之若干问题。在界定概念和梳理相关文献的基础上，她通过自建企业简介汉英平行语料库，运用 USAS 语义分析系统，以北京市上市公司作为研究语料，考察企业外宣英译中隐藏的企业形象构建策略。

平行论坛四主要聚焦国际语言环境与景观研究，包括国际语言环境建设（王伟）、地铁站名语言景观（李稳敏，胡锦钰）、虚拟空间语言景观（黄晓英，蔡叶，张佳颖，李玉娇，刘姝慧，周敏）等方面。要打造良好的国际营商环境，必须有良好的国际语言环境作为支撑。海南师范大学博士生王伟基于在琼外籍人士的视角，从自贸港英语语言环境的"静态界面表达系统"和"动态界面表达系统"，较为系统地调查了自贸港总部区域城市三亚和海口在公共交通系统、生活保障系统、休闲娱乐系统与政府主要窗口部门等四大系统英语语言服务的满意度，并采用SPSS软件对各个系统满意度及整体满意度进行了量化分析，为海南自由贸易港国际语言环境建设提供些许借鉴和参考。陕西科技大学翻译硕士蔡叶结合多模态话语分析综合理论框架，研究旅游官方网站虚拟空间中的多模态文化传播路径并提出具有针对性的文化传播策略。除平行论坛之外，"AIGC时代技术赋能语言服务"翻译技术沙龙围绕AIGC技术与语言服务市场、AIGC与语言服务模式、AIGC技术与语言服务人才、AIGC技术与语言服务研究话题展开。与会代表（曹达钦，王华树，韩子满，徐彬，李海亭，周东莉）通过讲演和圆桌对话等方式进行切磋讨论。线上线下师生汇聚一堂，进行了精彩的对话与思想的碰撞。

本次论坛的闭幕式上，西北师范大学曹进教授代表中国英汉语比较研究会语言服务研究专业委员会对本次国际学术论坛做了总结，对本次论坛承办单位陕西科技大学文理学院李稳敏教授服务团队所做出的努力和贡献给予了充分肯定，并对陕西科技大学及文理学院表示衷心感谢！同时对中国英汉语比较研究会语言服务研究专业委员会第五届全国学术论坛做了具体安排。李稳敏教授代表本次论坛承办方对与会专家学者表示感谢。中国英汉语比较研究会语言服务研究专业委员会会长司显柱宣布本次国际学术论坛闭幕。

4 结语

语言服务研究专业委员会第四届全国学术研讨会暨语言服务研究国际学术论坛秉承前三届会议的办会精神，深入探讨语言服务领域中的热点与难点，在此基础上，作为首届语言服务研究国际学术会议，特邀国际专家学者分享该领域的学术前沿，学术研究的范围和影响力进一步扩大。与此同时,本次会议采用深圳云译科技的人工智能自然语言理解技术,实现双语的实时转换,既方便了国际专家学者,也凸显出人工智能时代语言服务行业发展之迅速。本次会议的顺利召开,对推动我国语言服务学科建设、培养高质量的语言服务人才、繁荣我国语言服务学术研究、促进我国语言服务产业发展、推进语言服务国际化创新进展意义深远。

Language Service Research——A Summary of the Global Forum and the Fourth National Symposium on Language Service Research

Li Wenmin   Meng Jiawei

(Shaanxi University of Science and Technology, Xi'an 710021)

Abstract: The Global Forum and the Fourth National Symposium on Language Service Research were held in Xi'an City, Shaanxi Province from May 26 to May 28, 2023. The Symposium has been divided into a main forum, four sub-forums and a translation technology salon. The main forum is centered on national language service capacity building, international language service branding, language economy and linguistic economics, translation and international dissemination of Chinese classics, machine learning and translation; the sub-forums discuss language service discipline building, language service talent cultivation, international linguistic environment and linguistic landscape, interpretation and translation; and the salon focuses on the topic of "technology-enabled language service in the age of AIGC". This paper provides a summary of the symposium.

Key Words: Language Service; Global Forum; Conference Review